台灣社會生活史—
休閒遊憩、日常生活與現代性

張人傑◎著

目錄

圖　目　錄

表目錄

第一章 緒 論

我們對人類生活中的歡樂、娛樂和享受的感受，同
樣會因其過分或不足而有所不快。然而，兩者之
中，過分似乎不像不足那樣使人感到不快。

——A. Smith著，蔣自強等譯，道德情操論（北京：
商務，1998），頁319。

這是個休閒的世界，因為休閒支配了我們全部的生活。
從身上穿用的休閒襪、休閒服，吃喝的休閒食品、休閒小站，
交通上的休旅車、休閒公車，住家的休閒社區、休閒椅，精
神生活的休閒版、休閒頻道，甚至連「英英美代子」（閒閒
沒事情）、「週休二日」等休閒語彙都已成了日常用語。休
閒不但滲透我們的社會，支配我們個人生活，甚且深入人心
的左右我們的自我認同和體驗，休閒在我們個人日常生活中
的地位，具有無可迴避的重要力量和影響。

人們的熱衷於休閒，以及社會的休閒化，是當代特出的
現象和趨勢，但社會理論對其關注和探討仍相當有限（大概
只有在法國是例外）。Aristotle開闢了哲學對休閒的思考，認
為休閒是人的存在（雖只是某一階層）的一部份，世人存在

的本質。M. Sahlins認為文化越發展，人們越會陷溺於勞動，而使休閒相對邊陲化，但今日的休閒卻反而越發興盛蔓延。T. Veblen認為休閒區分階級，M. Weber也主張休閒是有集團的差異，但他們大概沒預見休閒活動會這麼普遍、深遠。

　　K. Marx認為休閒是勞動再生產所必須，但是今日的勞動卻常以休閒為目的，休閒不再是勞動的過程或附庸。E. Durkheim注意到社會分工的結果，會產生休閒，但他一定不願接受休閒可碎裂至個人自主的程度。E. Fromm說生活本身是一種藝術，藝術可以是休閒，但休閒卻未必是藝術。H. Marcuse認為當代工業文明控制自由的意識領域和休閒時間，我們承認以前固然沒有工業和（現代意義的）技術，但是以前的休閒就較為自由嗎？

　　欲釐清休閒議題，是一件浩大的工程，社會學正於起步的階段。針對休閒的興起，也就是休閒為何會在當代社會這麼普遍化具有支配力，應是我們從社會來觀察、省思休閒的適當起點。休閒如何會在不長的時間裡，形成具有廣泛滲透力和強大支配性的一種意識、行動、制度，應是一個很有意義的問題。

　　社會學理論架構中，或許還沒有休閒的特定位置，並不表示社會理論家忽視了休閒。事實上，眾多的社會理論為我們開了一扇現成的門窗，可說讓我們對於休閒之如何成為社會事實，休閒如何從社會生活中的邊緣位置，慢慢的轉型為社會組織、社會制度、社會生活中的關鍵要素，公／私領域的轉變和現代「社會」的崛起、社會次系統的制度建構、制度性反思、行為的「文明化」等，都可清晰的概念化辯析休

閒與社會形構，以及休閒與社會轉型、自我認同的關係，也
可以說明<u>休閒</u>是<u>現代性的重要轉化機制與過程</u>。）

一、休閒社會的來臨？

　　近二十年來，休閒生活的蓬勃發展，是一有目共睹的現
象，不論是休閒意識、休閒活動、休閒設施、休閒政策都有
日新月異的變化，使得原本是居於次要地位的公（工）餘生
活的休閒，卻在很短的時間內，反而躍居首要的支配了人們
食、衣、住、行各方面的生活與想像。我們不妨先鳥瞰一下
我們的休閒世界，瞭解休閒現象的一般狀況，再來思索我們
的社會和生活到底是發生了什麼問題（或是進步、變化）。

（一）休閒現象

　　人的存在是一個時間的問題，生存往往被理解就是為勞
動，休閒常被解釋為勞動（或工作）的對立範疇，<u>休閒與勞
動具有某種特定（或互補、或替代、或延伸）關係</u>，在這個
認知架構下，所謂的勞動時間、必要時間、自由時間的概念
圖式，形成我們對生活方式與社會結構的基本架構和判準。
　　一項1978年的調查顯示，國人每日約束時間為584分，其
中工作時間542.8分，即約9小時，自由時間219.5分，即3小時

40分，到了1995年，工作時間已低至7小時43分，自由時間增至4小時以上[1]。

　　1978年的就業人口，平均每月僅休假半天（0.5426天），約54％的就業人口無例行週休，約83.4％的人無年休（即年度休假日為0）[2]，到了1996年，有54.1％的企業（30人以上的工業和服務業）周休一日，即每年例假52天，外加國定假日18天和勞動節，例假即達71天，接近6％的企業實施完全周休二日，例假可達123天，年度特別休假尚不計其中，而公務機關年放假日加上國定假日為115天，在實施周休二日後則達141天[3]。

　　在觀光旅遊活動上，1988年15歲以上人口中，有36.8％的人曾有兩天以上的旅遊活動，有16.4％的人參加6天以上的旅遊，到了1994年，有26.7％的人參加6天以上的國內旅遊，曾至國外旅遊的人則為11.7％，參與社團從事志願工作人口比例，88年為0.05％，94年增為0.08％[4]。

[1] 參考行政院經濟建設委員會住宅及都市發展處，台灣地區國民生活結構調查分析報告（台北：同作者，1978），表4-32、4-5。行政院主計處，時間運用調查報告（台北：同作者，1995），表21。

[2] 行政院經濟建設委員會住宅及都市發展處，書同前，表4-6。

[3] 行政院經濟建設委員會，「政府機關放假日數之檢討及調整建議」（台北：同作者，1997），表1、4。

[4] 行政院主計處，國民休閒生活調查報告（台北：同作者，1989），表9、17。國民休閒生活調查報告」（1995），表20、21、37。

　　風景區的國民旅遊人數，在1970年爲556萬餘人次，80年爲3000餘萬人次，到了97年已增達6441萬餘人次[5]。出國觀光的人數更爲可觀，1979年剛開放出國觀光當年，出國旅遊人數爲31萬人，次年爲48萬餘人，到了1996年，出國人數達571萬餘人，97年爲616萬餘人[6]。

　　1997年出國的遊客中，純觀光旅遊者平均停留6.2夜，遊學者則爲35.3夜，出國者每人平均支出1463美元（較96年少9％），全部旅客的觀光外匯支出爲73.36億美元，折合台幣2100億元，較前一年減少9.7％[7]。

　　休閒之受到人們重視，也表現在消費行爲，在1964年人均娛樂支出僅占消費支出的1.07％，在90年達到7.95％，1996年則是6.52％[8]，進修、文化等「育樂費」的支出也都有顯著提升。

（二）問題與思考

　　如同J. Le Goff從機械時鐘的使用中，看到了歐洲中世紀從教會時間，過渡到商人時間，這一緩慢卻清楚的過程一樣，

[5] 交通部觀光局，觀光年報（1997），頁87。陳水源，我國發展觀光事業政策之研究（台北：交通部觀光局，1984），頁22，表2-8。
[6] 交通部觀光局，觀光年報（1997），頁70。朱大榕，觀光政策（台北：同作者，1986），頁69，表2-7。
[7] 交通部觀光局，國人出國旅遊消費及動向調查報告（台北：同作者，1997）。
[8] 行政院經濟建設委員會，中華民國台灣省社會指標統計（台北：同作者，1996），表50。

時間的區分和使用，並不只是時間預算問題，更蘊含著人的意向和態度，以及整個社會的精神和規範，乃至社會經濟體制—包含勞動體制與階級關係的變遷。而時間因素也不僅是社會經濟變遷的指標，更是人的抉擇和社會集團間競爭拉扯的結果。

休閒是自由時間的主要形式。休閒和自由時間的增多，當然要歸功於知識技術進步對生產力提升的貢獻，但是我們知道，知識技術進步是一種社會選擇的結果，其背後還有更為基礎和關鍵的力量，在推動著勞動型態（包含工作時間）的改變，這樣的動力是和社會經濟體制密切相關的，政治和文化的影響和形塑也息息相關，因而，休閒的凸顯是人們對生活方式的集體選擇的結果，也是一種文明的長期競爭、累積的過程和結果。

現代社會體制，在高度制度化和社會分化的過程中，休閒成為重要的社會制度，在現代工業、都市生活的快速、複製和時空的抽離中，休閒安逸成為個人求取安全感和認同感的重要來源，而國家對私人生活的介入以及社會的反思性制度化，個人和國家共同建構了猶如伊甸園的休閒世界，資本企業一方面以其市場地位自由營運，同時又與國家體制相輔相成，推波助瀾的將休閒世界推向高峰。

做為社會體制的軸心之一，休閒生活被建構成兩大類，這兩大類其實都是家庭（戶內）休閒的變型。一種是家戶的、居家的休閒及其延伸，大致以室內的、被動的、偏靜態的或住家附近的活動為主。另一種則與居家生活對立，也是具有補償作用的戶外、長程（和長時間）、動態的、特殊景點的活動，一般常見的觀光旅遊可為代表。

　　國內的觀光旅遊，不是到遊樂區（人造設施居多），就是到風景區，地點的重要性不可避免的就突顯出來，因為遊客必須有特定地點供其遊覽（sightseeing），即從事凝視（gaze）或佇立，眾多遊客都需有地方供其佇立賞景，但美景天成的地方畢竟有限，且土地資本高昂，因而土地、空間的爭奪成為社會關係的重要運動。

　　土地和空間的議題在1980年代後，已非利益爭奪所可完全形容，而和生態保育、國土安全、社會公平產生交集，也令休閒和某些社會價值、理念產生競合關係。我們從休閒資源的角度，對休閒服務和休閒資本做一初步的探討，希望明瞭其社會政治關聯。

二、休閒體制與制度性反思

（一）休閒與社會

　　做為社會組織原則的休閒，透過專業化、技術化的行政管理和規劃決策，將現代社會的時間、空間、物質、勞務、家庭生活以至個人的日常生活組織起來，將個人慾望、社會生產安置於格蘭姆西式（Gramscian）的「文化霸權」結構體制，我們試以現代休閒的理性化、民主化特性，說明做為社會組織原則的休閒之成立，並以現象學的制度化理論與A. Giddens的「制度性反思」來說明休閒制度與其他社會制度以及社會整體組織的關係。

　　法國在1930年代成立休閒部，負責體育和娛樂事務，世界最早的旅行社是十九世紀中在英國設立的Thomas and

John Cook，迄今仍活躍於觀光事業界，德國也在二十世紀初出現專業運動機構與組織，很快發展成全國性運動聯盟，歐洲各國的國家性運動組織競相成立，使運動休閒高度普及和專業化。

現代休閒與社會政治發展若合符節，現代性的特質即在理性化，休閒的理性化指休閒活動形態的常態化、機構化、正式化，常有明文規定、政策宣示與正式科層管理，傳統自發、自足、內在的活動方式漸少；民主化與政治參與的擴大相似，身份團體取消、階級與性別限制解除，教育與經濟機會的開放使休閒參與普遍化，以至勞動者都有參與機會與能力（雖然參與管道的差異和活動方式的差別仍然存在），特別是帶薪休假制（年休、特別假、慰勞假）的實施，以及交通、旅館等基礎設施的普及與便利，使休閒渡假與工作上班一樣的普遍尋常。

制度與機構的正式化與分殊化，是現代休閒的主要發展趨勢，運動、體育的政治化、商品化、職業化、科層化自不待言，其他領域的理性化與組織亦不遑多讓，以致休閒活動的商品化、標準化、統一化，已經成為私生活領域的一大威脅[9]，職業化、科層化、個體化、商業化、綏靖化（馴化）的休閒之影響可謂利弊互見。

時間與空間的組織化是現代休閒的明顯特徵，既反映社會經濟也是社會關係的變遷；法國在1883年由學校與教會開始組織夏令營，英國幾乎在同時興起運動俱樂部、夏令營與遊樂場，以公益方式提供各階層青年活動，美國則在大蕭條

---

[9] R. Sue著，姜依群譯，休閒（北京：商務，1996），頁23-25。

的1929年全面確立青年夏令營制度，各地方政府則普遍建立康樂機構[10]，其動力來自慈善公益的動機，企圖以休閒組織活動來導引青年步上正途，其直接影響則是休閒的專業化與普遍化。

　　工業主義的時間管理也延伸到休假制度上，年假制度最早源於歐洲國家，在1936年已經有12個歐洲國家立法規定帶薪休假權利，同年國際勞工組織將此規定擴展為國際公約，而使全世界約有60個國家建立了每年至少有六天連休的制度；而每日工作八小時制度早在1866年就成為勞工運動的訴求，到了1930年代每周上班40小時在歐洲已是常例[11]。

　　休閒的階層化與不平等，會因為時間的組織化與制度化而緩和，因休閒的社會整合、綏靖化（pacification）與社會控制機制，休閒可降低社會隔離並促進社會融合，特別是打破社會地理界線，假期的制度化雖有擁擠、一致性等問題，但對於休閒選擇與機會的落差之消除，促使不同年齡、地域、職業、性別、收入的人，得以與社區以外的人在活動、經驗、思想、生活方式上溝通，其社會整合功能不容小覷，而休閒制度的規範、監視作用一方面可適度遏止縱情沈溺，另一方面可使暴力、不滿得以宣洩，達到綏靖化、馴化的效果[12]。

---

[10] G. Cross, Time and Money (London: Routledge, 1993), pp. 101-105。

[11] R. Lanquar著，陳立春譯，旅遊和旅遊社會學（北京：商務，1997），頁8-17。

[12] R. Lanquar著，陳立春譯，前引書，頁45-48。C. Rojek, Capitalism and Leisure Theory (London: Tavistock, 1985), p. 21-23。G. Jarvie

　　專業化經常伴隨階層化，不只是顯現在業者與設施的競爭，使用者、消費的競爭也會形成階層化，專業化體系為持續其利益與控制，必須系統化的不斷推陳出新，社會需求的滿足被利潤的追求所取代，形成「文化工業」式的刺激與再生產消費慾求以維持休閒財貨、勞務的長期市場[13]，依A. Giddens的評析這種專業專家系統會造成(1)日常活動的去技術化，一般民眾喪失了休閒旅遊知識技術，(2)生活世界的殖民化，專家知識與常人間形成緊張關係，(3)非個人形式的知識宰制個人經驗，形成普世化的態度，(4)時空觀念以及社會距離都被快速流動所影響[14]。

　　私密化（privatation）並未擴展私人空間，反而是資本化、商品化的徵兆，而個人化（individuation）帶來的是操控、支配而非個性的蘊育。家向來是休閒活動的主要場所，而現代的家更為廉價精美功能強大的視聽器材所佔領，個人在家休閒只是消極被動淹沒在商業化的訊息中，商品化穿透個體形成疏離感，商品的差異化、分類化造成個體性的錯覺，實則個人情操、經驗都已被資本生產所操弄，私密化與原子化形成的正是「完全管理社會」（totally administered society）[15]。

& J. Maguire, Sport and Leisure in Social Thought (London: Routledge, 1994), p. 188。

[13] J. Urry, The Tourist Gaze (London: Sage, 1990), p. 3-4. C. Rojek, op. cit., p. 21。

[14] J. Urry, op. cit., pp. 143-144。

[15] C. Rojek, op. cit., pp. 20-21。

（二）休閒是次級社會制度

　　依照P. Berger的現代化理論，休閒是次級社會制度，「次級」的意義並非次要、從屬、小型，而是新生、衍生、整合性的意思，是在現代進程的意識變化中，在公私生活界域的重整過程，以及生活世界的多元化演化中，基本制度（文化、政治、經濟等）的分化產生空隙，使私領域得以從既存制度中衍生，由未制度以至制度化而新生的一種制度，這其中有被賦予新功能的舊制度（如教會），也有大眾傳播、自願團體、休閒這種新制度[16]。

　　休閒遊憩活動幾乎是跟人類的生存相伴隨的，休閒制度則是新制度，依A. Giddens[17]所述，傳統生活的各領域融為一體成為地方化的共同體，休閒遊憩不但未與工作分化，甚且與歷史、集體記憶密切交錯相聯[18]，但現代性的制度秩序則是分化、間隔化的，知識也隨之切割、分散而使得意義的整合成為必要，以使個人零散的知識得以有全盤性的脈絡可尋，使分割的個人生活、意識得以內在整合，不致淪為P. Berger所謂的「漂泊的心靈」那種疏離、游離的不滿狀況。

---

[16] P. Berger著，曾維宗譯，漂泊的心靈（台北：巨流，1978），頁150，257。

[17] A. Giddens, Modernity and Self-Identity (Cambridge: Polity Press, 1991), p. 83。

[18] Beck, U., A. Giddens and S. Lash, Reflexive Modernization: Politics, Tradition and Aesthetics in the
　 Modern Social Order (Cambridge: Polity, 1994), p. 63。

　　理性化、科層化和技術化是現代生活和意識問題的根源，現代社會對這些不滿的解決策略，是把個人的生活領域一分為二，使私人領域成為與龐大社會結構抗衡的一種手段、資源，提供個人意義、有意義的活動和非理性抒解的空間[19]，但也因為私人生活的負擔，成為個人自由和焦慮的範圍，使人必須藉助制度來幫助自己選擇和安排生活，而社會也痛恨這種未受外界規制的空間之存在，使得家庭、娛樂等私領域逐漸的為國家所授權、允許的制度所介入，形成新的、次級的制度，或者用C. Offe的概念[20]，這是公、私制度相互滲透、相互混合的領域。

　　雖然勞動是現代社會的基本現象和價值，其重要性卻快速衰退，而休閒的重要則與日俱增，使其體驗、需求和意義逐漸提升，而工作生活、勞動和職業的主觀意義則逐漸解體，自由時間與休閒消費成為生活的意義來源[21]個人生活與自我、社會生活、現代制度交織在一起，使最個人化的隱密現象，也必須從社會制度來理解。

　　現代性是一個高度組織化、制度化的社會[22]，現代性的動力在於(1)時空分離使現代社會生活脫離特定地點、時點，時間是沒有過去、未來和現在的，空間定位也蒸發為全球化，時間感、空間感都虛空化了，使現代生活逐漸脫離傳統束縛，

---

[19] P. Berger著，曾維宗譯，前引書，頁255。

[20] C. Offe, Disorganized Capitalism (Cambridge, MA: The MIT Press, 1985)。

[21] C. Offe, op. cit, pp. 129-142。

[22] A. Giddens, Modernity and Self-Identity, pp. 15-20。

(2)社會制度的抽離（disembedding）因時空的虛空過程而出現，成為由專家系統和符號標誌所構成的「抽象系統」，無孔不入的介入現代生活，而社會關係也在此過程中被抽離而進入無限無垠的時空中「再聯結」，(3)制度反思性是社會性的、制度性的一種敏感性過程，與個人內在活動、行動的反思監控不同，它是集體性活動以及人與自然現實關係的一種階段性自我修正的敏感，這種敏感來自於新的知識訊息，即定期的把社會科學和其他知識應用到社會生活中，並把此做為制度組織和轉型的一種建構要素。

現代性具有社會再生產和與自我認同相關聯的控制面向，抽象體系對協調日常生活的力量不斷擴大，反之，外部的、具體的因素對反思性組織化、系統化也越發無力，這種現代制度和組織原則的力量，也是一種全面的制度轉換：(1)通過監控的加速帶來行政權力的擴大，監控能力是透過社會手段以控制社會活動的主要媒介，監控機制發達的制度中，社會再生產也轉變成自我動員（self-mobilizing）的狀況，外在的制度完全成為一種內在參照的制度，(2)公共與私人領域的再排序，現代社會中國家與市民社會共同發展，市民社會是國家對人民日常生活的穿透過程中被建構出來的，但私領域與公領域、國家與社會卻都是現代新生建立的反思性系統中的內在參照制度，(3)行政監控的強化與公私領域的調整，結果形成羞恥感的加強和自我認同的負罪感，「文明」是超越社會本身的一種社會文化組織形式，它是社會生活複雜化的一種秩序建構、客體化過程，文明生活的「高度文化成就」的代價，就是壓抑的增加，其結果就是負罪感。

（三）現代性、休閒遊憩與社會生活

「後現代」風潮的蔚爲主流，似乎宣告了「現代」的陳腐過時，現代是否已經消蝕崩解，或已被後現代顛覆、取代，仍是一個高度爭論的議題；而現代或現代性的諸多版本，如高度現代性（high modernity）、晚期現代性（late modernity）、基進的現代性（radicalized modernity）之間的關係，也存在著知識上的扞隔。各種有關「現代」的概念與論題的是非，主要來自知識旨趣的落差與分歧，「現代性」的另一個面向，即做爲一種長期且特定的社會─歷史過程，或是社會變遷與社會構造形態，則較少有疑義[23]。

對現代性的考察並非始自社會學的古典三大家，而是早自G . Hegel即已提出此問題[24]，「後現代」一詞也並非二十

---

[23] 「現代」與「後現代」之爭議，主要環繞在主體與二元性問題，即理性個人主義與符號／真實的存在問題；參見D. Griffin ed. Spirituality and Society: Postmodern Visions (N.Y.: State University of New York Press, 19), Chap.1。

「現代」與「現代性」的變形概念相當多，主要皆在陳述社會轉型的意義與問題，即「社會現代性」學說；參見A. Giddens, The Consequences of Modernity (Cambridge: Polity Press, 1990)。

視現代性爲社會歷史實際發展過程者，F. Braudel、M. Weber是採取社會整體性觀點，文化觀點者如F. Jameson，政治觀點者如B. Grancelli與A. Giddens，經濟觀點者如W. Sombart，社會觀點者如J. Habermas。

[24] D. Kellner, Critical Theory, Marxism and Modernity (Cambridge: Polity Press, 1989), p.3。

世紀80年代的時髦，而是早在百年前已正式使用[25]。Hegel以
降，西方學界即形成一種以「新時代」來面對傳統與教條的
態度，強調現代、當代是革故鼎新與變異不居的，所以，「現
代性」就連同「社會變遷」成為當代社會學最廣泛而普遍使
用的概念[26]。

　　「現代」常被視為是難以明確界定的[27]，而現代性內涵
的歷史複雜性，其不同的特質、指標又相應的展現在各種論
述上[28]，不論何種現代性理論，休閒與日常生活似乎始終都
不在其問題意識中，唯一將休閒與日常生活（生活世界）安

---

[25] H. Bertens, The Idea of the Postmodern (London: Routledge, 1995),
p. 20; M. A. Rose, The Post-modern and the Post-industrial
(Cambridge: Cambridge University Press, 1991), p. 180, note 1。

[26] H. Haferkamp & N. J. Smelser eds., Social Change and Modernity
(Berkeley: University of California Press, 1992), p. 1。
H. Lefebvre認為「現代主義」與「現代性」這一對概念，是不可分割
的態度，也是現代世界的一種面向；現代性是對社會的批判實質與反
省，現代主義是對社會現象的肯定和自豪。參見：H. Lefebvre,
Introduction to Modernity, p. 10，轉引自J. LeGoff, History and
Memory (New York: Columbia University Press, 1992), p. 41。

[27] 現代及其相近概念，包含其意涵、源起及問題，史學家J. LeGoff有相
當細緻的比較、討論，參見其History and Memory, pp. 26-50；另見：
C. Calhoun, "The Infrastructure of Modernity," in H. Haferkamp
& N. J. Smelser eds., op. cit., p. 230, note 49; G. Therborn,
"Route to / through Modernity," in M. Featherstone et al., Global
Modernity (London: Sage, 1995), p. 126。

[28] See: P. Ricoeur, Time and Narrative, 3 volumes (Chicago:
University of Chicago Press, 1984-8)。

置於討論脈絡中的，就是批判理論的J. Habermas。他認爲現代民主社會來自於公眾領域（與公共性），而公眾領域是建立在理性溝通，理性溝通則產生於布爾喬亞的社交與休閒生活之中，經由休閒將私生活與公領域、日常生活與政治體制結合起來。

　　透過J. Habermas的公共性討論，彰顯出社交、休閒在「現代性計劃」中的積極角色與作用，在P. Berger與A. Giddens的研究中，則視休閒爲現代社會分化、建構的過程，在社會「反思性制度化」時，休閒從傳統社會私人家庭生活中，因公領域的擴張而逐漸被外部化、制度化、公共化，這是社會結構與社會生活的分化，同時也是社會支配的強化[29]，即公共領域與私生活、個人審美與社會實體是互動發展、相互建構的，人的生活是一個整體的世界，但人際互動所形成的社會生活仍是一個具有特定特質與意義的特殊領域。

---

[29] 休閒在現代性發展中所呈現的歷史性格，似可與理性發展所形成的「現代性的曖昧性」（ambiguity of modernity）或「現代性的兩難」（ambivalent of modernity or ambivalent modernization）相互參照；休閒的前提當然在於人的自由與解放，但在自我反思現代性中，人們又陷入更大的規訓與支配之中，這是眾多關懷人類處境與社會發展的學者的共同要旨，自K. Marx、M. Weber以降，批判理論、新馬克思主義以至當代的M. Foucault和年鑑史學的社會生活史皆可列入此系譜。參見：P. Wagner, Sociology of Modernity (London: Routledge, 1994); C. Calhoun ed. Habermas and the Public Sphere (Cambridge, MA: MIT Press, 1992)。

　　「現代性」的最簡單意涵是「工業化世界」，A. Giddens
也將「現代性」等同於「工業主義」[30]，實際上，不論是從
知識的敘述旨趣，或社會歷史發展過程，現代性都是一個繁
雜的概念或現象，社會、文化、價值、經濟、政治、科技等
面向[31]，都是重要的現代性議題，在層次上則涵蓋個人慾望、
認同、社會體系、社會結構以至全球化、普同化等[32]，我們
或應化繁為簡，從現代性最基本的、也是一般化的特質來理
解。

　　在討論現代性的內涵之前，我們難以迴避的問題是：現
代性與現代化有何關係？為何是現代性而不是現代化？現代
性與現代化指涉的都是一種與傳統決裂的社會轉型狀況與觀
念，唯現代性凸顯的是一種歷史特殊性，即立基於西方（特
別是西北歐）社會文化的特殊經驗；而現代化則強調單線演
化、世界普同的過程與價值。也有學者認為現代性與現代化

---

[30] U. Beck, "How Modern is Modern Society?" Theory, Culture and Society 9, 2 (1992): 163-164; A. Giddens, The Nation-State and Violence (Cambridge: Polity Press, 1985)。

[31] R. Caccamo, "The Transition to Late Modern Society: A Conversation with Anthony Giddens," International Sociology 13, 1 (1998): 125, C. Calhoun, op. cit., p. 207; J. Fernas, Cultural Theory and Late Modernity (London: Sage, 1995), p. 38-47; 陳秉璋、陳信木，邁向現代化（台北：桂冠，1988），緒論。

[32] Cf. G. Therborn, op. cit., D. Kellner, "Popular Culture and the Construction of Postmodern Identities," in S. Lash and J. Friedman eds. Modernity and Identity (Oxford: Blackwell, 1992), pp. 147-177.

是名與實的關係，即現代化是指一種社會變遷，現代性在勾勒變遷的特徵與性質[33]。

　　現代主義也常與現代化、現代性交替使用，現代主義最具代表性的是D. Bell的用法，主要係指一種建築、藝術風格與思潮的文化現代性，文化現代性又常以「現代派」（modernists）形式表現在各種藝文運動上；有關現代性的語源、語意問題[34]，雖然饒富趣味，或其思想史上的遞嬗流傳，亦有其深意；在此我們主要討論其一般、通用的意義，以及社會現代性的相關問題。

　　現代性的一般內容，大抵指都市化、工業化、民主化過程，以及經驗式、分析式知識方法的產生[35]，也可說是由工業資本主義帶動的理性化、世俗化與現代化的社會歷史轉型過程[36]，或許還可加上文明化[37]，其特徵則有不可逆轉的前進

---

[33] 參見：陳秉璋、陳信木，前引書；P. Wagner, A Sociology of Modernity: Liberty and Discipline (London: Routledge, 1994), chap. 1; D. Kellner, op. cit.; J. C. Alexander, Fin de Siecle Social Theory (London: Verso, 1995), chap. 1; B. Smart, "Modernity, Postmodernity and the Present," in B. S. Turner ed. Theories of Modernity and Postmodernity (London: Sage, 1990)。

[34] 有關「現代」的語源、語意，可參見：M. Berman, All that Solid Melts into Air (London: Verso, 1983); A. D. King, "The Times and Spaces of Modernity (or Who Needs Postmodernism?)," in M. Featherstone et al., pp. 108-111; J. Fernas, op. cit., chap. 2。

[35] P. Wager, op. cit., p. 3。

[36] D. Kellner, op. cit., p. 2。

[37] J. Fernas, op. cit., p. 19。

性（irreversible dynamization）、理性化兩難（ambivalent rationalization）、普遍性的分化（differentiating universalization）等[38]。

　　有關現代性的內容之分類與羅列，可參看陳秉璋與陳信木的「邁向現代化」一書，以及M. Rose的「後現代與後工業的批判分析」（"The Post-modern and Post-industrial: A Critical Analysis"）對現代主義的比較研究；而M. Weber觀點下的現代性內涵則是：

> 現代性是現代化過程的結果，社會世界在此過程中受制慾主義與世俗化、工具理性的普遍宣稱、生活世界各領域的分化、經濟政治與軍事事務的科層化及貨幣化價值所支配[39]。

　　M. Weber的現代性理論重心在理性化，E. Durkheim及功能學派的現代性核心概念則為社會「分化」，這個淵源於社會分工與專精化的概念，以及沿續自集體意識的社會整合概念，結合為戰後學術主流的結構功能論，構建了現代化理論的知識架構，其要點有(1)在一個較為分化的系統中，其副系統的運作是分離的，(2)各個副系統依功能面向（AGIL）的不同，在其內部逐級分化，(3)系統（及副系統）分化是持續的

---

[38] Ibid., pp. 18-31; 參見：S. Crook et al. Postmodernization: Change in Advanced Society (London: Sage, 1992)。

[39] B. S. Turner, "Periodization and Politics in the Postmodern," in his Theories of Modernity and Postmodernity, p. 6。

演化過程[40]，所以國家與市場、個人與社會、理智與感情、工作與休閒的分離，都是現代性的自然結果和過程。

與Durkheim旨趣不盡相同，卻同樣心儀演化觀點的K. Marx，其現代性關懷的核心是在商品化（commoditification），他在分析商品拜物教時說，在市場社會中，人與人的相互關係被「客體化」爲純物質的東西；因爲貨幣的使用和中介，使商品的「使用價值」被轉型爲「交換價值」，人們的勞動生產以在市場出售獲利爲唯一目的，終致使勞力也商品化成爲可以買賣的東西，連自我也外化、異化爲物品。

商品拜物教是一種全面持續的過程，不斷以殖民原有的東西來創造新的「使用價值」（實即交換價值），一切事物都以市場的數量化準則來衡量，大量消費成爲現代生活和家庭關係的典型儀式，廣告和大眾媒體被用以操控人們的物慾。法蘭克福學派承襲Marx的商品拜物教理論，將經濟關係與市場法則延伸至文化—意識型態研究，用以詮釋解放理性被工具理性取代後所產生的困境[41]。

現代性常被界定爲經濟、政治、文化副系統不斷分化的過程，其實社會概念才是居於核心的重要位置[42]；社會現代

---

[40] S. Crook et al., op. cit., pp. 4-5; 參見陳秉璋、陳信木，前引書，頁35-40。

[41] N. S. Love, Marx, Nietzsche, and Modernity (NY: Columbia University, 1986), pp. 129-134。

[42] A. Touraine, "Two Interpretations of Contemporary Social Change," in H. Haferkamp & N. J. Smelser eds. op. cit., p. 57。

性至少有下述明顯特徵：(1)資源動員的增加，(2)持續提升正面努力，(3)權力關係，(4)增進消費福祉，(5)自我反思的擴增，(6)個人主義的提升[43]。這些現代性特徵並非以單一的系統或孤立的現象存在，不論是觀念上的討論或實存的社會發展，各特徵間都是密切相關、相互整合的，我們擬依據上列討論，分就自我反思制度化與公共領域分別討論休閒的發展與意義。

（四）休閒、日常生活與公共性

「私人領域與公共領域的區分，相當於應該展現出來與應該隱藏起來的東西之間的區別」[44]，依照這個判準，休閒是屬於公領域嗎？答案顯然不是絕對，如古希臘的雅典人以劇場這種休閒活動做為公共生活的中心，卻有更多人在友朋間傳抄劇本，或在家以閱讀荷馬著作（如Iliad）自娛[45]，這時公、私休閒的判別似無疑義或困難。

休閒的領域屬性在現代社會，則具有相當的曖昧性，這種曖昧性並非休閒的本質（如果有的話）使然，而是社會現代性的一環。依H. Arendt的研究，人類公／私生活領域的區

---

[43] H. Haferkamp, "Modernity and Ascription," in H. Haferkamp & N. J. Smelser eds. op. cit., p. 99。

[44] H. Arendt, The Human Condition (New York: Doubleday, 1959)。

[45] Cf. K. A. Popper, "On a Little Known Chapter of Mediterranean History," in J. A. Hall & I. C. Jarvie eds. Transition to Modernity (Cambridge: Cambridge University Press, 1992), p. 115。

分,在古代城邦時代,將家庭領域與政治領域加以區隔時即
已存在,但是近代社會政治的發展,卻構築了一個既非私人
又非公共的社會領域[46],現代性即社會性,現代(和近代)
是「社會的勝利」,但社會的浮現並不保證社會的自主,反
而隨著民族國家發展成為一種政治形態。

　　「家庭的集合成為社會,它的政治組織形態就是國家」
[47],這種現代發展使個人生存、家計生活、種族延續、國家
事務都結合在一起。傳統上屬於私人領域的家庭和家計都被
納入公共領域,私人領域的淪喪也造成個人隱私被吞噬。

　　Arendt這種較為悲觀的論點,認為社會的興起雖然拓展
了私領域,卻也給予公共權威介入私人生活的空間,社會非
但不是私領域的保障,反而是公和私相互穿透的場域。J.
Habermas則認為國家和社會有明確的疆域和界線,公共領域
和私人領域同樣也有明顯區隔,公共權威領域只限於公共權
力機關,私人領域則又分化成家庭和私生活,以及「市民社
會」—商品交換和社會勞動領域,其概念圖式如下[48]:

[46] H. Arendt, op. cit.。

[47] Ibid。

[48] J. Habermas, The Structural Transformation of the Public Sphere
(Cambridge, MA: The MIT Press, 1989), p.30。參見黃瑞祺,批判
社會學(台北:三民,1996),頁283-285。

私人的	公眾的	公共（權威）的
市民社會 （商品交換和社會勞動領域）	（公共領域） 政治公共領域	國家 （治安機關）
	文藝公共領域 （俱樂部、媒體）	
配偶家庭內部空間 （布爾喬亞知識份子）	（文化、商品市場） 「城市」	宮廷 （王公貴族社會）
私領域		公領域

　　市民社會是公共領域的基礎，也是現代社會的產物，市民社會的出現，標誌著現代世界的來臨[49]，也就是現代性的確立。市民社會最大的意義在於社會從政治之中脫離出來，成為一個獨立的領域，但是市民社會又非全然等於私人領域，因為還有更重要的以布爾喬亞個人的社交、互動所形成的各種公眾領域，才是建構理性溝通、組成民主、抽象聯合（共同）體的場域。

　　為什麼市民社會是民主的、抽象的聯合體，因為市民社會是一個商業或交換的社會，各個人都以牟利為目的來獲取最大利益，市民社會實即為需要體系和交換體系，每個人的

---

[49] 石元康，從中國文化到現代性：典範轉移？（台北：東大，1998），頁222。

需要及欲望的滿足必須透過別人才得以完成，欲望及需求就由自然性變為社會性[50]。

　　休閒的意義和重要性，就在於做為社會性的一種形式和邏輯；休閒是私領域中的公眾領域的重要形式和動力，因為休閒做為藝文公眾（共）領域（Literarishe Offentlichkeit）是先於政治公共領域成立的，政治公共領域的參與者之主體性，是在藝文活動的公開討論中歷練新的私人經驗與自我啓蒙，在閱覽室、戲劇院、博物館、音樂廳的文化商品消費和活動中，人們不但建構了公共空間也茁壯了自我[51]。

　　休閒活動是一個討論空間，這個空間孕育了公共性，宴會、沙龍和咖啡館事實上成了公共的組織、溝通的方式和源頭：

> 雖說不是有了咖啡館，沙龍和社交聚會，公共觀念就必然會產生；但有了它們，公共觀念才能成形，進而成為客觀條件，雖然尚未真正出現，卻已即將醞釀成熟[52]。

　　這是Habermas對較為「後進」的十八世紀德國公共領域發展的描述；文學和戲劇也是重要的休閒活動和公眾（共）領域，文化產品市場和社會溝通、互動有其共通性，(1)不考慮社會地位高低，而以個人的平等為基礎，反對等級禮儀，要求舉止得體，(2)討論一般性、通俗性問題，教會、宮廷不

---

[50] 同前註，頁205-209。

[51] J. Habermas, op. cit., pp.29-30。

[52] Ibid., p.36。

再有壟斷性、神聖性，其問題也被視爲商品的、世俗的一部份，(3)使文化具商品形式，是所有人都能加入討論[53]。

對戲劇、藝文活動的參與，特別是藝術、文化已成爲商品而不再具有神聖性、等級性意義，形成一個知識份子的公共論述領域。但是，休閒活動與藝文公眾（共）領域如何轉化成政治公共領域呢？

Habermas引述了一個對於沙龍活動的描述，讓我們一窺沙龍活動與公共空間、藝文與政治的交融關係：

> 交談和爭論悠雅完美的融合在一起，無關緊要的旅遊、問候等小事與舉足輕重的戲劇和政治一樣的受到認真對待，且毫無冷場[54]。

休閒、談藝活動的轉化成理性、民主的溝通領域，必需從歷史情境和經驗中來理解，所以Habermas才會在公共領域的研究中比較性的分別描述英國、法國、德國的不同發展過程。唯我們僅嘗試分就公共領域的一些特質，如理性溝通、平等參與、抽象實體等面向略予討論。

理性溝通理論雖然常被譏爲是一種烏托邦，但對Habermas言卻有其歷史真實性；市民公眾的公開討論是遵循普遍原則的，排除了一切的社會政治特權，這些普遍原則對個體而言是外在的，與個體內心的文藝世界是有所不同的。

---

[53] Ibid., pp. 36-38。此處所述的公眾、個人，事實上應指城市工商和知識階級，因而Habermas的公共性、現代性理論，常被冠上「布爾喬亞公共性」和「布爾喬亞現代性」。

[54] Ibid., p. 34。

公眾輿論應切合「事物的本質」，在具有道德（規範的）理性色彩下，公眾輿論（不管是文學評論、劇評或政治）被要求具有正確性和公正性，「政治公共領域的法律規範的核心範疇是以文藝公共領域的機制意識為中介的」[55]，非人格的（impersonal）、超脫個人主觀的行為準則，在互為主體的建構下成立了[56]。

平等參與的機制與「社會」的興起密切相關，因為社會領域是溝通互動的領域，不是階級也不是勞動的領域，社會領域是屬於非工作（non-work）領域[57]，在此，社會將經濟排除了，其次，神聖性也被世俗化排除了，傳統的政治、宗教等級被打破，所有人都以個人身份、自然人的資格自由參與公共論述，語言與身段不再圍於階級界線，所有參與者的意見都是平等的。

抽象實體與E. Durkheim的「社會事實」概念相近，但更具體化的指陳社會領域與公共領域之做為一個實體，此實體亦可視為人性的、自願的、友愛的共同體，是由眾多的個人因互利而聯結起來的一個統一體，它是一個抽象的普遍體，其統一性基礎模糊而不穩固，因此必須以各種小團體、自願團體來加以組織，並使個體在利益、興趣中建立認同，這也

---

[55] Ibid., p. 55。

[56] 高宣揚，哈伯瑪斯論（台北：遠流，1991），頁388，參見，石元康，前引書，頁206-208。

[57] D.-T. Lii, "Social Spheres and Public Life," Theory, Culture and Society 15, 2 (1998), p. 117, "non-work"隱含雙重含意，一是非經濟、不屬於階級關係的，一是非工作，屬於休閒的活動。

是現代社會中行會、俱樂部等團體的重要性之所在，在社會關係解組、整合與抽離（disembedding）、再鑲嵌（re-embed）的過程中，是社會抽象實體在維繫著社會秩序[58]。

（五）休閒、制度性反思與自我

現代性是M. Weber社會學事業的核心，他認為現代性包含社會的分化、理性的延用至社會生活的各層面、價值觀念的世俗化與多元化、科層權責與監督管理的擴張、新的人格結構的產生及傳統價值、信仰的消蝕等，A. Giddens對現代性的制度化研究路徑則是延續Weber的論題[59]。

以制度化的面向來面對現代社會生活、社會體系與社會關係的轉型，Giddens的主要論題有時間與空間的分離、知識的反思性配置運用、具體人際互動關係的剝離與非人際性互動關係的再鑲嵌、跨時空和全球性的抽象時空體系等。他的去傳統化、抽象化、反思性等觀點都是對我們深有啓發的現代社會之批評，也深深的觸及社會秩序、個人生存、群體組織等現實問題。

休閒、工作和生活風格的安排，彰顯傳統與現代的鉅大差異，Giddens引伸P. Berger的說法：

> 在多數人類歷史中，生活在社會情境中的人類非常緊密的結合在一起。無論工作、休閒和家庭情境中，個

---

[58] 石元康，前引書，頁206-220；D.-T. Lii, op. cit., p. 130。
[59] B. S. Turner, "Weber, Giddens and Modernity," Theory, Culture and Society 9, 2 (1992), p. 141。

人常生活在一個可依循的社會環境中,在大多數前近代社會文化中,這種現象強烈的被地方社區所主宰和強化。現代生活情境則分散和變裂,現代社會的變裂包括公共領域和私領域分化,都是一種多元化的過程。生活風格常依附於特定的行動情境,……在日常生活過程中,(現代的)個體因游離於不同的情境與場所之間,會在這些情境中感到不適,以致對自身生活風格產生疑問[60]。

我們不妨循著Giddens的腳步,回到Berger那裡探尋社會生活的制度化,接著再回來看制度性反思問題。制度化的起源來自「人類所有活動都習慣化」,習慣化會導引人類活動,疏解人類的緊張並提供活動的穩定基礎,這種穩定基礎使人類得以從事活動的選擇,選擇的能力開創了人類創新和慎思的可能途徑[61]。

各種社會行動者,彼此將某種習慣化活動「定型化」,於是就產生了制度化,換言之,定型化即制度化。制度的內涵為歷史性與控制性,因為活動產生的定型化,是建立在一個共享的歷史過程中,制度有其歷史,而人類活動的制度化,即指人類活動已被納入社會控制下[62]。

---

[60] A. Giddens, Modernity and Self-Identity (Cambridge: Polity, 1991), p.83。

[61] 鄒理民譯,知識社會學:社會實體的建構(台北:巨流,1991),頁70。

[62] 同前註,頁71-72。

　　社會控制下的社會活動，仍會因分工、創新等而重新編組習慣化乃至定型化，但是我們將把焦點鎖定在社會控制、監控的問題上。

　　Giddens認為現代性有四種「制度叢結」，即高度監控、資本主義企業、工業主義與暴力工具的集中控制[63]。現代國家的政府能力維繫於其是否能有效的監控，這種監控不僅武力壓制、汲取資源，更在考驗國家的「制度整合」能力，例如維持社會的「綏靖化」以保障社會秩序，更要促使勞動力、雇主與國家的協調合作，以促進社會生產（和再生產），其中最困難的是在影響人民的生活，使全面監控有效運作於民眾生活中，促成政治正當性與政策的普遍接受[64]。

　　由於高度監控的普遍涵蓋性，現代社會中的監控並不限於工作地點[65]，勞動工作雖與監控密切相關，卻並不是其唯一的場景，與工作直接關聯的休閒娛樂的角色與作用就顯得格外敏感，Berger在討論理性化時，注意到了技術改變對日常生活和休閒的影響：

> 　　這種經濟性質的轉變，對日常生活的影響，不盡是貨財富裕，也是娛樂的增加；大多數人從事生產勞動的時間，越來越少，同時用來從事私人享受的時間，卻越來越多。……結果遂使替個人或集體的存在和生活

---

[63] A. Giddens, The Nation-State and Violence (Cambridge: Polity, 1985), p. 5。

[64] Ibid., pp. 322-323。

[65] Ibid., p. 145。

方式，求取令人滿意的意義的追尋，變得更為情急和
瘋狂[66]。

　　在這裡我們看到了現代人面對生活方式與生活風格的轉
變，「和生活風格的形式一樣，種種生活政略（life politics）
也是後傳統的社會形式不可避免的相伴物」[67]，生活政略特
別重要，因它是對生活風格的選擇，是反思組織的自我指涉
的實質內容，生活政略是依據自我的個人經歷而動員起來、
準備未來進程的手段[68]。

　　生活政略代表了個人、自我選擇的多元性和可能性，這
種選擇必然直接關聯與他人的關係，也就是和親密關係的轉
型相聯結[69]，社會和空間鄰近性對親密關係的發展通常是必
要的，而個人的情愛網絡大多是由社會地位決定的，個人自
主的選擇空間其實相當有限[70]，身體對個人自我認同和自我
實現具有特殊關聯。

　　身體不僅是一種客體，也不只是一種物理的存在，它涉
及個人反思組織的運作，在「自我的反思計劃」中，更是自
我敘述（biographical narrative）建構的界線[71]，身體外貌與身
體表面的特徵，包含裝飾衣著，是他人用來解釋行動的線索，

---

[66] 曾維宗譯，漂泊的心靈（台北：巨流，1978），頁262。

[67] A. Giddens, Modernity and Self-Identity, pp. 84-85。

[68] Ibid.。

[69] Ibid., p. 87; Cf. P. Wagner, op. cit., pp. 56-57。

[70] A. Giddens, Ibid., p. 87。

[71] A. Giddens, Transformation of Intimacy (Cambridge: Polity, 1992),
p. 30。

身體還決定個人的感性，即對快樂和痛苦的情緒，身體也從屬於特定生活制度，總之，身體直接參與自我的建構；身體的生活制度是一種手段，現代社會生活的制度反思性藉助此手段，才得以觀照於修養身體，身體養生、生活策略和生活風格的選擇，在現代性的反思性中是密不可分的[72]，這些選擇也都和休閒遊憩密切相關。

（六）休閒體制—休閒、國家與社會

休閒並非任意、隨興、本能的行為，因為休閒不但與個人自我觀念、
審美價值、人格特質密切相關，更受到社會階層、社會角色、文化價值與生命階段等集體因素影響，意即休閒常是賦有意義且指向他人的社會行動，是存在社會關係中且參與社會建構的活動，休閒總是在社會歷史情境中進行，而非孤立的、內在的行為。

太古初民的漁獵採集社會，是一個順應自然不虞匱乏的時代，其休閒時間即相當餘裕[73]，或云工業革命前休閒幾乎不存在，或只屬於少數貴族、菁英之特權[74]，不論工業革命前是休閒富裕還是休閒匱乏，我們可以確定的是不同社會、不同時代的休閒規模、形式都會有所不同，而工業革命的意

---

[72] A. Giddens, Modernity and Self-Identity, pp. 111-115。

[73] J. Kelly & G. Godbey, The Sociology of Leisure (PA: Venture, 1992), p. 34。

[74] R. Sue著，姜依群譯，前引書，頁10。T. Veblen, The Theory of the Leisure Class (NY: New American Library, 1953)。

義也不僅只是勞動形態或機器技術等生產力的改變，所造成的休閒形式轉變或休閒遊憩份量的增減問題而已[75]。

（工業革命是勞動生產體制變革的分水嶺；也是休閒與生活形態轉化的重要媒介）M. Weber的新教精神論題清楚的說明，十六世紀的宗教改革業已對工作態度及休閒消費觀念深具影響，J. Le Goff的中世紀研究指出時間觀念、時間意識在十四世紀即已明顯轉變，工業革命的轉折或以E. Durkheim和F. Tönnies有關社會聯帶和人類結合的演變之分析最為簡明，工業革命對於社會關係與價值觀念的改變，才是造成休閒突顯的原因。

A. Giddens肯定工業主義（industrialism）對資本主義有推波助瀾的作用，而工業革命在現代性發展中具有造成社會經濟秩序斷裂、不連續的關鍵地位，也就是去傳統(de-tradition)特質，使現代性與以前的社會完全劃分開來，現代性關聯的四大制度叢結，可歸結為現代性議題是以民族國家為主體，來討論現代社會的制度性反思問題，即國家為維護社會經濟再生產所進行的全面性、制度性的直接、間接監控。

在高度現代性的討論中，A. Giddens更深入觸及制度性反思與自我的關係，現代性造成時空的重組以及抽離化機制（disembedding mechanism），即社會關係被解放並重新組合的過程，造成社會生活內容和本質轉型，在高度風險和不確定的環境下，制度的專家系統和人們的生活規劃或生活政治

---

[75] J. Kelly & G. Godbey, op. cit., p. 34. J. Clarke & C. Critcher, The Devil Makes Work (Urbana: U. of Illinois P., 1985), p. 49。

（life politics）是一種生活方式的（選擇）策略，是個人以日常生活對國家權力支配的抗拒，也是自我實現的政治[76]。

我們將以制度性反思爲主軸，討論國家與社會的關係，說明休閒已成爲國家權力監控的場域與手段，並參照政治社會學論點將休閒定位爲國家與社會折衝、抗爭的籌碼和舞台；其次試圖以現象學的社會實體建構爲核心，整合A. Giddens的高度現代性論旨、N. Elias文明化歷程理論以及J. Habermas的公共領域論述，分析休閒不只是私生活、自我呈現和日常生活，更是個人主體和社會集體辯證互動過程，形成客體化與社會制度化的重要媒介與動力。

1、國家／社會——國家干預問題

國家與社會關係到底是二元性（duality）相生相成的互賴關係，還是二元論（dualism）的兩極對立關係？這是有關國家角色與性格的核心問題，也是「國家自主說」與「國家工具說」的分歧之所在。

依T. Skocpol的界定[77]，國家自主性是指國家具有「它自身的、不必然等同或交織於統治階級或政體全體成員的邏輯或利益的結構」，國家及其科層體制有其別於社會的利益與偏好，依E. A. Nordlinger分析民主國家的自主性可分爲三種類型：(1)國家與社會的喜好偏離時，國家仍執行其自身偏好，(2)國家與社會的喜好偏離，但科層官員扭轉社會的喜

---

[76] A. Giddens, op, cit., pp. 214-216。

[77] T. Skocpol, States and Social Revolutions (Cambridge: Cambridge University Press, 1979), p. 27。

好，(3)國家與社會的喜好合一，或者國家影響社會的偏好，或者社會影響國家的偏好[78]。

國家自主性說明了為何國家常可超脫於社會階級紛爭之上，而不致直接捲入社會政治動亂，也可解釋資本主義國家得以維持資本主義再生產與政治經濟秩序而不墜，N. Bobbio把這種國家／社會的關係區分得更清楚：「我們可把社會看做經濟、社會、意識形態和宗教衝突的根源和場域，而國家機構的任務則是透過調解、阻止或壓制手段來解決這些衝突」[79]，T. Skocpol不但強調國家權力的強制性和管理機構以及國家概念的重要，還認為國家除了強制性外，還有社會管理和社會服務功能，國家也應在政府機關和法律制度外，涵蓋各種政治組織並制訂各種政治規劃。

M. Weber的國家命題，即國家是特定地域內至高的、排他的正當性壟斷暴力的共同體，應是國家自主性一個最佳啟發，在經驗上第三世界國家的發展則是最佳注腳，發展中國家常見「官僚布爾喬亞」問題，即科技官僚自我膨脹和自利傾向，會透過其掌握行政權力而自我造就為優勢的剝削階級[80]。

---

[78] C. Ham & M. Hill, The Policy Process in the Modern Capitalist State (Brighton: Wheatsheaf, 1984), pp. 41-42。

[79] N. Bobbio, Democracy and Dictatorship: The Nature and Limits of State Power (Cambridge: Polity, 1989), p. 25。

[80] P. Bean & S. MacPherson, Approaches to Welfare (London: Routledge and Kegan Paul, 1983), pp. 43-44。

　　國家工具說的理論立場與國家自主說相左，認為國家是資本階級支配其他階級的工具，資本主義社會統治階層擁有並掌控生產工具，它被賦與經濟權力，能夠利用國家並把國家做為階級支配的工具，優勢地位者運用國家機器壓制其他階級，並形成政策以確保自身利益；國家理論就是一種關於社會以及權力在社會中分配的理論，而國家與社會的關聯至深，國家與社會也被認為是相偕發展而難以區分[81]。

　　N. Poulantzas認為國家與階級的關係，其機制、關鍵在於「客觀關係」之存在，資本的客觀力量會對國家形成結構性限制，經濟支配階級的政治優勢來自布爾喬亞與國家間的客觀關係，國家並非機關、機構而是社會階級關係的集合[82]，他也注意到布爾喬亞或資本權力集團並非完全一體，會因利益、部門的不同而對普羅階級或國家採取不同的行動，因而提出經濟權力依違於政治權力的相對自主說。

　　相對自主說是對國家工具說的修正，L. Althusser的「總決定」（overdetermination）是相對主說的一例，他有意修正國家與社會（或政治與經濟）的機械關係，然卻無法超越國家／社會二分所產生的難題，國家自主說亦有此弱點，針對現代國家至少有兩點解釋力的不足，一是對於民族國家、國民經濟、社會組織的融為一體的事實無法提出充份解釋，一是對於社會力的影響與作用加以貶抑，除勞工階級薪資抗爭

[81] R. Miliband, The State in Capitalist Society (London: Weidenfeld and Nicholson, 1969), p.22。

[82] C. Ham & M. Hill, op, cit., pp.34-35。

的經濟性解釋外，對社群的組織、動機與動員力量並未適度
評價與定位。

2、國家危機與正當性

　　國家危機理論是典型的馬克思理論議題，馬克思認為危
機就內蘊於資本生產的社會形構中，是資本主義的必然宿
命，因為資本生產過程受制於「利潤率下降定律」，或因階
級鬥爭、薪資抗爭造成利潤下降，不論生產過剩或消費不足
都會妨礙資本積累，此時資本的內在矛盾就展現在危機的發
展。

　　J. O'Connor引申馬克思的經濟危機理論，在政治、社會、
經濟、資本危機外，還強調個人的人格危機以說明現代人日
常生活的心理負擔，在他以國家財政危機為論題的著作中
[83]，認為資本主義國家具有相互矛盾的兩個功能──積累和
正當性，國家為維持資本積累和獲利，同時也要顧及社會認
同（或曰社會忠誠），積累造成的矛盾或妥協，主要表現在
國家的財政支出，國家預算可分為社會投資和社會花費兩大
類，社會花費主要在維持社會和諧以保持國家正當性，而此
項支出是純消耗而不事生產的，社會資本又分為社會投資和
社會消費，社會投資是提高生產力的設施服務，社會消費是
用以降低生產成本，現代國家在社會資本的累積和社會花費

---

[83] O' Connor, The Fiscal Crisis of the State (NY: St. Martins, 1973), pp. 5-10。

上左支右絀而產生危機，並以此論題深入解析當代國家體制與問題[84]。

　　J. Habermas的正當性危機理論可與J. O'Connor相互參照，他認為自由民主體制的社會形構中，個體與群體的意願主張長期而言必然是不協調的，社會文化及日常生活中的認同與工作意願問題形成動機危機，動機危機涉及價值規範所形成的道德意識，進而對人們的公正、秩序等正當性的信仰，意即大眾忠誠產生影響，除了個人層次、社會文化體系的動機危機外，晚期資本主義還有政治體系的正當性認同危機與行政體系的理性危機，以及經濟體系的經濟危機（利潤率下降）與生產關係問題[85]。

　　以「不可治理性」（ungovernability）概念著名的C. Offe認為「團塊資本主義」(organized-capitalism)即福利國家的危機在於「危機管理的危機」，即去商品化問題，因福利國家政策對資本積累是「幫倒忙」（negatively subordinated）[86]，其次是財政問題，因福利國家的效能與正當性在長期性財政問題與入不敷出的狀況下，必然結構性的受到限制，第三是規劃性失敗問題，福利國家以規劃體系來整合、調整經濟與社會化副系統，結果卻是規劃性失敗的剩餘與非規劃後果的

---

[84] O' Connor（1984：190）分析後法西斯，即第二次大戰後的西方國家，出現了政治資本主義、管理社會與國防國家（political capitalism, administered society and national security state）的各種混合形式國家體制，而這些體制都肇因於重大的政治、經濟社會危機。。

[85] J. Habermas, Legetimation Crisis (Boston: Beacon Press, 1975).

[86] C. Offe, op. cit。

出現，第四是大眾忠誠問題，由於國家決策喪失正當性，人民對現存行政體制與政權的認同瓦解（disintegrate）。

3、國家干預與政府失敗

　　看不見的手議題，即理論經濟學家設想的一個完全平衡的市場，自由買賣、自由交易形成的價格可使許多商品的市場同時達到均衡，這種狀況即通稱爲市場均衡的「瓦爾拉斯均衡」（Walrasian equilibrium），此時資源的配置達到最佳狀態，這種狀態就稱爲「巴雷多最優」（Pareto optimal），是社會的總體福利最佳的狀況。

　　市場均衡與日常生活對照，只是一種理想的境界，因爲完美的市場是設定在諸多的預設條件上的，諸如：(1)資訊完全且對稱，(2)充份、完全的競爭，(3)單位報酬不變，(4)企業與個人經濟活動無外部性，(5)交易成本可忽略不計，(6)經濟當事人完全理性等，只要這些前提有任何不足，即出現市場失靈或市場失敗（market failure）情況，使政府的干預取得正當理由。

　　政府干預的目標與訴求，主要可有：(1)提高經濟效率，(2)維持社會公平，(3)促進社會整合，(4)投資公共設施，(5)維持經濟穩定，(6)保障生活品質，(7)保護生活環境，(8)解決社會問題等，然而政府干預的結果常未能如願，而非預期的經常以「政府失敗」收場，其原因爲(1)政治決策過程複雜而不確定，(2)政策實施過程的困難和複雜，(3)競租活動的危害等之難以控制。

市場均衡可說如海市蜃樓，因而國家干預乃不足爲奇，干預後又不可避免的經常以政府失敗收場，這種干預與失敗的惡

性循環，以及干預與否的兩難困境，就成爲現代民主國家的正當性難題（參見本節前文J. Habermas與J. O'connor等之討論）。

　　休閒遊憩與政治、交友等活動相同，是人們主動性、意向性的一種社會行動，我們並非暗示休閒均爲選擇性、策略性的意識性、外顯行爲，行動者與結構、預期與非預期、自覺的與潛意識的、自由和限制的行爲者，往往是並存、辯證的動態過程，集體規則、理想可經由教育、認知內化爲個人價值、信仰，個人的理念、好惡也會透過行爲、實踐外鑠（externalization）於社會，行動者如重複、習慣令活動「定型化」（typification），這就是「制度化」[87]，我們試以P. Berger、N. Elias與P. Bourdieu的理論爲主軸分別討論。

　　現代性和資本主義的發展實即理性化與世俗化過程，科層體制與工業主義爲代表的現代社會體制，雖然因先進各國之國情、歷史而有所不同，然皆不脫此特性，其結果爲現代國家行政、控制力的擴張、強化，同時社會力又能不受壓迫而持續進步、成長，休閒遊憩在此過程中形成特定的體制，同時也是國家干預的重要形式[88]。

4、日常生活的制度化

　　「文明化過程」（civilizing process）理論是N. Elias在1930年代所建構的歷史取向社會理論，常被稱爲「形貌的」（figurational）、發展的、或「社會起源」和「心理起源」

---

[87] P. Berger & T. Luckmann著，鄔理民譯，前引書，頁71。

[88] A. Giddens，劉北成、楊遠嬰譯，前引書。

（"sociogenetic" and "psychogenetic"）路徑，文明化實即制度化過程，包含非正式和正式制度，如飲食、衣著、禮儀態度等演化的長時期、整體性的過程[89]。

每種休閒就是一特定形貌，所謂形貌即「人們相互指引依賴的結構」[90]，從中世紀時期可明顯看到禮儀與社會標準的持續提升與精緻化，同時社會壓力也不斷催促人們對各社會關係領域與情操的自我控制力，使行為管理的良知與人格獲得加強，也就是社會標準與禁忌的內化，獵狐運動與足球暴力（football hooliganism）被用以說明形貌研究路徑，Elias還注意到體育與旅遊的變化，使長睡袍變成了睡衣睡褲的樣式，意即羞恥、身體觀念都改變了，家人關係與衣服作工樣式也受到影響。

休閒、運動、情感都不只是個人好惡的問題，而是社會標準的界線及其演變的歷史過程[91]，十六世紀的巴黎施洗約翰節焚貓，和今天的賽馬或拳擊比賽一樣，是一種社會活動，各種的娛樂活動都是社會情感標準的表現，雖然每個人的感受不同，卻必須共同遵守這一社會標準，此標準也是正常與不正常的界線。

舞蹈可以用來說明休閒的變化和制度化，「正如舞蹈作為一種小的形貌時快時慢發生變化一樣，被我們稱做社會的大的形貌也同樣時快時慢地變化著」，文明進程不是直線發

---

[89] E. Dunning, op cit., p. 36。

[90] C. Rojek, op. cit., pp. 158-167。

[91] N. Elias著，王佩莉譯，文明的進程（北京：三聯，1998），頁312。這個論題也在其莫札特的研究專書中，有系統性的闡述

展，而是縱橫交錯的發展，人與人間相互依賴的形式加強，相互影響與限制也加強了，武器、體罰的強制性威脅則逐漸減少，自我控制、自我適應的重要性則逐漸形成[92]。

P. Berger與T. Luckmann的社會實體建構論指出，人類所有活動都會習慣化，活動的持續重複會形成一種模式，會抒解人的緊張和不安全感，提供活動的穩定基礎，這種穩定人類活動的基礎，使人能有餘力從事活動的選擇，意即習慣化活動人得以創新和慎思，而一群人的集體表現通常就形成制度，制度是一個共享的歷史過程，也代表對歷史性的控制，而人類活動的制度化就是人類活動的納入社會控制之中[93]。

休閒在制度化過程中有其特定意義，休閒通常具有開放性特質，使行動者易於進入分享社會體系的建構，而在實際遊戲中，充滿著可能機運和創新空間，因社會結構也是建構的、可以改變的，既成社會的脈絡變化使社會整體脈絡的改變成為可能；休閒事件包括行為方式、互動模式、相互期待、達成結果等共識要素，這種社會共識隱含角色、結構、價值體系等制度的社會建構。

私人領域也必須制度化，以便眾人安排個人活動，個人擁有極大的機會，來組織其自己的私人生活，也就是一種「自己做」的世界；後工業的消費活動不只是物質富裕，也是娛樂的增加，私人生活享受的時間快速增加；而時間預算的轉變使私人領域及其對現代的不滿更為緊張，結果造成個人或集體的存在與生活方式的意義追尋變得情急、瘋狂，亦即現

---

[92] N. Elias著，王佩莉譯，前引書，頁47、289。

[93] P. Berger & T. Luckmann著，鄒理民譯，前引書，頁70-72。

代社會龐大制度的空隙,就是私人的、未制度化的領域,也是空前的個人自由和焦慮的範圍,人們不能忍受沒有制度的協助和生活的不確定,因此私人領域的未制度化反而促成新制度的形成[94],休閒娛樂等傳統上屬於私生活的範疇,就被納入現代社會的制度化過程中。)

三、生活史、總體史和心態史

(一)生活史

　　年鑑史學(Annales school)的總體歷史觀點主張對歷史從事多元的、各層次的綜合分析,為探究歷史的複雜全貌,年鑑史家對綜合的、跨科際的研究路徑一向勇於嘗試,第二代的代表性人物F. Braudel也不例外的倡導社會科學各學科間的對話,唯其對社會學致知卻頗有微辭,認為社會學家始終關注現實的瞬間現象,對一再重複的現象視而不見,「社會學的時間是令人難以接受的」,只有歷史學家的時間可以掌握社會運動的交叉、互動作用和斷裂點,史學家透過各種時段區分的相互關係來思考,將社會的結構危機擺置在時間中,可透過時間測量其確切定位[95]。

---

[94] 曾維宗譯,前引書,頁256-262。

[95] 參見F. Braudel著,顧良、張慧君譯,資本主義論叢(北京:中央編譯出版社,1997),頁198-204;Braudel首先強調時間的優位性,「一切以時間為開始,一切以時間為結束」,而社會學家雖不反對歷史,卻反對歷史時間,因為社會學家的時間是任意的,社會學家的時間不

社會學和史學雖是兩門相似的學科，卻經常處於無言相對（a dialogue of the deaf）的窘況，直到二十世紀後半期方逐漸合流，C. W. Mills則認為歷史是社會學的「古典傳統」，行動者（biography）、歷史與社會共同搭建的大舞台是最適切的社會學研究路徑，在《社會學想像》一書中，他強烈詰難以T. Parsons的《社會系統》為代表的鉅型理論之系統性、普遍化模型，認其為一種政治意識型態，而抽象的經驗論（abstracted empiricism）也如同鉅型理論般支配、誤導人們思考，他揭櫫掌握歷史的「社會學想像」以探究大歷史場景（the larger historical scene）對內在生命的意義，以及各色人等展現的外在生涯[96]。

歷史社會學和歷史比較方法近20年的發展已有豐碩成果[97]，社會學理論也不乏歷史、時間面向的觀照，如A. Giddens

是歷史時間，歷時性和共時性的時間區分將生活視為可以停止和靜態的過程，也不是歷史時間，歷史學家的時間「是不可抗拒的世界時間」，是長時段空間中的社會實在。

[96] 參見張家銘，社會學理論的歷史反思（台北：圓神，1987），頁63-104；C. W. Mills, The Sociological Imagination (London: Oxford University Press, 1959), pp. 5-8; 143-164; 48, footnote 19。

[97] 討論歷史社會學或社會學的歷史比較方法的理論，以及社會學與史學相互關係的專著有：R. Bendix, Force, Fate, and Freedom: On Historical Sociology (1984); T. Skocpol ed. Vision and Method in Historical Sociology (1984); A. L. Stinchcombe, Theoretical Methods in Social History (1981); C. Tilly, As Sociology Meets History (1981); P. Abrams, Historical Sociology (1982); P. Burke,

的結構化理論（structuration theory）、N. Elias形貌的或形成式路徑（figurational or developmental approach）及深受年鑑史學影響的I. Wallerstein的世界體系論等皆是著例；在史學研究中吸納社會學理論與方法者所在多有，兼具社會學與年鑑史學雙重性格者則以新（或現代）社會史學爲代表。

　　英、美的新社會史學與年鑑史學的整體史觀相似，均源起於對傳統史學之反對，即反對以政治、英雄、貴族、事件等狹隘的政治史、事件史等「豐功偉業」爲主體的研究，而以日常生活、平民百姓、大眾文化爲敘述主體，依E. J. Hobsbaum說明社會史的主題不是孤立的，歷史的整個領域就是社會史的研究領域，「把總體的和普遍的歷史做爲自己的目標，……尋求使所有有關的社會科學成爲一個整體，而非使社會史代表其中任何一個學科」，新社會史學也大量接受社會制度、社會結構、社會階級、社會關係、社會互動、社會角色、社會問題及社會行動等社會學核心概念與問題意識。

　　新社會史學研究率皆聚集於社會整體（social totality）的大纛之下，依其研究面向與路徑之不同又可分爲諸多流派[98]，相當程度的含攝社會學的研究視野，且有眾多研究成果

Sciology and History (1980); N. Elias, "Introduction" in The Court Society (1983)。

[98] 依C. Lloyd, 'The Methodologies of Social Theory', History and Theory 30, 2 (1991), pp.215-217；社會史學可分爲(1)反對結構論與經濟化約論的馬克思學派社會文化史學，如C. Hill、E. Thompson、R. Williams，(2)不重視個人、團體與階級的事件與行動、強調社會、政治、經濟結構的馬克思學派史學，如E. Hobsbaum、R. S. Neale、

已與社會學論述合流，而歷史也是社會學建制的基本研究領域與取向，社會與歷史的畛域之分雖已漸不明顯，卻仍保有各自的認知興趣、思考方式與敘述舖陳特性，它們可以相濡以沫的刺激對方反省與想象[99]，從形同陌路的鄰居轉變成志同道合的兄弟（cousins）。

（二）心態史

「有可能撰寫<u>私生活史</u>嗎？」[100]，針對此質疑M. Perrot的回答是肯定的，前提是必須先扭轉我們的價值觀念，只要能看淡英雄豪傑獨佔的歷史，私領域就會擺脫邪惡、禁忌和黑暗色彩，頓時開朗成為勞苦和歡樂、衝突與夢想的場合，它會被承認為值得探訪的人類生活重心，是具有正當性的研

V. Kiernan，(3)馬克思學派歷史社會學，是歷史與比較取向的結構史研究，不重視日常生活事件與個人的細節，如B. Moore、P. Anderson、T. Skocpol、R. Brenner，(4)韋伯學派歷史社會學，具高度理論與比較性，因韋伯理論的曖昧性而產生理論分歧，如R. Bendix、S. N. Eisenstadt、C. Geertz、E. Gellner、A. Hirschman，(5)形成理論的歷史社會學，以N. Elias博取孔德、馬克思和韋伯的理論綜合而成，(6)以A. Touraine為代表的行動社會學，強調行動和結構的辯證關係，相近的有A. Giddens和P. Abrams。

[99] 參見張家銘，前引書；P. Burke, Sociology and History。

[100] P. Aries, 'Introduction', in R. Chartier ed., A. Goldhammer trans. A History of Private Life, V. 3: Passions of the Renaissance (Cambridge, MA: Harvard University Press), p. 1; Aries原意係質問不同時期、狀況、價值之下的私生活之延續與變化是否可能加以探討。

究對象，「私生活史不只是稗官野史，更是日常生活的政治史」[101]，而與國家、經濟、社會的大歷史進行對話。

　　私生活史的研究路徑與對象有時被視為是「歷史的碎化現象」[102]，此種說法值得商榷，否則將使私生活史之定位與性質產生紊亂，而錯誤的以為私生活史是一種零碎的、分子式的敘述，實際上，私生活史是對社會史學的一種超越[103]，是歷史人類學與心態史的研究終結和歸宿[104]，「碎化」或「史學爆炸」問題固然顯現私生活史繽紛雜陳的研究主題，卻更易造成私生活史脫離社會整體研究的誤解。

　　私生活史做為心態史研究的一種展現，是與社會整體研究密切結合的，亦即私生活細節必須安置在整體大社會的脈絡中方可突顯其意義，依R. Darton的解釋心態史是「無知識者的知識史，是重建庶民宇宙觀、瞭解特定社會群體態度、認知和隱性意識型態的方法」[105]，可知心態史做為一種研究

---

[101] M. Perrot, 'Introduction', in M. Perrot ed., A History of Private Life, V. 4, pp. 1-5。

[102] G. G. Iggers, Historiography in the Twentieth Century (Hanover, NH: University Press of New England, 1997), p. 103；張廣智、張廣勇，史學，文化中的文化（浙江：浙江人民出版社，1990），頁415。

[103] M. Perrot, 'Introduction', p. 5。

[104] M. Vovalle, '歷史學和長時段'，見姚蒙編譯，新史學（上海：上海譯文出版社，1989），頁142；譯文文意稍有調整。

[105] R. Darnton, The Kiss of Lamourette (New York: W. W. Norton & Company, 1990), p. 261；此處「無知識者」應非識字、受教育與否之區別，而在強調其庶民性。

方法和研究主題，其興趣在於特定社會、文化的整體意識和
價值，視其為社會文化整體結構的重心。

心態史的特色正是在於其集體性，其思想淵源可上追G.
Le Bon的心理學之注重群體，尤其是非組織化的集體之傳
統；而L. Febvre最初使用「心態史」一詞時，更是以E.
Durkheim為師，將心態史當成研究集體意識、社會事實的敲
門磚，依J. Le Goff的詮釋「心態」正是個人與集體、有意和
無意的接合點：

> 日常自發的心態歷史就是在揭露個人的主觀歷史，因
> 它發掘了思想的非個人性內容，這是軍團內的小兵和
> 統帥凱撒共有的東西[106]。

R. Mandrou則喜歡用'歷史心理學'一詞，而G. Duby則視
心態史為'想像史'，是一種集體的、實在的想像，「在於研
究思想與人類生存客觀條件的辯證關係中，人們的思考方法
與存活方式」[107]，心態史絕非思想史，依Duby的說明，心態
史不研究明確的思想體系，也不研究思想(體系)的歷史變
化，而是在提醒我們注意那些不很具體的東西，也就是一個
由象徵、觀念、成見和默認原則構成的混合體，這些象徵、
觀念、成見和默認原則不知不覺的穿過教育體制的間隙代代
流傳，它們是一個隨著時間發展而緩慢變化的整體，因此其

---

[106] 轉引自M. Olsen, 'Motives, Memory and Mind: Collingwood's Theory
of Actions and Histoire des Mentalites', Historical Reflections
19, 1 (1993): 51。

[107] Ibid., pp.50-51; 參見R. Darnton, op. cite。

歷史值得深入研究,它們在各個社會群體、階層的取向不盡相同,每個時代都有多種心態而非一種心態,它是複數的、是一個朦朧的整體,它無形體但卻正因如此而暗中支配著人們的行為舉止,它是促進社會演變的根本因素[108]。

這種整體卻又朦朧的對象該如何研究呢?不但「私生活史」,「婦女史」、「家庭史」和「法國都市史」、「法國農村史」等系列鉅著都是心態史的研究貢獻,他們是如何做到的呢?論者或以心態史家巨細靡遺無所不包的,綜觀私生活史研究的內容有身體、造型、相片、繪畫、住屋、家具、兩性、神話、傳記、婚姻、休閒等,的確大為超出傳統史學的範圍與對象。

研究對象的選擇和材料的剪裁,就要回到年鑑史家L. Febvre的「問題史學」去,他說「沒有問題,便沒有史學」[109],問題要從現實出發,透過問題的提出選擇研究對象,如G. Barraclough的名言「和科學家的做法完全一樣,正是歷史學家自己創造了自己的研究對象」,研究就是一個主動選擇、分析和組織史料的過程,不能冀望現成的結論,否則文獻就成了世界的主宰了,所有的歷史都涉及選擇;在確定研究方向後,就必須選擇史料、選擇方法、選擇敘述方式以形成研

---

[108] G. Duby, 馬勝利譯‘法國歷史的最新發展’,史學理論研究(1994),頁99-105;本文由Duby同意譯載,原文係1991年在雅典法蘭西學院的演講。

[109] 姚蒙,法國當代史學主流—從年鑑派到新史學(香港:三聯,1988),頁47-48。

究的策略，而不要「自我封閉在對文字材料的反復思索之中」
[110]，整體的歷史須要的是對材料的整體觀照和廣泛探索。）

---

[110] 姚蒙編譯，前引書，頁14。

第二章　村社共同體與物質文明——前現代社會生活

前工業社會總是顯現經濟學家說的「休閒偏好」。
他們以提升實質工資來增加自己的休閒時間，結果
是以較短時間就可賺取生計。

——R. G. Wilkinson. Poverty and Progress (London:
Methuen, 1973), p.173。

　　M. Weber的「正當性支配的三種純粹類型」理論，被視
為其詮釋社會學的最純熟有力之作[1]，Weber在其討論中，有

---

[1] W. J. Mommsen. The Age of Bureaucracy: Pespectives on the
Political Sociology of Max Weber (N.Y.: Harper and Row, 1974),
p.73。中譯見：康樂編譯，支配的類型：韋伯選集（III）（台北：遠
流，1989），「導言」。

意的反駁直線式和決定論式史觀，強調三種統治類型不必有先後次序關係，而各個支配類型不但有相應的政治文化，更對應於特定文明與特殊經濟體制[2]。

　　三種支配類型中的「傳統型支配」，其形式是對事物既定秩序，亦即慣例的信仰，特徵則是以傳統性社會行為為主導[3]，而奧圖曼帝國、埃及與中國等文明，則是Weber用來說明的例子，而中國封建社會下的家父長(父權)制，實即傳統支配類型的典型[4]。

　　什麼是傳統？Weber並未直接草率界定，但我們可以確認其意義包含「歷代相傳的規則及權力的神聖性」[5]，除了Weber之外，社會學者似乎較少正面討論「傳統」[6]，因為社會學總是著迷於「當前」，而以二分法（或雙元觀念）將「過去」與「現在」對應起來，雖然K. Marx、A. Comte等人曾提出階段式歷史觀，社會學的社會變遷基本範型（typology）仍以「工業」與「非工業」社會的切分為根本，而工業化的本質則被認為是與現代化相同的[7]。

―――――――――――――――

[2] Ibid., p. 75。

[3] Ibid., p. 77。

[4] M. Weber著，康樂編譯，前引書，頁45-46。另見瞿本瑞譯，「傳統中國與西歐的父權制：韋伯支配社會學的重估」，收於G. Hamilton著，張維安、陳介玄、瞿本瑞譯，中國社會與經濟（台北：聯經，1990），

[5] 同前註，頁43。

[6] 也許E. Shils和S. N. Eisenstadt是少數的例外。

[7] E. Kumar著，蔡伸章譯，社會的劇變（台北：志文，1984），頁70-75，另見A. Giddens. The Nation-State and Violence (Cambridge: Polity, 1985), chap. 5。

　　雖然工業革命的歷史已達250年，社會學仍不習慣於區辨「現在」、「現代」與「工業」社會，而將這幾個概念交替使用，對於「過去」、「傳統」與「前工業」社會等概念也常不刻意區分的混爲一談[8]。

　　工業社會與前工業社會的對比，是社會學的一個基本理念架構，而以各種不同的社會關係面向來呈現；R. Redfield以非人情關係和多元價值爲特徵的大型城市社會，來對照靠傳統和密切的人際關係而結合的小型鄉民社會（folk society）；C. Becker以世俗社會對照於神聖社會，H. Maine則區分階級社會與契約社會。

　　影響最大的一組概念架構，應屬E. Durkheim的機械聯帶與有機聯帶的區分，前者（傳統社會）因成員角色功能的相似性而結合在一起，因此具有共同的價值標準，後者則因成員角色功能的高度分殊化，因相互依賴而形成；其次則爲F. Tönnies的社區（共同體、鄉土社會）與社團（結社、法理社會）之對比，社區的特徵是人們有著親切、面對面的互動，強烈籠罩於社群的連帶並受傳統束縛，社團的人際關係不是情感分享，而是功利的強調個人主義而不是對團體的效忠，傳統的連帶與價值較微弱。

　　社會學家的此種社會變遷構思，有對其實存時代背景的回應，也有理想與理念的追求引導，一方面是舊秩序、傳統

---

[8] 史學家J. Le Goff也發現此問題，他說古代（antique）、陳舊（ancient）與傳統可相互替換，現代、近時與新的也是如此；見氏著，History and Memory（N. Y. :Columbia U. P., 1992), p. 21。

生活瓦解所帶來的危機感[9]，另一方面則是啓蒙運動以來，知識份子追求秩序、進步、主體、理性的熱情之體現，他們關注的是人類社會進步與完美性的建構，因而對於(1)變遷的真正動力，(2)偶發性的因素與力量，(3)真實的經驗社會等，都沒有足夠重視[10]，或忽視排除而不論。

　　「傳統」與「現代」的對比只是一種相對的概念，因爲現實世界裡，並沒有絕對的「傳統的社會」，或絕對的「現代的社會」[11]，雖然說「傳統」與「現代」的區分，可能只是一個連續體上的程度之差別而已，傳統社會與現代社會的特徵或特質，也就是傳統農業社會的傳統性，和現代工業社會的現代性，仍然是可以清楚區分的[12]。

---

[9] K. Kumar著，蔡伸章譯，前引書，頁64-68。R. Nisbet稱此為「進步的鏽蝕」（thr rust of progress），見氏著Seciology as an Art Form (N.Y.: Oxford U.P., 1969), pp. 115-116。

[10] K. Kumar著，蔡伸章譯，前引書，頁64-68。

[11] 金耀基，從傳統到現代（台北：時報，1987），頁126-127。

[12] 傳統性與現代性的對照：

社會類型 現代化	傳統社會的傳統性	現代社會的現代性
社　會　結　構　性	1. 農業性結構	1. 工業性結構
	2. 環節性結構	2. 整合性結構
	3. 靜態性結構	3. 動態性結構
	4. 封閉性結構	4. 開放性結構
	5. 同質性結構	5. 異質性結構
	6. 神聖化結構	6. 世俗化結構

　　傳統性特徵雖然得以辨認、界定，但是各個文明的相互
差異以及各自的內部複雜性，恐怕是難以一概而論的，此由
M. Weber的世界宗教研究與政治社會學，F. Brauel的文明史
與資本主義研究，都強調各文明間的差異與時代的變遷，即
可見其端倪。

　　台灣的傳統定耕農業社會，當自十六世紀閩人入台墾植
開始，但是漢人來台之前即有眾多平埔族與山地原住民生息
於此，他們的經濟生產型態是以漁獵游耕為主，處於前農業
的園藝階段（horticulture），原住民的園藝式簡單農業，以

社	1.機械性社會連帶		
會	2.社會流動性極少		
互	3.互助性互動		
動	4.權威主義盛行		
性			
	1.社會個人主義	1.純粹個人主義	
	2.超自然主義或自然主義	2.人文本位主義	
個	3.感性主義	3.理性主義	
人	4.群體互惠主義	4.個人功利主義	
性	5.世襲社會地位	5.個人成就地位	
	6.宿命主義	6.實證主義	

引自陳秉璋、陳信木，邁向現代化（台北：桂冠，1987，頁18），另
依金耀基指出，「古典中國」的社會特徵有(1)傳統取向的，(2)農業
底，(3)身份取向與層階取向的，(4)神聖底、權威底，(5)以原級團
體為主要社會結構，(6)特殊主義、關係取向的，(7)功能普化的，(8)
準開放的二元社會，見氏著，前引書，頁52。

及漢人的小農經濟型態的不同，實際上也決定了其社會型態與生活方式的差異。

農業是一種普遍且悠久的生計與生產活動，原住民的園藝式耕作在戰後「平地化」、「現代化」政策下，雖然已經有所改變，唯至1970年代仍盛行於不少族群聚落（特別是東部與南部山區尤甚）；而漢人的傳統農業生產型態，也在人口、技術、商品化與政權的影響下，迭有階段性轉折與變動，但是全面性的轉型卻直到二十世紀30年代，甚至1960年代，才因大規模的工業化，而對社會結構與生活方式造成全面的、較大的衝擊。

漢人文明的特徵之一，在於自古以來即有相當活躍的商業活動[13]，商旅匯聚的城鎮市集向來極為發達，而台灣的漢人移墾社會，雖然不脫傳統農民社會性格，市街的出現也是在移民早期即已形成[14]；商業與市街的存在，不應掩蔽我們對農業社會與農民生活的認識與理解，畢竟商人與商業活動是傳統社會中，極特殊的少數群體，其活動對於大多數村社組織（農村共同體）的影響是微弱而遙遠的，而農民的傳統日常生活也仍然以物物交換甚至自給自足的「物質生活」為主。

---

[13] 謝和耐認為中國具獨立且活躍的商業階級，卻從未威脅及政權，是中國社會的特徵之一；見J. Gernet著，耿昇譯，中國社會史（南京：江蘇人民，1995），頁29。

[14] 依晚近的考據，台灣的市街形成極早，如基隆的漢人市街在十七世紀初，甚或更早即已存在；參見翁佳音，大台北古地圖考釋（板橋：台北縣立文化中心，1998）。

　　我們將回顧這種以物質生活爲基調，卻在不同時期穿插著市場經濟活動，乃至資本主義若即若離的滲透、侵蝕，卻只是緩慢變動的傳統農村社會，特別是農村日常生活的特質，在討論漢人傳統農村社會生活之前，我們也不應忽略早已生息在台灣島上，迄今仍頑強存活著的原住民傳統社會文化。

一、部落社會的物質文明

　　台灣的「開發」已有數百年時間，除了大批來自閩、廣的漢人移民外，還有荷蘭人、日本人的殖民統治，雖然原來居住平原與丘陵的平埔（「熟蕃」）各族已經大致被同化、壓迫而喪失原有的社會文化特徵，居住在平原附近的「平地」原住民族，如阿美、卑南因與漢人和平埔族混居，致生活方式與傳統文化加速流失，但山居的原住民雖歷經現代國家的長期統治，直至二十世紀中期（約1950年代），仍然相當程度維持著村社（部落共同體）的生活方式，保有以物物交換、自給自足爲主的物質文明，和園藝式農作與活躍的漁獵和採集活動，所謂「農業生產採自給自足的方式，各村落自成一經濟活動的單元，不與外界接觸也可生存，自然經濟重於貨幣經濟」[15]。

　　山地原住民或許受惠於地理摒障，重山峻嶺與深川大澤保護其免於外界侵擾，或許是有平埔族做爲緩衝，使其不必

---

[15] 林英彥，「台灣先住民之經濟結構」，見台灣銀行經濟研究室編，台灣經濟史十一集（台北：台灣銀行，1974），頁85。

受到現代文明的直接影響，造成社會文化的相對穩定而少有變遷，其社會文化直到最近半世紀以來才明顯有所變化，所以經濟學者會質疑十九世紀末年的原住民社會，仍然保有工業革命前的生活方式，「在世界上的先進國家都已朝工業化方向突飛猛進的十九世紀末期，為什麼狩獵經濟還會頑強的殘留在台灣先住民的社會裡呢？」[16]。

在討論台灣原住民的生計活動與社會生活時，我們將儘量使用原住民自己的著述或口述，雖然經過口傳或文字上的轉譯，我們相信這仍是最能傳達當事人的經驗與感受的材料，此外，我們將參照援引一個對中古時期法國山村Montaillou的研究，雖然時代、文化以及所有外在條件皆有不同，但是基於E. Le Roy Ladurie所說的「知識的普遍性是沒有限度的」，同樣是偏僻、山區、非定耕農業的社會，我們相信Montaillou的對照、啟發是有價值的。

（一）心態工具—山中無曆日？

農業社會的文化特質（cultural trait），最突顯者恐怕莫過於土地的依附，而其文化叢結的基本內涵，應是奠基在人—地關係上的，所以K. A. Wittfogel（漢名魏復古）會以「水利」做為傳統中國社會的組織原則和基本特徵，也就是所謂「東方生產模式」的特質，傳統農業社會的農民生活高度附

---

[16] 林英彥，「台灣先住民在狩獵時期之經濟生活」，見台灣銀行經濟研究室編，前引書，頁2。

著於土地，加以身份制的社會限制其人身自由，所以K. Marx
稱封建農民是「他出生的那一塊土地的奴隸」[17]。

　　如果封建農民是土地的奴隸，那麼原住民或可算是土地
上的遊人，所以在「番漢」接觸的早期，漢人會認為「番黎
不諳耕作」[18]，實際上，原住民的農業歷史是源遠流長的，
唯多仍停留於園藝作物的階段，其耕作方式自是與小農制定
耕農業的漢人大異其趣，此外，原住民傳統社會經濟生活中，
漁獵是重要的個人與(共同體)集體活動，生產方式的不同，
造成漢人誤認原住民不事農耕的刻板印象。

　　原住民也有農業耕種活動，其意義不只是經濟性或維生
所需，更與信仰、文化密切相關，地質與環境亦影響各部落
的種植與生產，次要的作物極具多樣性與變化，顯現各族群、
部落農藝與口味的偏好，粟（小米）在各族都是重要的祭祀
用品，但是排灣族的里芋、泰雅族的旱稻也是重要作物，除
了是日常主食，也具有強烈的儀式性神聖色彩，為各項歲時
祭儀所不可或缺，所以農作生產成為家族與部落的常年要
務，是日常勞動的中心。

　　原住民的傳統農作方式是山田墾燒（或謂「刀耕火耒
刃」），即在部落氏族共有土地上，實施游耕輪作，一塊荒
地經砍伐燒墾整地後，通常耕作三、四年（最多六、七年）

---

[17] 中共中央馬恩列斯著作編譯局譯，克思恩格斯全集，第2冊，（北京：
　　人民出版社，1965）頁471。

[18] 參見施添福，「清代台灣『番黎不諳耕作』的緣由：以竹塹地區為例」，
　　中央研究院民族學研究所集刊，第69期（1990）：67-92頁；此文討論
　　的「番」是「熟番」，即平埔族，

後即棄置休耕，重新開墾另一塊林野，而經棄置的耕地通常休耕七、八年（或更長）令其荒蕪，以待來日再行開墾[19]，這種開墾輪作的周期，在泰雅族被做為生命階段的單位與依據，一個老人會以一生所開墾的耕地數量，做為計算自己年齡的根據[20]；人的肉體生命、勞動技術與土地生產結合成完美的循環。

　　一直到二十世紀初，泰雅人過的還是「山中無曆日」生活，既不會、也不願使用鐘錶[21]，但是為了田地的收成，泰雅人通常夙興夜寐生活緊湊，早起的人午夜便起床，點著火把趕去田裡，晚起的人也在「晨雞三唱」（半夜三時左右）便起床，夜晚的時間單位可依生物時鐘或物理變化來制定，「夜間的區分，可以夜啼鳥類，如梟之啼聲推測之，但亦可依月亮之高度，星辰之有無判斷之」[22]。

---

[19] 林英彥，「台灣先住民之經濟結構」，頁81-83。李亦園等，南澳的泰雅人，下冊（台北：中央研究院民族學研究所，1964），頁481-484。另見台灣行政長官公署農林處農務科，台灣農業年報（台北：同作者，1936），頁255；當局自1916年指導原住民水田開拓，當初均受原住民拒絕，後配合部落集團移居始漸推廣。

[20] 劉枝萬、石璋如等，台灣省南投縣志稿（台北：成文，1983）。

[21] 一位南澳的泰雅人說「…日警送給我一個鐘，可是我不會利用」，見李亦園等，前引書，頁614。另一位復興鄉的老人自述「以鐘錶為無用之長物」，顏晴雲著，陳奇祿譯，「泰雅族的日常生活」，考古人類學刊，第7期（1956），56頁。參見韓西庵，「台灣山地人民之經濟生活」，台灣銀行季刊，第4卷第2期（1951），頁127-129。

[22] 顏晴雲著，陳奇祿譯，前引文，頁56。

夜間時段是以雞鳴來命名的，分為第一次雞啼、第二次雞啼、第三次雞啼、第四次雞啼，第四次雞啼亦稱黎明；白天則以太陽的位置為準，每一小時都有特定名稱，如「日中之前」約為11時，「日已傾斜」約為下午四時，一般人也以動植物的影子長短來推測時間，但是在陰天或暗無天日的密林中時，既無太陽也無影子可資辨認時，只好依賴生理的感覺：

> 人們亦可僅以其本身的餓飽情形做為衡量時刻之準繩。以餓飽的情形來決定時刻，在用慣鐘錶的文明人，或許會以為相當困難的事，但在以體力勞作為其生活之他們，對飽餓在某一程度上，是相當敏感的[23]。

Montaillou村民和泰雅人一樣，「對於一種時間觀念不甚強的文明來說，沒有必要嚴格區分時間段」[24]，他們對於夜間時段通常只能依靠視覺、物候和聽覺，諸如：

> 太陽落山以後、夜深時候、頭一覺睡醒時候、頭覺睡了一半時候、雞叫頭遍時候、雞叫三遍時候等等[25]。

做為一個深為宗教所桎梏的山村，Montaillou除以進餐相關的觀念表示白天時間外，還以禮拜儀式有關的詞語來表示時間，有時也參照教堂的鐘聲，一般人對於月和季並沒有明確概念，而以物候和農事活動做為說明，對於年中的時段，

---

[23] 同前註。

[24] E. Le Roy Ladurie著，許明龍、馬勝利譯，蒙塔尤（北京：商務，1997），頁430。

[25] 同前註。

則以宗教節慶如狂歡節、復活節爲準，並以這些節日組成一個完整的周期[26]，泰雅人也以植物變化與農事來區分月份，並以氏族祭儀如祖靈祭、豐收祭等循環爲年歲。

（二）物質文明—物物交換的經濟生活

　　人類學與社會學常見的「物質文化」概念，與「器物文化」相通，大致指一種文化的結構層次，以日用器物與經濟生產爲主要內容，如飲食器皿、服飾裝扮、生產工具、武器獵具、家屋居住等，F. Braudel則引申這種食、衣、住、行的基本「物質生活」爲「物質文明」，即在相當固定而狹小範圍內的日常生產與消費，由其構成以物易物、自給自足和互惠互助的一種社會經濟形式，是社會經濟發展的一種歷史階段，也存在於各種社會經濟活動與形式的底層結構[27]，它是人類生存的一種日常生活結構（structures of everyday life）。

　　原住民（特別是「熟番」）遠在大航海時代之前，就可能與日本、中國商人有長期的交易關係[28]，十六世紀末西、荷等國商旅、教士、探險家等，與平埔族產生密切接觸與交易、徵稅關係；但是「生番」（即山地原住民族），之與外界正式接觸，則在清代建立的「換番」交易制度。

---

[26] 同前註，頁432-434。

[27] F. Braudel, trans. by S. Reynolds, Civilization and Capitalism 15th-18th Century, V. I: The Structures of Everday Life (Berkeley: U. of California P., 1992)。

[28] 如「十三行遺址」即發現有宋代貨幣。

　　「換番」與「隘勇」是針對（山地）原住民族而形成的制度，隘勇是採圍堵、隔離手段，以保護漢人墾民和腦丁（採樟腦者）安全，以免被「生蕃」攻擊、馘首，隘勇可說是漢人武裝墾殖的產物，相對的，換番則是一種交易、懷柔、互惠策略，是一種以物質交換來建立溝通、合作關係的管道[29]；武力壓迫與物質交換也經常合併使用。

　　原住民何時開始使用貨幣[30]，這是一個不易直接回答的問題，原住民向來有收集貴金屬貨幣的傳統，但並不用以做為交易媒介，而是以其為餽贈及做為製作器具的材料，如將其改製為衣飾用的銅片、銀片或耳飾，或將純錢幣打製成包覆煙斗用的金屬片等，即錢幣是做為材料而不是用於流通，錢幣的意義在於使用價值而非交換價值。

　　傳統的原住民是生產者兼消費者，是自給自足的(半)農業社會，直到1960年代才慢慢轉型為貨幣經濟的社會，開始

---

[29] 參見台灣慣習研究會著，吳文星、鄭瑞明編譯，台灣慣習記事（中譯本），第三卷下（台中：台灣省文獻委員會，1987），頁81-85。

[30] 原住民使用貨幣交易，是在日治中期以後才有的，因在此之前日人仍沿用傳統換番制的「交易所」，有一位泰雅頭目自述：「我們懂得用日幣做買賣，生活比以前好得多，我們也學會了蓋棉被」，見李亦園等，前引書，頁615。

　　「交易所」與「換蕃所」與「隘口互市制」相似，是一種不定時，但定點較為零細的交易方式；另有沿襲至荷蘭時代的「聯社制」，是一種年度的、較大型的交易，「番割制」是進入蕃地的不定時、不定點交易，有時也有原住民外出交易；上述各種交易都不使用銀錢貨幣，而以貨相易，特別是鹿和鹽、鐵、日用品交易，見林英彥，「台灣先住民在狩獵時期之生活」，見台灣銀行經濟研究室編，前引書。

進入商品化農業的時代[31]，在農業與林業人口高達90％以上的原住民社會[32]，農業的轉型宣告了物質文明的退位，以及市場經濟的擴張和入侵。

在二十世紀中期之前，原住民社會是處於封閉的、自足的狀態，除自行生產者外，其他經濟需求部份透過部落間交換，部份透過對外（平地）交換來獲得。

以泰雅族而言，其氏族血親復仇共同體（即部落攻守共盟）內，部落、氏族間有頻繁的交換關係，部落內則有分享關係，大型狩獵的獵獲物是不賣的，「因為要分給全村人家」[33]，全村人都可以分得一份，如果吃不完，就把獸肉醃起來；打獵和馘首一樣都是團體活動，農作收割和家屋的建造也都是部落成員相互幫忙，農忙時期的相互幫忙稱為「換暇」，一般人對於換暇的邀請都是不會拒絕的，尤其是青年男女更喜歡利用換暇一起工作，工作時有說有笑，可以避免寂寞單調，休息時更可互訴戀情[34]。

以換暇同耕共食，不只是勞動的互惠互助，更是重要的社交互動機會，因為各家田地距離遠隔，又早出晚歸難得見面，邀請其他家族共同工作不但可透過勞力交換，建立利益上的聯帶，更可在工作互動關係中凝聚感情和生活的歡樂。

---

[31] 林英彥，「台灣先住民之經濟結構」，頁87。

[32] 孫得雄，「台灣山地之人口」，見台灣銀行經濟研究室編，台灣山地經濟（台北：台灣銀行，1966）。

[33] 李亦園等，前引書，頁611。

[34] 顏晴雲著，陳奇祿譯，前引文，頁57；青年男女的主要休憩活動是以口琴（簧片琴）互娛對談。

　　各部落因為環境殊異，生產的農作物也不盡相同，部落間交換的是糧食與特產，如綠豆和松脂，倒是平埔族會到部落和他們做「買賣」，平埔族拿貝殼、刀、鋤頭來「買」鹿角、鹿皮、鹿鞭、木茸、藥草等，有時平埔族也「賣」槍枝、子彈、鹽等[35]，原住民以狩獵採集的山林產品，換取維生物資（鹽）及武器（和生產工具），以及兼具原始貨幣和身份炫耀功能的貝殼，雖然是物物交換，但原住民獲需要的不只是生存、實用的物品，也有象徵性、非實用性的財貨。

　　平埔族進入「蕃地」交易對部落有很大影響，因清朝與日治（今日亦同）均設有「蕃界」，以阻絕、封鎖蕃漢的往來，番割帶來的常有武器彈藥等管制品和外界的動態消息，因歷代政權為控制山地社會（或曰「蕃情」），均限制平地人、物流向山地；番漢交易在清、日時期均須在官方、特定的管道與程序下進行，日人為限制私人交易而在蕃界周邊，特設有「換番所」專責交易，換番「係政府本身或特許人與生蕃進行物品交換，以撫育比較柔順的生蕃，且藉以刺探生蕃的情況」[36]。

　　由於文化隔閡以及利益磨擦，實際的換番過程並不簡單，如原住民有時會在交易完畢即出草殺人，而日本政府也會剿撫並用，總之，以物易物的交換關係確實是早期原住民與外界接觸的基本形式，傳統原住民各部落雖是一個孤立的社會、自足的經濟體，部份生存物資卻需取給於對外交換，最重要的需求是鹽，其餘為米、刀、毛巾、衣物、毛絨、毛

[35] 李亦園等，前引書，頁611。

[36] 台灣慣習研究會編，吳文星、鄭瑞明編譯，前引書，頁83。

織品、磨造玉、農具、鍋類、小豬、火柴等,原住民供應的
除了鹿,熊製品外,還有蕃布、染料用蕃莨、蓪草、籐、苧
麻等;儘管貨幣、抽象的交換媒介尚未成熟,廣泛的交換關
係已經建立,就如人類學家說的:「即使在石器時代,交換
價值和商品交換已是經濟不可分割的組成部份」[37]。

(三)娛樂生產─漁獵即娛樂

狩獵是原住民慣常的個人與團體活動,也是重要的經濟
生產方式,但泰雅人傳統上並不認為狩獵是工作或勞動,只
有日常的上田耕種,以及農耕的相關活動,如砍伐雜木樹林、
播種、收割等,才被視為是工作;無疑的,泰雅人對狩獵有
特殊的感受和看法,他們視狩獵是遊戲、娛樂,而我們則稱
原住民的傳統生產方式是「狩獵經濟」[38]。

泰雅人的狩獵觀念,提醒我們對於勞動生產與休閒娛樂
的區分是否有意義;原住民對於農事的操勞力作,其勞動精
神絕不亞於平地農民,當然,生產條件與技術是不可同日而
語的,只是農事的平淡乏味使原住民深感沈悶,相對的,狩
獵的刺激驚險則讓他們引為莫大的快樂。

> 在金錢缺少的他們的社會裡,妻兒喜歡的肉類大多是
> 由Maju?i(直譯之,其義為「遊玩」,但實為狩獵與
> 漁撈之總稱)得來的。…在山間追逐野獸,雖然使人

---

[37] 同前註,頁84。參見F. Braudel著,顧良、張慧君譯,資本主義論叢
(北京:中央編譯,1997),頁23。

[38] 如林英彥,「台灣先住民在狩獵時期之生活」。

感到疲勞，但卻是最有興味的事。也許由於這個緣故，這種工作才被稱為maju?i。他們以此為唯一之娛樂[39]。

按照這段描述（實際上這是一篇自述），狩獵是部落生活的最佳娛樂[40]，事實上狩獵「遊玩」是具多樣性的，有個人與集團的、上山和下水的、深山和鄰近的、誘捕和採集等諸多方式，每種方式的樂趣各不相同，獵山豹、熊、山豬等猛獸，捕獵過程驚險刺激外，獸肉可供食用、分享，部份器官和獸皮等尚可自用或出售予外人。

捕魚則是夏日的盛事，氏族不分男女老少都共同參與、分配，是至為和樂的活動；捕捉穿山甲因不須體力又無危險，是婦孺喜歡的活動，相反的則是採蜂蜜，可以獲得最美味的幼蟲（蜂蛹），卻須攀崖、爬樹還要躲避蜂群攻擊，是最危

---

[39] 顏晴陽著，陳奇祿譯，前引文，頁58；標點符號參照原文。

[40] 在泰雅人的認知中，狩獵是重要的娛樂活動，但是在部落社會中，狩獵的意義又豈只限於娛樂呢？除了娛樂外，狩獵尚有更重要的社會經濟意義，如氏族祭祀、作戰防衛、運動遊戲以及經濟生產等，經濟生產除為主要的食物（動物性）來源外，獸類產品更可做為對外交易物資，依一般看法，狩獵在原住民傳統社會經濟之地位，隨時代不同迭有變動，十九世紀以前以狩獵為主，原始旱田即火耕為副，後以原始旱田農業為主，以狩獵為副，並有少量的交易活動，日治以後推行定耕政策，以改變原有的火耕、遊耕方式，並發展商業性農業，唯原住民社會的改變仍有限；參見：洪敏麟，「綜觀台灣山地社會結構與文化演變之軌跡」，台灣文獻，第22卷3期（1971），頁46-48。

險而需要膽識的事；誘捕雉雞和猴子則是家庭的一種娛樂，因最好玩又可大快剝頤，是父子同樂的遊戲[41]。

以狩獵採集為中心的娛樂，亦即生產勞動與娛樂休閒尚未分化的狀況；對於泰雅族而言，漁獵並未涵蓋所有的休閒娛樂活動，例如聊天，家人或左鄰右舍會在冬日早起後，等待天亮的時間邊烤花生、地瓜邊聊天，冬天夜晚圍火喝酒也都可暢所欲言，除了相互取笑、交換軼聞，也傳遞訊息和邀請換暇；在雨天不能外出工作，或祭祀、婚禮時，人們也聚集一起飲酒傾談[42]。

男人的社交活動在Montaillou頗為豐富，他們也喝酒，但更重要的卻在逞口舌之能，也有玩唱娛樂的樂器和下棋、骰子等活動，最普遍的則為廚房的小型聚會，由家庭成員加上客人，談天說地的融匯感情並傳播文化，對參加者產生深層文化作用[43]，有時也有比較正式的餐宴儀式，對個人成長思想儀禮頗有助益；青少年則以唱歌、跳舞、摔跤做為社交娛樂，在放牛、收割之餘還嬉戲、玩笑，但他們的活動並沒有明確的動機，主要是為了感情交流，婦女們則不同，會在紡織時聊天交談，以打聽和傳遞消息[44]。

在高度重視織布技術的泰雅族，婦女的社會地位是根據織布的技術來評價，且織成的布料也是重要的交易物資，所以婦女都勤於織布，且多在織布時談天說笑；少女們則以玩

---

[41] 顏晴陽著，陳奇祿譯，前引文，頁58。

[42] 同前註。李亦園等，前引書，頁435。

[43] E. Le Roy Ladurie著，許明龍、馬勝利譯，前引書，頁379。

[44] 同前註，頁403-405。

各種結繩網遊戲為樂，需要與織布一樣的技巧，女孩休閒有技巧性的拿子、跳圈遊戲，由團體以石子、石片進行，男孩則玩自製的水槍、陀螺、弓箭、竹槍等為戲[45]。

二、小農經濟的日常生活

工作與休閒在農業社會中並未清楚劃分，因為農事工作並無急迫性，且工作地點較為孤立，使個人具有相當的自我調整空間[46]，因而維持了農耕工作的自主與獨立，使得台灣的小農經濟雖然有高度的貨幣化，其營生（農場經營）仍以維生的慾望滿足、自給性和自家勞動為目標[47]，他們追求的是「現物經濟」，較無利益損益觀念。

雖然自荷、鄭統治時期以來，台灣農業即大量外銷糖、米，而具有相當的外向性[48]，但是農民生活的改變仍相當有限而緩慢，二十世紀前半期的一項調查顯示，婚喪喜慶和祭祀的「婚葬祭」年度支出費用，居然占農家五至七個月的家計支出，而醫療費用支出也占家計費用的15％[49]，亦即婚葬

---

[45] 李亦園等，前引書，頁435-445。

[46] 文崇一，台灣居民的休閒生活（台北：東大，1990），頁2。

[47] 張漢裕，台灣農業及農家經濟論集（台北：台灣銀行，1974），頁144-146。

[48] 參見周翔鶴，「近代台灣糧食和經濟作物生產關係的一個定量分析」，中國社會經濟史研究，總第50期（1994），頁70-74。楊彥杰，「清代台灣大米對福建的輸入—以兵眷米穀為中心」，中國社會經濟史研究，總第24期（1988），頁69-77。

[49] 張漢裕，前引書，頁137-138，

祭與醫藥支出占農民家計負擔的3/4，此項統計顯示如非農民的現金收入極低，意即農民的經濟高度匱乏，或商品化程度不高，即是農民的婚喪喜慶與醫藥支出極大，不論那種可能性，都顯示出截至二十世紀前半，農民的生活型態可能還處於相當傳統的、自足的、村社式的風格下。

　　這種傳統生活方式的延續，也表現在農民對現代的、新式的娛樂活動的抗拒—或不得其門而入；電影自十九世紀末，日人治台不久即引進台灣，到了1950年代台灣的電影院已相當興盛[50]，此外尚有巡迴各地放映的電影隊演出，但是在平均家戶人口多達9.84人的農村，在1952年的一年當中，家中從未有人看過電影的農戶居然達55％[51]，換言之，有一半以上的農家是終年不看電影的，這個現象不知是正面的提醒我們，除了電影之外，農家還有眾多的休閒娛樂活動的選擇，還是反面的顯示了農家休閒娛樂機會的稀少。

（一）農家生活—自足自適的生存

　　農村生活的令人神往，在於生活與環境、自然與勞動的渾然天成融合一體，在講究風水地理的漢人社會中，山環水繞綠樹成蔭是多數村落的共同景觀，田疇沃野炊煙歸樵，以及小橋流水牧童短笛是常見的即景，河濱、山麓、丘陵、松針、平地、池塘和磚屋，構成了「天然樂園」[52]，各地區、

[50] 李天鐸，台灣電影、社會與歷史（台北：亞太，1997），頁63。
[51] 張漢裕，前引書，頁140。
[52] 龔立述，花甲憶舊集（台北：太白書屋，1996），頁3，其家鄉為江西吉安的永樂村。

時節的村落景觀或不盡相同，但是田園生活的天人合一性質
都是相同的：

> 身體和肉體生活在這裡具有宇宙的以及全民的性
> 質；這裡根本不是現代那種狹隘意義和確切意義上的
> 身體和生理，它們還沒有徹底個體化，還沒有同外界
> 分離[53]。

　　田園生活的特徵，並不只是恬靜、穩定、緩慢、安適，
這些特徵不過是人與人、身體與土地、生產與消費、勞動與
休閒的尚未分離、分化的表現，其底層則是人的心態、知識
與行為模式的未能脫離自然韻律與傳統力量之束縛，人們尚
生活於村社共同體（實體的或抽象的）所致。
　　鄉間的風光雖樸拙靜逸，卻是最吸引人的，「我一生走
遍許多國家，見過無數名勝，於今回想起來，對於幼時東後
寮的鄉間景色，最為嚮往」[54]，這是嘉南平原一個農村出身
的遊子心聲，記述中的村落是一個以旱田為生的鄉村，村落
有溪流圍繞，屋前還有池塘，池裡長滿水燭和菱角，白色的
水燭花可用以止血，菱角的果食美味可口，池塘還可釣魚捕
蛙，每次都可滿載而歸[55]。
　　美麗的景觀非徒可以觀賞嬉遊，也是食物、藥物的來源；
前述同鄉但不同村的場景雖然相似，但故事絕不相同，畢竟

---

[53] M. Bakhtin著，李兆琳等譯，拉伯雷研究（石家莊：河北教育，1998），
頁23。

[54] 黃武東，黃武東回憶錄（台北：前衛，1988），頁25。

[55] 同前註。

各家的認同和天地是各有千秋的,「那時在吾宅房舍周圍有好幾棵千年古榕樹,…另有數甲的大芒果樹,亦有十幾丈高」[56],大榕樹不但可遮陰乘涼,更是夏天讀書寫字的場所,還可樹下打網球,而芒果不但可以吃,樹幹還被拿去做上好的造船材料[57]。

農家生活實際上就是一幅風景畫,「我家四周都是稻田,還有綠色的竹圍,襯托別具風味的『紅磚仔厝』,以及水牛與流水,構成一幅美麗的景觀」[58],這裡的「竹圍」是台灣農村典型散居民家的造型,原指農宅的防風、防盜竹垣,也用以表示居住的單位[59],這樣的散居、孤伶伶的農舍,有時居然距離小路達半公里遠,必須走田埂才可到達[60],或者就是獨自一戶佇立在河堤岸邊[61],和傳統的集村聚居意象顯有不同[62],突顯傳統農家居住文化的多樣性。

台灣的農村社會,實即「小農階級」社會;約達85%的農戶擁有的耕地不到兩公頃(1949年的數字),耕地面積不

---

[56] 許雪姬、曾金蘭,柯台山先生訪問紀錄(台北:中央研究院近代史研究所,1997),頁3-10。

[57] 同前註。

[58] 張文義,回首來時路—陳五福醫師回憶錄(台北:財團法人吳三連台灣史料基金會,1996),頁21。

[59] 林美容,「台灣漢人村落的衍生型態:竹圍仔」,台灣史田野研究通訊,第15期(1990),頁17。

[60] 吳平城、胡慧玲,草地醫生(台北:玉山社,1997),頁128。

[61] 范麗卿,天送埤之春(台北:自立晚報,1993),頁166-167。

[62] 參見林美容,「一姓村、主姓村與雜姓村:台灣漢人聚落型態的分類」,台灣史田野研究通訊,第18期(199),頁11-30。

足一公頃者亦近67％，在1940年代自耕農戶占農家總數的1/3
不到，反之，無所有權的佃農比重約達四成[63]，耕地的狹小
與佃農的普遍，加以家戶人口達9.84人（1950年之調查），
使得以小農為主體的傳統社會，實際上已淪為貧農社會，農
家的貧困具體的表現在住居的簡陋。

　　鄉村的大戶人家以竹木為柱，土角為牆，蓋瓦的屋頂，
內部結構多分成兩進，在廳堂廚房外，還有不少房間，家具
擺設相當豐富[64]，但是一般農家的居住條件則是相當不理
想，而且在二十世紀中期前的相當長時間，並未有明顯的改
變。

> 至於貧賤低階的人，一間竹柱茅壁的短房子，就兼了
> 廳堂、房間、廚房等多項功能，沾滿塵埃的神佛畫軸
> 底下，擺著一張堆滿神像及飲食器具的舊桌，桌旁所
> 放的床…，就是人與豬牛雜居[65]。

　　這段十九世紀末的調查記錄，清楚的表現一般農宅的侷
促，人與動物、信仰與飲食、活動與休息空間全無區分，家
人的生活空間亦混合一體，家內成員不能保有個人的私密空

---

[63] 趙清源，「台灣之農業經營」，台灣銀行季刊，第四卷2期（1951），
　頁85-91。
[64] 台灣慣習研究會著，鄭瑞明等編譯，台灣慣習記事（中譯本），第4卷
　上（台中：台灣省文獻委員會，1989），頁282-284。
[65] 同前註，第四卷下，頁88。

間；這種空間未分化的狀況，一直到二十世紀中，在農村社會仍屢見不鮮[66]。

農家使用的建材都是就地取材、自力建造，這種以簡單的竹、草材料搭蓋的房子，通稱為「草厝仔」，草厝仔材料簡單（使用多種竹、草），結構更簡單，簡明的結構中具有共同生活的樸趣：

> …連厝內隔間，灶腳間和睡房也是用竹子做界限。就是說只有界限，厝內沒有牆壁，空空盪盪中一目了然地把厝內全貌通通收入眼底了，弟妹和我從界限出入灶腳間和睡房，方便又好玩呢[67]。

草厝仔只能勉強遮風避雨，漏水透風是常事，有時颱風一吹就隨風飄逝了[68]，這樣的房子，家裡通常沒有太多長物，甚至「屋裡空空，見無一物」[69]，但是農家卻似乎不覺得有何不便，反倒樂在其中，特別是每根竹、每葉草所付出的勞力、汗水所充滿的感情，都是確實感受得到的；即使是材料較為講究的「土角厝」，屋頂還是用茅草編疊的，還是和草厝一樣的漏水滲濕，但是因為眾人的房子都大同小異，因而

---

[66] 依1950年的調查，32.4％的農戶只有一或二間房，有五分之一的農戶人獸居於同一房舍，屋頂用草蓋者44％，牆壁用竹子者40％，房屋不漏者約五分之二強…；見張漢裕，前引書，頁136-142。

[67] 范麗卿，前引書，頁134-135。

[68] 同前註，頁151。

[69] 同前註，頁146。

也沒有人介意、抱怨[70]，日夜、終年居處的住家，雖然不能讓人高枕無憂卻可教人安之若素[71]。

（二）文武曲藝—不尋常的節慶休閒

「台灣農村的人們，唯一的娛樂就是看戲，他們以這種與其日常生活有密切關係的物象…」[72]，戲劇幾乎是鄉村生活中，唯一具有專業的、形式的、規模的表演與休閒活動，其演藝內容也與日常生活密切相關，但戲劇演出與觀賞並非日常生活的事項，因戲劇演出有其特定時機與緣由，如非配合祀祭慶典等儀式性、巫術性需要，即為村落的社會大事（如處罰、道歉）要求，換言之，戲劇演出是村社生活中特殊性、非例行性、不尋常的活動。

因為勞動與生活型態的孤立、自足，傳統農村對休閒活動的需求似不急迫，加以外在條件的調節與限制，農人對休閒、娛樂活動顯得並不積極，農家的休閒娛樂，大抵與生產條件相結合，或於生產過程中得到休閒效果，或是娛樂、遊戲本身兼具生產性功能，台灣的傳統農村與典型的前現代農村相似，都很少有「單純」的休閒、娛樂活動，此現象反映在農戶家計支出統計中，即娛樂費在1930至1940年代之平均

---

[70] 張文貫，古厝懷思（台北：東大，1989），頁1-5。

[71] 台式傳統建築，雖簡陋卻相當牢固，其材料、制式、使用概況，可參見陳鑑泉、陳榮治訪問，陳鑑泉記錄，「洪家與沙鹿—洪掛先生訪問記錄」，洪慶鋒編，中縣口述歷史，第一輯（豐原：台中縣立文化中心，1991），頁118-120。

[72] 施翠峰，風土與生活（台中：中央，1974），頁21。

比率僅0.58％，而婚葬費（含壽誕、節日、社廟供奉等）則達5.83％，交際費5.37％、嗜好費5.16％、進修費0.37％[73]，娛樂費的偏低並不表示農民全無休閒娛樂，而是依附、隱藏在其他各種活動（也是支出）項目中。

　　農家的休閒娛樂活動多是不須特別花費的，如下棋、練武，但是不少的「正式」支出項目，卻是富含休閒娛樂的意義，如飲酒、節慶、酬神等，廟會、酬神是地域性、宗教性、社區(共同體)性的節慶，與日常生活的例行性活動有所不同，此處我們只以說書和業餘戲曲為例來說明。

　　在農業社會裡，「當時教育不普及，許多人不識字，不能閱讀的人不少，藉著聽書，可以增進不少知識，而成了一種很好的消遣，也確是一項很理想而有益的社會文教活動」[74]，說書也就是「講古」，和聊天一樣都是農村社會的重要休閒活動，有臨時性的、也有固定性的，以不收費、自由聽講者為多，場地則多在大樹下、廟宇中，街市則設在市場中。

　　識字率很低、教育機會稀少的傳統社會中，口語傳播幾乎是民眾唯一的溝通、傳承—也就是文化再生產的方式，以及社會化的重要機制，因而講古的內容雖然廣泛，卻不外乎忠孝節義，如封神榜、西遊記、水滸傳、濟公傳、三國誌演義等，有時也以時事、社會言情為插曲[75]，卻總是不致悖離勸善教孝的教化功能，A. Giddens對口語傳播在傳統社會的地位評價為：

---

[73] 張漢裕，前引書，頁139。

[74] 林坤元，九十隨筆（鹿港：作者印行，1991），頁524。

[75] 同前註。

> 如果老人在口傳文化中是傳統的貯存庫（和護衛
> 者），他們並不只是比別人更早汲取，而是有閒與同
> 儕溝通以辨識傳統的細節，並教導年輕人[76]。

　　爲了吸引聽眾（也是觀眾），講古人不能只是照本宣科
的唸書或講故事，爲了加強效果，必須在滾瓜爛熟腳本、情
節外，添加各種旁白、解說，以繪聲繪影的導引聽眾入神、
陶醉，「他如數家珍、聽得敎人很容易上癮，也很佩服他的
記性」[77]，在廣播電視尚未普及的時代，講古是夜晚（尤其
是夏天）最重要的活動，常常是5、60個人，自備小板凳、或
坐著長板凳、或席地而坐，圍在廟庭中的小桌前，桌上點著
油燈、沏著一壺茶，還有一本翻開但從不翻看的書，等講古
的先生一來：

> 他像老師上課一樣，走到小書桌，平常是先坐下來開
> 講，講到精彩興起時，便眉飛色舞的起身離坐，隨著
> 書中情節而表演。聲音表情、肢體語言並用，聽眾便
> 不由得不跟著他的喜怒哀樂而如痴如醉…[78]。

　　講古確實正是村落的開放式課堂，這種夜晚即景一直延
續到1950年代。講古以外的另一種例行的大型活動則是子弟

---

[76] A. Giddens, "Living in a Post-Traditional Society," in U. Beck. A. Giddens and S. Lash. Reflexive Modernization (Cambridge: Polity, 1994), p.63。

[77] 張文貫，前引書，頁21-22。

[78] 林坤元，引書，頁524。

戲、子弟團這種練拳、音樂活動，以十九世紀下半葉的宜蘭
而言：

> …少年子弟多欣慕之，於是學習音樂管絃唱歌，以於
> 神佛祭典時演出之。因而設立音樂館者愈多，城市鄉
> 村皆有音樂館，名云子弟館，農工商賈皆利用空暇習
> 之不倦，只不過藉以解慍去惰而已[79]。

　　所謂音樂館即「曲館」和「武館」並稱子弟團，是村落、
地方的業餘表演團體，表演者皆稱子弟，是娛神娛人的組織，
在平日以共同的活動與娛樂，透過社交鞏固社群，祭祀節令
活動時則以各種戲曲技藝和陣頭演出，「台灣每個寺廟、聚
落、社區幾乎都出現過子弟團」[80]；子弟團雖然是一種「志
願」參加的活動和組織，但成員常是世代相襲，而整個部落、
角頭民眾即使非子弟團成員，亦都須以各種形式出錢出力，
所以子弟團實際上是聚落、村莊的整體性活動與組織。
　　「興趣」和「娛樂」是人們參與子弟戲的主要動機，背
後還有強大的社會宗教動力與熱情的支撐，在缺乏娛樂的環
境下，村社以子弟組織吸引年輕人參加，一方面以宗教信仰
來規範他們，另一方面以戲曲來熏冶他們，既可教化成俗，

---

[79] 台灣慣習研究會著，黃文新編譯，台灣慣習記事（中譯本），第三卷
上（台中：台灣省文獻委員會，1988），頁6。

[80] 邱坤良，舊劇與新劇：日治時期台灣戲劇之研究（台北：自立晚報，
1992），頁242-243）。

又兼有守望相助的功能[81]，在生活、學習、聯誼之中，使個人成長與村落組織、地方認同緊密相連。

　　子弟娛樂、遊藝常是文武兼備的，以地緣、祖籍不同，文的有南管北管、布袋戲、歌仔戲、乃至九甲戲、交加戲等，武的技能有獅陣、宋江陣、家將團、車鼓陣、牛犁陣等[82]，這種允文允武的休閒、民俗活動，常是村落文化、生活的中心，在二十世紀初的嘉義鄉下子弟活動之一幕：

> 童年時因家中庭院寬闊，常供人練拳，每逢節日將近，鄉人即在庭前排演「宋江陣」、舞獅、弄車鼓。看他們動作熟練，心中好不羨慕。我又最喜歡布袋戲，有一陣子曾跟一位演布袋戲的親戚學演技，後來還曾學三弦琴、洞簫、南管[83]。

　　子弟戲的強烈榮譽感、參與感，整合了個人日常生活休閒與村落的整體宗教節慶，亦即是個人與集體、日常與神聖之轉合，其強烈的認同感與排他性，具體表現在比起漳、泉械鬥毫不遜色的「西皮福祿黨爭」。

　　西皮、福祿黨派發源於子弟戲，主要發生於宜蘭地區，「…盛行音樂，有數莊聯合或一莊分為數派以舉行音樂比賽。競賽到了極點，終於發生爭鬥殺戮事件。」[84]子弟戲的演出因「輸人不輸陣」使文戲成了武鬥，衍生成區域性的黨

---

[81] 前引書，頁244。

[82] 林美容，台灣人的信仰與社會（台北：自立晚報，1993），頁177-178。

[83] 黃武東，前引書，頁28。

[84] 台灣慣習研究會著，黃文新編譯，前引書，頁5。

派械鬥，凸顯出子弟戲的社區整合、認同強度，因子弟戲具地方性，其活動以角頭廟祭典為主，子弟團在地方與團體榮譽的壓力下，無不全力以赴，在宗教、文化、娛樂功能外，還因地方認同與團體磨擦而昇高成為暴力性的社會政治問題[85]。

　　子弟戲的文武民俗技藝在日治前期仍相當興盛，這種「高尚的民間音樂」後來卻因為「乞食調」、「哭調仔」以及情歌等流行歌曲和廣播的興起，而漸趨式微，到了1960年代只有在婚喪喜慶等場合，或可偶然聽到[86]，但已經失去遊行熱鬧的趣味和特質。

（三）田園牧歌—男耕女織農家樂

　　牛不是台灣的原生動物，是荷、鄭時期為發展半商品式農業，而有計劃引進、推廣，由於農家對牛隻勞動力的需求，以及本地（尤其是南部）風土之合宜，經過300年繁衍培育，1946年時全台有牛隻近28萬頭，平均每兩戶農家有一頭牛，反觀與牛同時引進的馬，在當時只有700餘匹[87]，牛口的昌盛可知其在農業社會中的重要地位與普遍性。

---

[85] 邱坤良，前引書，頁256-261。

[86] 施翠峰，前引書，頁63-66。參見蔡懋棠，台灣語言民俗雜組（台北：台灣風物，1980），頁283-296。

[87] 參見趙清源，「台灣之農業經營」，台灣銀行季刊，第4卷第2期（1951），頁85-115；另依吳田泉，台灣農業史（台北：自立晚報，1993），頁419所述，1954年耕牛總數達40萬餘頭，而政府還計劃增補十萬頭，以因應農業勞力的需求。

除了耕田、拉車外，牛在農產加工業—糖業亦居關鍵地位，此由明鄭時期在台灣開徵「牛磨」與「蔗車」稅目可以證明[88]，傳統糖廍—即蔗車，完全依賴「牛力」運轉，但在二十世紀初以來，資本化的現代新式糖廠自然不再使用牛隻，即使蔗田也不用牛犁了，因為蔗田須深耕達1.5公尺，但牛犁的深度卻僅能入土0.15公尺[89]，牛隻在規模化的商品化農業中，已不再是有效的生產工具或生產力了。

牛在稻作農家中的地位，一直維持到二十世紀中期農村人口大量外流與農村社會經濟凋蔽後[90]，事實上，農家對牛的感情與和善，並非效用或經濟因素所可完全解釋，試從牛的勞動力與工作量之對照即可一窺究竟，依30年代的記錄，每公頃水稻每年須用33.61畜牛工作日數（以及205.87的人工日數），而當時每戶農家平均耕地為1.15公頃，依此推算每頭牛的犁田耕作時日可能只有全年的1/10天數，如以牛隻的勞動能量來計算，一頭耕牛可耕種1.6至2.5公頃農地，而台灣絕大多數農家的耕地面積是遠低於此數的[91]。

當然，我們也不宜斷言耕牛的工作負擔是輕鬆餘裕的，但一般耕牛的農務負擔似不致過重，牛做為農家的重要生產

---

[88] 鄭喜夫，「明鄭晚期之台灣租稅」，台灣銀行經濟研究室編，台灣經濟史十一集（台北：台灣銀行，1974），頁97-115。

[89] 趙清源，前引文，頁99。

[90] 參見蕭國和，台灣農業興衰40年（台北：自立晚報，1987），依作者之見，台灣農業是在1968年後「因受工商業快速發展而陷入了十字路口」。

[91] 上述數字多採自趙清源，前引文。

工具和財產，其地位是不可估量的，而農人和耕牛的關係也是微妙親切的，「長久以來，牛一直是農家最忠誠伴侶，農人們對牛更懷深厚的情感，尤其是不少老一輩人，對牛的照顧無微不至」[92]，牛和人的關係並不侷限工作伙伴和工具性關係，日常生活中更可看出動物與人的情感，如一位鄉下出身的企業家自述「每天牽牛去放牧，不知不覺中和牛兒培養出一份人畜之間特殊的感情」[93]。

牛是農家最重要的資產，對於沒有土地所有權的佃農尤其如此[94]，放牛或牧牛—也就是牽牛去吃草是很重要的事，事實上就是日常生活的中心，農家的兒童就是現成的牧童，有時還得特別雇用小孩來看牛，所謂放牛或看牛的工作，也並不只是牽牛外出放牧，還得常常自外割草回去餵牛，農忙時期為補充牛隻體力，還得早晚調製飼料給牛吃[95]。

牧童—也就是農家的青少年，日常生活既以牛隻為中心，休閒娛樂也多環繞著放牛進行，最大的樂趣不外乎騎牛，騎牛唱歌、賽跑，在牛背上站立、打仗，水牛更可騎著游泳、泅水，這些是牧童的日常娛樂，有時牛隻相鬥則是刺激的插曲，當然，牧童的職責—不可讓牛侵犯莊稼和不要讓牛走失，有時也會是牧童的困擾，而偶而跌落牛背也會造成難忘的「痛

---

[92] 劉還月，回首看台灣（台北：漢光，1987），頁223。

[93] 陳碧奎口述，林慧妃整理，赤手空拳—一個「少年工」的故事（台北：前衛，1998），頁47。參見張文貫，前引書，頁153。

[94] 楊天發，楊天發回憶錄（台中：稻香文化，1996），頁9。

[95] 吳平城、胡慧玲，前引書，頁30。楊天發，前引書，頁10。

苦」[96]，通常牧歌總是輕鬆愉快的，只有對受雇的童工才是例外，因為農作物和牛比自己的生命還值錢[97]，放牛雖然怡然自然，工作職責卻是沈重的。

牛隻牽到村外河邊、田埂、荒地後，就放牛吃草，因為動物進食時也不喜歡有人干擾，此時牧童們正可自得其樂，在附近田地撿食人家收成後剩下的蕃薯、花生，在田裡挖洞並以土塊蓋成小土窯，就地取材的獲得有趣且美味的野餐裹腹，如果是在河邊，還可在水溝抓小魚，以乾牛屎起火烤著吃[98]，牛在野外覓食的時候，人的飲食也常同時在遊戲中獲得補充。

多數農人伴隨耕牛成長，但牛並不是唯一的家畜，也有不少農家有養羊的經驗[99]，但羊在農家生計與生活中所扮演的角色相當有限；離棄耕田、不願與牛為伍的例子[100]，在傳統漢人農家是不可思議的，耕牛的減少是1960年代以後的事，技術原因—即農業機械化的條件成熟，是直接的而非絕對的因素，主要的原因是農村社會的凋蔽，即離農人口的快

---

[96] 陳碧奎口述，前引書，頁46-51。楊天發，前引書，頁9-10。吳平城、胡慧玲，前引書，頁30-32。

[97] 郭靜勇，坎坷的十七歲（台北：達觀，1983），頁43-44。

[98] 陳碧奎口述，前引書，頁51。吳平城、胡慧玲，前引書，頁30。郭靜勇，前引書，頁43。

[99] 吳平城、胡慧玲，前引書，頁21。

[100] 南澳泰雅人曾有以一隻獵狗換一隻大牛的例子，見李亦園等，前引書，頁549。

速、全面增加，農民紛紛告別土地，耕牛也不再下田工作，農村生活的人畜共生結構從而瓦解。

農村生活固然以牛為中心，休閒活動卻不限於放牛的相關活動，爬樹、釣魚、捉蟋蟀是所有農村子弟的共同經驗，還有捉泥鰍、釣青蛙等，這些都是不須特別的工具，卻往往可以補充家庭菜餚，甚至賣錢補貼家用[101]，必須使用特別的道具、工具的遊戲時，則玩具也多自行尋找材料，自己用雙手製作，如最普遍的紙牌遊戲，即由兒童自己剪牌，再寫上人物名號，喜歡玩陀螺時，就自己找木頭用小刀刻製[102]，傳統鄉村的休閒活動是自足的與生計和自然資源相適應，且積極性的參與並運用自己的勞力、創意以尋求歡樂，也就是一切以「免開銷」、「免開錢」為宗旨，可是還要創造發明以自娛，甚至還要利用遊玩賺零用錢貼補家用[103]。

---

[101] 郭靜勇，前引書，頁40。范麗卿，前引書，頁115-116。陳鑑泉記錄，「洪家與沙鹿」，台中縣立文化中心編印，中縣口述歷史，第一輯（豐原：同編者，1991），頁99。

[102] 郭靜勇，前引書，頁41。黃武東，前引書，頁26。

[103] 林坤元，九十隨筆（鹿港：作者自印，1991），頁668-669，這是一位鹿港的老醫生對昔日遊玩的回味整理，依其分類羅列如下。遊戲：打（叩）寸尺、投（槽）堀仔、占柱鬼、打（推）地牛、釘干祿（陀螺）、叩鵠、踢廣、打滑溜仔、宜番仔馬、騎竹馬。夏季時間外（放學後）：中午─塚山雜草上捕捉「青枝仔」（小青蟬）、下午─掘土蚓釣小田蛙、灌土猴、捉砂鼇、黃昏─捕捉「鮑黎、吉黎」。其他時間外，做小生意趁（賺）點所費（零用錢）：打草鞋、打笠仔、繡肚仔墩、賣「白龍龜理」（糖果）、賣油條（油炸粿）、燒炸粿、番仔豆燒破褲（燒且朴）、編烘爐扇。

素樸的、自足的與自娛的遊樂活動，環繞著農事的、生產的與日常的生活爲中心，而且主要以男性（與男童）的生活爲範圍，只有一樣以女性與兒童爲對象的短暫、驚艷的消費與歡樂活動，經常在平靜的農村日常生活激起小小的漣漪的，那就是肩挑著貨擔四處叫賣的小販，這是販賣女紅雜貨的小販在半個多世紀以前的景象：

> 「雜細仔姑」，在我們記憶裡是最喜歡的人，每當聽到鈴瓏聲，就知道她來到村裡。她挑著一擔老少咸宜，家家戶戶都需要的物品，所以被稱為「雜細仔」，裡面有吃的、日常用品的毛巾、牙粉、針線、鈕扣、化粧品等，琳瑯滿目，齊全極了。村童們把平日儲蓄下來的小錢，三錢五角地選購自己最愛吃的東西，有麥芽糖棒、酸梅乾餅、糕仔、桔子餅……等，看到她一來，村童們就追趕、蹦跳不停，吵吵鬧鬧一陣之後，目送雜細仔姑背影，等那鈴瓏聲遠遠地消失了，聽不到了，大家懷著期待再來的心情，才肯解散各自回家[104]。

這種「肩挑爲活」或是「挑販爲活」的小生意人，穿梭叫賣於各村莊間，在市場經濟還未發達的鄉村社會中，建構了商品與資訊流通的管道，形成原始的物資與知識傳播的基礎網絡，也是市街（特別是口岸與集散地）與村莊的重要關係形式，這一種鬆散的關係卻劃定出相當明確的區域性市場圈；在閉塞、簡樸的農村日常生活中，商販是一種重要的生

---

[104] 張文貫，前引書，頁154-155。

活與經濟調劑，農民由此取得生活用品，並將自己生產的農牧產品運銷出去[105]。

　　相對於市街的喧囂，以及閩南人小農經濟稻作生活的厚重樸實，居住於丘陵地帶為多的客家人，在青山綠水間的開墾與採收，發展出更熱情也更貼近自然的生活態度，透過工作時的隔山對唱，將個人的情懷、融合的村落與秀麗的自然交織一體，既抒發排遣工作的寂聊，也充實了個人的感情、工作的樂趣和村莊的和諧[106]：

> 客家人是愛好山歌的，尤其在年輕的女之間。隨處可以聽見他們那種表現生活、愛情和地方感情的歌謠。他們把清秀的山河、熱烈的愛情、淳樸的生活、真摯的人生、融化而為村歌俚謠，然後以蟬兒一般勁兒歌唱出來，而成為他們的山水、愛情、生活、人生的一部分。它或纏綿悱惻，或抑揚頓挫，或激昂慷慨，與自然合拍，調諧於山河。

---

[105] 林玉茹，「清代竹塹地區商人與商業活動」，台灣文獻，第49卷第4期（1998），頁327-329；小販的組織型態與活動方式有諸多形式，可大分為販仔、路擔、出擔以及客商等，由此亦可見行走負販商業的發達。

[106] 鍾理和，「笠山農場」，柳書琴等編，鍾理和影集（台北：滿理文化工作室，1992），無頁碼。

第三章　街市崛起與有閒階級──過渡性社會？

嚴格的說，農村中根本缺乏現代意義的真正娛樂。

——黃乃隆，經濟發展基礎論（台中：台灣省立農學院出版委員會，1958），頁274。

一、街市文化與生活風格

台灣雖是一個移墾性的邊陲社會，在十九世紀末葉卻已有相當程度的「都市化」[1]，當時台灣的都市人口比例為12.37％，遠比鄰近的中國為高，其首善之區的長江三角洲也不過

---

[1] 章英華，「清近以來台灣都市體系的變遷」，瞿海源、章英華編，台灣社會與文化變遷，上冊（台北：中央研究院民族學研究所，1986），頁233-236。

10.6％。清末台灣並無大型都市，即使以「一府二鹿三艋舺」
而言，居首的全台第一大城台南人口尚不及50000，艋舺加上
大稻埕的人口也和台南相去不遠，可是人口超過2000的聚落
卻約有100個，這些星棋羅布的大型聚落被稱為「街」，或叫
做街市、街莊、市街。

　　街就是「人家稠密的街市，住民以工賈為主，為一帶地
方交通，產業的中心」[2]，實際上，台灣的街市和農村似無明
顯分化，即便是中國農村常見的市集功能，在台灣的街市也
並不突顯，一直到日治之前，眾多的街市和港口的分佈有很
大的重疊性，主要是以轉運的功能為主，將農產品透過街市
轉運至福建的口岸，再轉運至國際市場或華中華北的消費市
場，而台灣農村的民生用品也高度依賴福建進口，經由各地
街市的小販配銷至農戶。因為台灣的農業區受眾多東西向河
流所分割，各區之間少有橫向社會經濟關係，而由地方性的
街市來服務各區的對外轉運之需求[3]。

　　十九世紀末的台灣街市，其內涵與今日通衢大道的都市
有所不同，即以外商雲集、商業鼎盛的大稻埕為例，「似乎
仍舊以附近農耕地區的供需為主，只能算是農業地帶之中具
商業功能的似城聚落」[4]，樟腦、茶業、染料貿易中心的大稻
埕尚且如此，其他街市的農業性格更為明顯，或者只不過是
大型的、擴大的村莊而已，如開發甚早的兩個農業街市，「麻

---

[2] 轉引自章英華，前引文，頁235。

[3] 港口的分佈與興衰，參見林玉茹，「清代台灣港口的數量與分佈」，史
原，第19期（1993），頁213-261。

[4] 章英華，台灣都市的內部結構（台北：巨流，1995），頁29。

豆和佳里乃是大型集村發展成的街市，人口眾多，但是農業人口比例甚高，其聚落結構乃是密集但不直接相連的農舍包圍著中心市街」[5]，可見傳統台灣社會的市街，與農村的界線是相當模糊的，或者不過是農村聚落生活的一種延伸。

即使是廿世紀中期的桃園市都還「只是一個小鎮」，還有蜿蜒的河流環繞和貫穿其中，「所有河流都流水清清，…不同種的鳥類棲息其間，生活得既恬靜又安詳，…河流裡貝殼魚蝦豪情的保存著…」[6]，「春天裡，田陌上農民么喝著水牛耕地，忙著尋覓田中泥鰍的白鷺鳥…」[7]，桃園城鎮的田園景色與耕牛圖，似乎和農村並無明顯差異。

台灣的傳統街市，不但社會界線模糊，農舍與商店摻雜不分，地理、空間的界線亦不明確，除了少數古老的城鎮，如新竹、台南設有城門、城牆，或如鹿港設有隘門，入夜及緊急時可關閉以利防守外，多數街市和郊野並無明顯地界，甚至在荒野、路邊築地蓋屋、興建店舖，經由行旅商販街市很快的「寖寖然竟有小市街之氣象焉」[8]。

雖然五、七家店舖即可形成小市街，但因建築簡陋、幅員狹小，市街社會比農村更為脆弱，一遇動亂、賊變就會無以為繼，或者是水災、火災意外也會使市街毀於一旦，試以

---

[5] 富田芳郎，「台灣街の研究」，轉引自章英華，前引文，頁236。

[6] 張文貫，前引書，頁125。

[7] 同前註，頁126。

[8] 蔡明正，「鹿港綠香居主人自述—菜耕紀事」，見蔡懋棠，前引書，頁307。

十九世紀末安平老街的一場意外為例,「三月鄰家不戒於火,閣街為爐」[9],街上的店家只好流亡、遷徙他處。

街市與農村界線的模糊,反映出其社會經濟基礎還很薄弱,也說明了街市與農村的關係之密切,但這並不意味市街的社會文化與生活方式是和農村沒有二致。傳統街市的居民是以商人、地主、工匠和官僚士人為主體,其社會地位、文化素養、職業特性與經濟能力,決定了其與廣大的農民階層在思想行為與生活方式上的分化。

清末先有天津條約開放通商,繼有劉銘傳的「新政」,加以糖、茶、樟腦世界市場的活絡,台灣的社會經濟全面而緩慢的發生轉變,甲午戰後台灣割讓日本,殖民地統治體制及資本主義大型產業的引進,加速了台灣的社會經濟轉型。

殖民統治與社會經濟轉型具體而微的展現在大都市的日常生活中,傳統的粗布衫被日本進口洋布所取代;一次大戰後,上流社會的長衫(長袍馬掛)悄悄的換上了西服,隨著製冰業的設立,台北已吃得到冰淇淋、刨冰,而日本啤酒、汽水、小汽水更早已(1911年前)出現在街頭,二層洋房式店舖房屋也在大都市中逐漸增多[10]。

大都市得風氣之先,加以殖民體制與官員聚居的推進,社會文化的改變相當鮮明,但是農村生活有沒有改變呢?小型的市街又是如何呢?

---

[9] 同前註,頁306。

[10] 林衡道,「蔣渭川先生訪問記錄」,黃富三、陳俐甫編,近代台灣口述歷史(板橋:林本源中華文化教育基金會,1991),頁201。

　　基本上，台灣社會整體在日本統治初期（1910年之前）確有結構性調整，不論都市、農村生活都有相當改變，因殖民地政府在接收初期即大刀闊斧的改良經濟基礎結構，南北鐵路幹線貫通，以及基隆、高雄兩大深水港同時於1905年完工，土地所有權調查、人口調查、稅制改革也在此時期完成，銀行設立、貨幣與度量衡統一、公共衛生、疾病控制與環境改善等均次第達成[11]。

　　日治初期雖經整頓，但因為日人對台灣的風俗習慣採優容或不太嚴厲的手段[12]，故原有生活方式並未有太多改變，特別是鄉村地區，警察對私生活的干預大致集中於衛生事項，而農業的經營型態，尤其是家庭耕作方式從1910至1960年並未有所改變[13]，這種生產方式歷經改朝換代仍頑固的延續著的狀況，也對應在街市生活方式的穩定和承襲。

　　傳統街市人口的核心是地主階級，以及和地主階級緊密結合的商賈、官吏，但廿世紀以來隨著日本殖民統治的開展，現代技術、制度、產業的快速引進，使都市體系和都市生活鉅烈轉型，城居人口及其職業結構的改變，反映出都市機能的分化和城市生活的多樣化。

　　從表1所羅列的人口職業的細密分化，我們看到新式的專門職業的成形，以及只有在都市才可能存在的各種服務業之

---

[11] 參見馬若孟著，陳其南、陳秋坤編譯，台灣農村社會經濟發展（台北：牧童，1979），頁304-307。

[12] 蔡懋棠，前引書，頁283。

[13] 柯志明，「農業經營方式、城鄉關係與國家角色」，台灣史田野研究通訊，第15期（1990），頁1-4。

出現，支撐這些行業的龐大城居人口階層，和特殊的城市生活方式的風行是無庸置疑的。

　　1937年底的台灣總人口數約為561萬人，而表1的服務業人口就超過廿萬人，當時的戶量（即每一家庭人口）為5.40人，依此推算則城居服務業階層人口似相當龐大，唯我們不可忽略專門技術與行政管理職位多為日人充任，70% 的日本人（約21萬6千人）聚居在11個大城市中[14]，雖然在二十世紀前半期城居人口的比重與城市規模不斷增加，具有新的知識技術、從事新的、現代職業的台灣本地人口仍屬相當有限。

表1、1937年的（城居）服務業就業人口

交通業	計48282人	生活服務	計54648人
鐵路	13113人	裱幖業	451人
公路	9070人	刻字業	569人
台車	3906人	物品質貸業	412人
人力車	7126人	洗衣業	2604人
水運	9162人	成衣業	11208人
空運	44人	照相業	1037人
郵遞	4731人	製片業	10人
電信	1130人	旅館業	32770人
自由業	計27039人	食堂酒家	22633人
法務		理髮業	6648人

---

[14] 陳紹馨，「台灣的人口變遷（下篇）」，考古人類學刊，第6期（1955），頁22-23。

（含律師、會計師	566人）	浴室業	208人
宗教	4244人	電影院	477人
醫務	10473人	戲院劇場	2962人
社會團體	2861人	遊藝場	1647人
其他	7655人	金融業	計4259人
		(銀行、信用合作、保險業、合會社、當舖　等)	
家事服務	計16558人	公教人員	計67135人
洗衣工	1470人	私校教職員	計971人
裁縫工	578人	軍人	計7697人
人力車夫	360人	海軍	6335人
清掃及雜役	431人	陸軍	1568人
臨時工	2175人		
傭工	11010人		
其他雇工	534人		
總計226769人			

資料來源：孟慶恩，「台灣之『國民所得』」，台灣銀行季刊，
　　　　　第4卷第2期（1951），頁1-19。原始資料主要依據「1936
　　　　　年國勢調查」推算所得。

（一）以文會友─官紳士子階層的風雅

　　「萬般皆下品，唯有讀書高」，表現出傳統社會理想對
文人、讀書人之推崇，在兩千年的獨尊儒術和科舉制度下，
讀書考試是晉身躐等的唯一途徑，而修習儒學又是讀書考試

的不二法門，功名利祿的世俗利益結合讀聖賢書的神聖使命，建構了士大夫傳統知識階層的特殊地位和特有的生活型態。

「士」歷來被視爲「四民」之首，既是一種職業類屬更是身份團體，士的意涵歷代不盡相同[15]，一般是以士大夫、士族泛指的儒生、文人、游士爲範圍，其求知不僅爲職業，更在於功名，其志趣首在入仕任官，退而求其次在以繪畫、書藝、歧黃以存活，其閱讀內容多爲典章禮儀，較少世俗文化[16]，士在近代社會，大概相當於官紳階級。

近代的官紳士子自成以文人雅士爲風貌的社會流品，其一切社會活動、儀禮身段、娛樂品味、交游對象都和庶民不同，但是士人和庶民並不只是階級的區分，更在於生活方式的典雅與庸俗的分化，即文學、藝術、禮儀、游息、娛樂、交際等領域內涵之不同[17]，也就是文化資本與生活風格的差異，決定了雅俗的分流。

文人生活以讀書和書本爲中心，以讀書爲日常生活習慣[18]，書房、藏書、書院、筆墨紙硯等都離不開書，明清時期

---

[15] 士原意爲武士，是武人而非文人，因古代士兼習六藝、文武兼備，平日輔佐公卿統馭百姓，戰時執干戈以衛社稷，後才文武分途。參見汪湧豪，中國游俠史（上海：上海文化，1994），頁1-8。

[16] 王爾敏，明清時代庶民文化生活（台北：中央研究院近代史研究所，1996），頁2-3。

[17] 同前註，頁3-5。

[18] 侯迺慧，唐宋時期的公園文化（台北：東大，1997），頁208，參見王詩琅，「李騰嶽先生訪問記錄」，黃富三、陳俐甫編，前引書，頁212。

福建文風鼎盛，台灣與福建一衣帶水，流風所及文人雅興也有一番氣象，吟詩作賦是文人生活的日常活動，「竹枝詞」是當時盛行的詩體，留下甚多「竹枝詞」作品流傳至今。

讀書寫作強化了文人的文化傳播與再生產的角色，許多民情風俗、山川自然就含攝在文人詩作中，而官紳士子的知識階層生活風格一方面一再的在文學遊戲中得到強化，另一方面則緩慢的擴散、滲透到大眾生活中[19]，文人的審美境界在追求風雅閒適、雅緻逸趣[20]，當然不是終年勞碌衣食窘迫的平民所能想象的，但是在某些方面，如年畫、戲曲其庸俗高下之間實相去有限。

賦詩吟詠是城居的官紳士子最熱衷的日常活動，不但居家感時應物聊以自娛，更有詩社交際應酬相互觀摩，因而做詩成為文人名士，日常生活與精神世界的重心，如「日以書史自娛」、「以詩酒自娛⋯有所感觸即予吟哦」、「深好讀書，至忘寢食」、「多寫民間疾苦」、「每夜必昭智披吟」、「嗜學能文，兼長醫術」、「年少善詩，又工琴箏」、「清談逸興，殊有不知日暮之狀」、「吟詠自娛」等[21]，可知士人浸淫於詩文自娛之一斑。

為了進德修業、自娛娛人，士人們還組織吟社相互切磋，台灣最早的吟社成立於康熙年間，到了日治時期吟社、詩社

---

[19] 參見王爾敏，前引書，頁5-6。

[20] 范宜如、朱書萱，風雅淵源（台北：台灣書店，1998）。

[21] 伊能嘉矩著，江慶林等譯，台灣文化誌，中卷（台中：台灣省文獻委員會，1991），頁49-62。

還接踵而起[22]，甚至戰後仍有不少詩社成立，可見知識階層愛好詩作的次文化，始終伴隨著士人的生活而不墜。

詩社、吟社正是士人交遊的主要場景，其活動常是例行性，且發行詩刊並於各地舉辦活動以擴大聯誼，如鹿港在日治早期即有「大冶吟社」之成立，社員約卅人，每年輪流在各大城市舉行詩會，且發行有刊物[23]，梧棲、沙鹿、清水三鄉鎮在1949年合辦「西吟社」以研究吟詠，社員每期寄詩評選相互切磋[24]。

一位有名的詩人，曾經先後參加數個詩社，回憶說「光復前台灣各地方有很多詩社，會作詩的很多」，「光復後詩社也很多，並常開擊缽吟」，但在最後所出版的詩集中，就不收入「少時擊缽詠物之作與夫縱酒走筆應酬者多不採入」，可見詩社活動聯誼之熱絡。[25]

---

[22] 毛一波，台灣文化源流（台中：台灣省政府新聞處，1969），頁53。唯毛氏稱吟社為學術團體，是士子會文結社以敬業樂群的組織。

[23] 方豪「施江西先生訪問記錄」，黃富三、陳俐甫編，前引書，頁16。

[24] 黃崑發等，「黃海泉先生訪問記錄」，洪慶峰等編，前引書，頁23。參見葉榮鍾，小屋大車集（台中：中央，1977），頁69-70；略論詩社之運與流傳一斑。

[25] 王世慶，「陳逢源先生訪問記錄」，黃富三、陳俐甫編，前引書，頁134-137、173-174。另參見黃美娥，「日治時代台灣詩社林立的社會考察」，台灣風物，第47卷第3期（1997），頁43-89，作者說日治時代是台灣詩社的高峰期，全盛時期全台約有300社，且有女性詩社及日人的出現，「這是一個非常特別的年代，一個幾乎人人都有吟詩興味的年代，不分階級地位，大家汲汲於投入附庸風雅的行列，遂致全台詩社高達二百九十個以上…」（頁44），「此時參與詩社之人口激增

　　士人生活雅緻，除了做詩外，書畫、藏書都是讀書生活密切相關的，除此之外，居家生活的重要消遣恐莫過於種花蒔草，種花、賞花似乎和文人日常生活是不可分離的，一般台灣街市家庭不似富豪之家得以營造私人園林，只好以盆花盆景來涵詠怡情，常種的花草有蘭花、水仙、梅花、榕樹等。

　　一位畫家自述「除了書畫以外，我最有興趣的娛樂就是種花和培養盆栽」[26]，也有以種花為人生樂事，種植菊花、洋蘭者[27]，尤其是蘭花的幽雅高潔更令文人嚮往，在台灣只要是中等以上家庭的花園或客廳，都很容易看到蘭花，傳統上以賞花為主，尤其花香更是文人墨客所珍重，但自日治中期起，也受日本人影響，賞葉而不重花，「那時都市的人們，多被染上愛蘭熱，蘭迷滿街載道，到處話蘭」[28]。

　　文人的愛蘭至於極端，養蘭的人有不以蘭花送人的禁忌，據云台灣習俗以送蘭花即散財，由於城市人愛蘭至此，乃使得蘭花成為鄉下人得以發財賺錢的副業，許多人為了採

且份子複雜，形成社會『文化學』、文學『社會化』的現象，漢詩至此成為社會大眾間聯繫的重要橋樑。」（頁87），作者也注意到了此時期詩社的娛樂性、聯誼性轉強，而偏向遊戲本質。我們認為詩社的社會屬性是值得商榷的，詩社的本質仍是市街官紳吟詠交遊之延續，仍是精英階級的娛樂，而作者舉讀書人、生意人、公務員、「妓女」參加徵詩；為詩社的世俗化之證明，或只能說明精英階層之轉化，並不適合論證詩社之「社會化」或是社會的「全體總動員」。

[26] 黃崑發等，前引文，頁23。

[27] 陳漢光，「楊仲佐先生訪問記錄」，黃富三、陳俐甫編，前引書，頁294。

[28] 施翠峰，前引書，頁28。

蘭而命喪山林[29]，但也有人意外得到名貴品種，獲得暴利，或以買賣蘭花爲生，或做爲家庭副業和經濟來源[30]。

　　蘭花因爲貴爲「王者之香」故備受士人寵愛，加以較爲嬌貴不易照顧[31]，在一般家庭較不普遍，名貴的松、柏、梅等盆景如同蘭花需特別照料且耗費不貲，另如「月下美人」瓊（曇）花也是風雅名士生活的一部份，在夏日花開當天，墨人騷客便「邀請同好，對酒當歌，吟詩揮毫」[32]，花香、美酒、詩歌、書畫、知友的文人雅興都在瓊花的開合之中；歲暮年初還有一種重要的擺設，就是「天宮仙子」水仙花，花卉「象徵著文化生活的高低」，大戶人家的廳堂、書齋、閨房都必須擺上來自漳州、日本的水仙，較講究者還有專用的名貴「水仙盅」，配上特選的石子[33]，以增添年節氣氛，並彰顯主人的生活藝術。

（二）風月交遊—生活與慾望的協調

　　中世紀法國南部山區小村Montaillou,在嚴密的宗教控制下，校舍裡的同性戀、牧羊人的臨時女友、農民進城嫖妓、近親通姦、姘居私通、私生子女等，似乎都是半公開、極平常的小事，連教區的教士都不免於縱情肉慾，有些村民說「本

---

[29] 同前註。

[30] 曾繁蓉，十子十登科的父親范朝燈（台北：月旦，1997），頁78-84。

[31] 參見施翠峰，前引書，頁24-30。

[32] 同前註，頁11。

[33] 同前註，頁143-146。

堂神甫們騎女人、騎馬、騎騾子，他們不幹任何好事」[34]，
村民們總是能夠包容各種性關係（包括有些人利用權勢，以
及教士以宗教裁判所的名義恫嚇得逞的性事，甚至強暴），
並願意從性活動中去得到肉體和精神的享樂[35]，而放蕩的女
子不但不致淪為娼妓，甚至有很好的歸宿[36]。

　　相對於西方十四世紀的場景，台灣的早期漢人移墾社
會，因禁止渡海、禁止攜眷的禁令，在十七、八世紀時是一
個性比例高度不均的社會，眾多的墾民、官吏、班兵乃至游
民（「羅漢腳」）都是單身來台，當時與漢人接觸較早的平
埔族婦女（「番婦」），就成為漢人墾民覬覦的對象，誘拐
侵擾之事頻仍，引起番漢衝突，以及番社人口萎縮、滅絕的
後果[37]，官府雖嚴禁番漢通婚（「姦占」），但是「娶番婦
為妻妾，則有滔滔不止之勢」[38]，也就是禁不勝禁的情況。

　　「姦占」的目的不只是為了傳宗接代，更在於順勢占有
番人土地，甚至令番婦為娼以牟利者[39]；相對於早期鄉間的
番漢雜處，台南府城早在乾隆年間早已私娼為患，官府的僚
屬人員趨之若鶩，幕友賓客競相狎遊尋樂，官箴士氣為之大
為敗壞，迫使台灣兵備道（當時駐台的最高武職首長）不得

---

[34] E. Le Roy Ladurie著，許明龍、馬勝利譯，前引書，頁221。

[35] 同前註，第8-11章。

[36] 同前註，頁244。

[37] 參見伊能嘉矩著，江慶林等譯，台灣文化志，下卷（台中：台灣省文
獻委員會，1991），頁277-281。

[38] 同前註，頁279。

[39] 同前註，頁279-280。

不介入管理，甚至爲了驅逐這些私娼而採強制手段，將其逮捕「以械示眾」[40]，而勉力壓制了娼妓的艷熾。

到了咸豐年間（十九世紀中），府城的私娼又再度泛濫，且更爲「大眾化」，當時整面牆腳下都是「狹邪家」，「肩挑負販之人，百錢即可一度」[41]，流風所及賣淫嫖娼成爲「笑窮不笑賤」的事證，據云福建地區的鄉村市鎮，「如有犯姦淫律者，視之爲小台灣」[42]，也就是說福建人以台灣爲姦淫的代名詞。

在父權社會中，各種賣淫娼妓的存在，被看成是風俗教化的偏失，特別是婦女教育的不足：

> 蓋本島女子，素失教育而不知禮節。成群過著生涯賣淫之事。其開始為人所強迫，後遂成為習慣，只知生涯命運為天所定者而已，豈之貞潔廉恥之為何物，但婦人為天生水性，又加上生平失教…。[43]

這是日本人初來台灣時，對台人「風習」的臧否，其論斷或難免文化上之隔閡與偏見，卻可表達日人對台灣風月文化的難以認同。事實上，在日本統治台灣半世紀後，雖然經過數十年的現代教育制度的熏陶教化，台灣的風月文化或情色生活的改變似乎相當有限，此由戰前風月場所的蓬勃發展

---

[40] 伊能嘉矩著，江慶村等譯，中卷，頁149。

[41] 同前註。原文似引自咸豐年間詩人劉家謀的記載，參見廖漢臣、賀嗣章，「國內旅台文人及其作品」，台灣文獻，第10卷3期（1959），頁51。

[42] 台灣慣習研究會著，黃文新編譯，前引書，第三卷上，頁213。

[43] 同前註，頁212。

[44]，或是戰後從業人員的規模之鉅以及社會風氣的一仍其舊
[45]，即不難想見。

　　性生活的開放、活躍可說是自古有之，特別是做爲漢人
文化旁支的道家文化，對男女性生活著墨尤多，明代以來更
不乏「教導男女風貌談吐，嫖家識途規矩」[46]的書刊。日治
時期隨著社會經濟的快速發展，以及日本文化的影響，台灣
的風月文化隨著都市化的進展，仍然是市街生活不可分割的
一部份，只是其型態更加豐富多元罷了。

　　風月生活雖然存在於各個市街、城市之中，但要說是一
種普遍的休閒娛樂，則又言過其實了；因爲，風流雅緻軟玉
溫香的代價是高昂的，沒有相當貲財與收入是難以負荷的，
如地主、醫師、企業家才有名士風流的本錢。

　　1930年代的一位台南執業醫生，就以酒家的花費來勸勉
就讀師範學校的後輩，「你以後當國民學校教員，一個月薪
水五十元算不少了，但是如果上酒家，一、兩次就用玩了。
乾脆師範學校不要讀了，去日本讀醫科吧。」[47]結果這位準
教師後來果真轉校轉行成了醫師，而他自己回憶起父親也贊
同其改行時，覺得父親的意見猶有疑義，因爲「我想他應該
不是贊同我上酒家，而是贊同我做醫生。」[48]雖然這位作者

---

[44] 參見黃師樵，「大稻埕繁榮記」，台北文物，第2卷第3期（1953），頁55。

[45] 參見謝康，社會問題論叢（台北：商務，1969），頁256-275。

[46] 王爾敏，前引書，頁184-201。

[47] 吳平城、胡慧玲，前引書，頁41。

[48] 同前註。

不確知，但我們卻可確信這三位當事人都不反對上酒家的；難怪一位有名的醫生在日記寫道：「…前天晚上在酒家差點失去理智和一個日本警察動武起來…」[49]。

只要是經濟能力允許，都市的士人階層也會流連於酒榭樓台，如1920年代股市一片大好，不少私塾教師因股票炒作而得利，居然「每逢日落西山，就和年輕人一樣在酒家妓館行樂」[50]，後因股市暴跌財力不繼才使這群教書先生收斂。一位銀行家提出當時台南的色情行業分爲陪酒與賣身兩類，賣身的娼妓又分成日本人的與本地人的：

> 藝妲間分二種。一種是酒樓，只陪酒，色情則不隨便。另一種是「貸座敷」，是學日本的，置有娼妓，…可以吃酒，也有色情之買賣。「貸座敷」都設特殊地區。台南之新町是日本人之「貸座敷」，台灣人則設在粗糖崎另一條街…。[51]

風月色情的空間分化，也代表了族群與階級的分化，以及娼妓間的雅俗之分，將娼妓劃分爲賣藝與賣身，賣藝者即指藝妲，其地位堪稱爲風月之后，藝妲經常擁有獨特的名號與地位（花名之外的稱號，如「奎府治」、「黑貓珠」），其社會形象與聲望顯非一般娼妓所及，而營業方式與收費也

---

[49] 吳新榮，震瀛回憶錄（台北：前衛，1989），頁306。

[50] 王詩琅，「李騰嶽先生訪問記錄」，黃富三、陳俐甫編，前引書，頁215。

[51] 王世慶，「陳逢源先生訪問記錄」，黃富三、陳俐甫編，前引書，頁173。陳氏曾有不少與藝妲酬唱或感懷之作，參見楊熾昌輯，美人心事（台北：號角，1987），頁138。

有其特殊之處，藝妲的價碼最高，陪酒每次五元，通常均收費二次，而妓女陪宿三元、酌婦陪酒一次一元、女給陪酒一番一元[52]。

　　藝妲與一般娼妓最大不同在其「才藝」，才藝又是來自從小的培養訓練，除應酬功夫和嫵媚之術外，尤其重視才藝訓練，讀書寫字、吟詩填詞和「藝妲曲」自不待言，有的還學習崑曲、京戲和國語（北京話）[53]，又受現代戲劇影響，藝妲演出歌舞劇者亦不乏其人。

　　如果只是視藝妲為娼妓伶優之流，似有貶抑其社會角色之嫌；藝妲的社會影響力，還見之於廟會節慶等正式公眾場合的「藝閣」（類似花車遊行）演出，相當於當代社會的模特兒角色，以及其「拋頭露臉」過程中，造成風騷所引起的服飾流行風潮。

　　原來在傳統社會，「普通人家」（良家婦女）和「趁食查某」（貨腰女郎）的穿著服飾是有品流之分而完全不同，但是在二十世紀初葉，台北藝妲的裝扮是直接由上海或經由福州、廈門傳來，再由台北傳佈到全台各地，而普通人家的時裝都是學步自台北藝妲，其流行體系、品類與藝妲並無不同，只是流行的腳步先後有所不同而已[54]，藝妲開風氣之先，成為流行文化的先鋒。

　　無疑的，藝妲既是特殊的情色文化的精英，也是通俗的流行文化的前衛，其社會形象是才華出眾氣質斯文，是與文

---

[52] 邱旭伶，台灣藝妲風華（台北：玉山社，1999），頁75。

[53] 同前註，頁60-65。

[54] 華榮鐘，小屋大車集（台中：中央，1977），頁15。

人雅士名士風流相互輝映的角色，但這不表示藝妲是風月場中的清流，或真的只賣藝不賣身，事實上，品味固有高下，情慾交易仍是一樣的，「荐枕伴宿當然不能免，只是比較不那麼露骨下流罷了。」[55]

　　儘管風華絕倫引人入勝，藝妲倒底是一種索價高昂又曲高和寡的精英娛樂，隨著雅好藝妲的傳統官紳地主階級之沒落，以及都市新興工商人口的擴大，1920年代「咖啡館」大量出現，這是一種混合酒精和色情的「大眾化」現代娛樂，具有「手續簡單、價錢低廉、時間經濟、選擇自由」的特色[56]，與藝妲間的崇尚情調、尊重個性、繁文褥節大異其趣，一般人對藝妲的雅趣難以窺其堂奧，轉而尋求新式的娛樂方式，而藝妲為了生存，也只得轉移至較小的街市謀生。

　　曾經在藝妲間伴奏而沈浸在藝妲的歌聲中，後又流連於咖啡館，與「女給」（女侍）相得的一位老藝人，對這種風月文化的變遷應是感觸極深的[57]。以金礦而興盛的九份，在1930年代吸引眾多的色情產業和從業人員，或許可以做為當時繁華市街的一個代表：

---

[55] 同前註，頁14。

[56] 同前註，頁18。

[57] 李天祿口述，曾郁雯撰錄，戲夢人生—李天祿回憶錄（台北：遠流，1991），頁78-93。李氏對咖啡館（或茶室）的「消費型態」說明如下：「點盤煙只要一塊錢，六支菸、兩三塊糖果和一壺茶，客人把菸抽完、茶喝光就得走人，大約可以坐一個多小時」，他對「服務型態」未多著墨，唯依其經驗之說明，咖啡館有房間可以容留客人。

　　　頌德公園旁邊就是「查某間」，暗時若是天氣好，我
　　就會看到一群人在公園頂上放「曲盤」（唱片）、唱
　　歌，有的也會帶查某在那邊賞月、遊玩、飲酒。…以
　　前拐過昇平戲臺口的基山街，整條都是旅館、酒家、
　　朝鮮樓、「暗間仔」。當時的查某都是從別處來的，
　　大部分都是高等藝旦才會來九份，當然那要看階級給
　　錢，若是「暗間仔」就是沒牌的，那就較便宜；若是
　　大牌的都是在朝鮮樓、旅館、酒家。[58]

　　這種被戲稱為小上海、小香港的繁華景象，隨著特定產
業興衰而起伏，例如1950年代興盛的木業小鎮水裡也重複著
這樣的歷程，其消費力與消費人口的集中於特定的產業部
門，如金礦或伐木工人與商人，這些產業新貴與紙醉金迷的
生活方式，支撐著活絡的情色事業和市場。

　　受惠於經濟發展與新興產業的市鎮，娛樂事業隨著工商
階層與工商活動的擴張而成長，但傳統型的市街只有依賴農
業部門，有些則伴隨緩慢成長的行政機能，以依附於土地的
地主、官紳、士子的風月交遊來延續街市的浪漫生活。二十
世紀初清水地方的一位知識份子，在其留學生涯落幕前，親
友為其洗塵並預祝畢業，「不容我分辯，就前拉後推的把我
帶到酒樓去了」[59]，在其學成回鄉任教，為了慶祝其升遷，

<hr>

[58] 楊雅慧採訪記錄，阮的心內話—十位女性的生命告白（板橋：台北縣
　　立文化中心，1996），頁117-118。此段記錄係陳含笑女士之口述回憶，
　　其中酒家，應係咖啡館，朝鮮樓係朝鮮藝妓，暗間仔係私娼，查某間
　　似指茶室或藝妲間，而「高等藝旦」與台北的藝妲明顯不同。
[59] 楊肇嘉，楊肇嘉回憶錄（一）（台北：三民，1968），頁107。

還是成群結隊的前往酒館大肆慶祝[60]，這種風氣延續到了二十世紀中葉。

有一位小學教師因為用心輔導學生，校長為了犒賞老師的辛勞，居然邀請全校教員上茶室，這些老師們在彰化縣沿海的大城街上，湧進了小巷裡的一家小美茶室，他們喝茶的即景如下：

> 大夥兒擁進一間大塌塌米房間。女人們端茶和瓜子擺在中間的方案上。一男一女間插而坐。同事們還來不及喝茶，就開始毛手毛腳起來了。有的伸手往女人的上衣裡面亂掏，有的從裙下進攻，有的把女人壓到牆角[61]。

這一場老師們的笑鬧，一個鐘頭就很快的結束了，雖然為時不長（也許是受限於財力），卻很清楚的展示不以情色為忤的士子習氣，且儀式性的以公開狎玩做為群體生活的一種展現。

二、生命、自然與社會的交響曲

傳統社會生活節奏，因農耕漁獵作息而逐漸形成日常規律，農事生產是以周年四季、12月、24氣和72候的時段來劃分，日常生活和生產活動都「不違農時」的遵循時段劃分而定其行止，既與大自然取得平衡，也在這種嚴格的時段規範下維持穩定而緩慢的社會循環。

---

[60] 同前註，頁154。

[61] 張良澤。四十五自述—我的文學歷程（台北：前衛，1988），頁65。

　　E. Durkheim 說「日曆反映出集體活動的節奏，同時，它又確定了集體活動的規律性」[62]，古代社會共同體的社會組織就是其空間組織的模式，這種模式透過宗教儀式、節日、慶典而與時間的分段、節奏、循環相一致，也就是說，節慶祭儀使得社會組織與時間、空間形成整體的結構與活動。節日、祭儀穿插在時段、月令的刻板程序中，時常是配合、強化月令氣候的節奏和限制，突顯出生活步調和行事的機械化和循環性。

　　相對於節慶與月令的一致化，節慶祭儀也可以是終年勞作的農民生活的起伏和調劑，在勤奮緊張的農村生活中「契入寬鬆活潑之休閒節目」[63]，經由神聖的、非例行的節慶儀式，使乏味的世俗生活與辛苦的日常勞動，得到超脫、轉化的機會，獲致不尋常的休閒、輕鬆體驗[64]。

　　由於文化、族群、地域、行業的差別，節日祭儀的時間與形態是殊風異俗各異其趣，以基督教文明而言，天主教有「四大瞻禮」和「八大節日」，東正教有12大節日，美國新教最重視感恩節，歐洲與南美洲有盛大的嘉年華節（即狂歡節，謝肉節）[65]，漢人社會以年節（春節）、端午、中秋為

---

[62] L. Coser, Masters of Sociological Thought (New York: Harcourt、Brace、Jananovich, 1977)，頁158。

[63] 王爾敏，前引書，頁44。

[64] 加藤俊秀著，彭德中譯，餘暇社會學（台北：遠流，1989）。R. Lanquar 著，黃發典譯，觀光旅遊社會學（台北：遠流，1993），頁10。

[65] 參見：卓新平，世界宗教與宗教學（北京：社會科學文獻，1992），頁220-227。

三大節,尤其年節內容豐富、綿延久遠、文化特色最多元,上元、清明、中元、重陽也是重要節日,是流傳最廣、最普遍的節慶[66]。

特殊形態、特定對象的慶典是因時因地而異的,以十七世紀的法國為例,6月24日的施洗者聖約翰誕生節是一般節慶,12月27日的福音使徒聖約翰節則是印刷業者的節日[67],而台灣的「送王船」(瘟醮)和媽祖誕辰等節慶也是極具地域和行業特色的活動。

在社區性、地域性的集體活動外,有一些個人性、私密性(雖然會邀外人參加)慶祝活動,通常結合了生命階段與日常生活,個人生活與家族、社區組織,不但具體而微的展現衣食住行、生命禮儀、家族生活、社交禮儀、休閒娛樂與民間信仰等社會生活,更是個人價值與社會意識的一種競爭和結合,如婚、喪、壽、聘等儀禮,其重要性並不遜於廟會祭典。

(一)自然循環—日常生活與季節韻律

> 透早就出門,
> 天色漸漸光,
> ············
> 炎天赤日頭,

---

[66] 王爾敏,前引書,頁25-44。

[67] Cf. R. Darnton, The Great Cat Massacre and other Episodes in French Cultural History (New York: Vintage, 1985), pp. 75-104。

悽慘日中罩，
……………
每日巡田頭，
……………
日頭那落山，
工作即有息，
…………。

　　從「農村曲」這首歌謠中[68]，可清楚窺見農民日出而作、日落而息，終年辛勞不懈的景況。台灣傳統漢人農業，是一種集約式的家庭農場，具有以家族為中心、普遍實施輪作、精耕細作、作物種類繁多、重視副業收入和以佃耕為主（1949年土地改革前）等特徵[69]。

　　雖然台灣的小農經營有多種型態，除了原住民的山地農業外，仍以密集精耕方式為主要性格，在勞力的密集投入之中，也包含了農作勞動時間的增多，如與同為小農經濟的中國相比，台灣農家的水稻耕作其集約度（也就是勞力投入）遠較中國為高[70]；由於勞動的強度大，加以農業的生物特性，使得農民必須終年守護土地而難得休息。

---

[68] 鄭恒隆編，台灣民間歌謠（台北：南海，1989），頁72-74；此曲為陳達儒與蘇桐作於1935年，戰後仍風行不衰，後因其對農民生活之寫實描述，為當局所禁唱。

[69] 吳田泉，台灣農業史（台北：自立晚報，1993），頁395-397。

[70] 趙清源，「台灣之農業經營」，台灣銀行季刊，第4卷第2期（1951），頁110，在30年代，台灣每公頃水稻年需205.87人工日數及33.61畜工日數，可以比中國大陸多出89人工日數及3畜工日數。

　　台灣農家通常只能維持自給自足的糧食和飼料供應，沒有餘地可供栽種商品作物[71]，農地都細密、長時利用而少有休耕的空間，為了維持較高的複作指數以提高收益，乃發展出各種複雜的輪作方式[72]，依各地地理、氣候條件不同，發展出一年、二年、三年等各種不同年期、作物的輪作系統（參見圖1）。

---

[71] 張漢裕，前引書，頁161。

[72] 同前註，頁163-164；張氏整理出十種輪作方式，其中三年期的輪作方式主要在中南部，特別是嘉南大圳灌溉區。

圖1、各年期的輪作方式

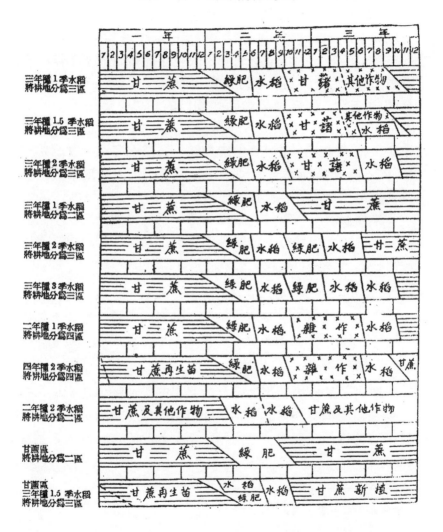

資料來源：惜遺，「台灣之水利問題」，台灣銀行金融研究室編，
　　　台灣之水利問題（台北：同編者，1950），頁59。

　　所謂輪作，實際上即人、地生產不休息，只是更換不同的作物種類。小農的家庭農場極少休息的日子，一位佃農子弟就說：「一年中唯一的娛樂，就是一年一度的『年尾戲』，只有那個時候，終年辛勞的鄉下人，才能暫時放下工作，去看看戲」[73]，一年到頭難得休息，而每天的工作之外，也少有閑暇時間，因爲副業對勉強糊口的佃農家計是大有助益的，「大人們白天要做工，村婦們在夜間，也有他們例行的作業，拖著白天工作後疲憊的身軀，快快洗完澡，就開始編製斗笠」[74]，有時真有餘暇得空，還得去別人家幫工，連孩童都不得休息而「整天都忙得很」[75]。

　　稻作農家工作繁忙且較爲貧苦，當爲耕地過於狹小且多爲佃農之故，但是有一位農家出身的企業家，則認爲這是出於節儉的天性：

> 過去以農立國，春耕、夏耘、秋收、冬藏，無論栽植任何農作物，除草、施肥、播種、間作，對於土地的利用，季候的把握，時間的爭取，無不極盡勤勞節儉的美德…。[76]

　　將時間的珍惜利用，歸諸於農民的美德和傳統文化，是一種深植於農業文化的信賴，即善用時間吃苦耐勞是改善物質困境的途徑，前述企業家轉述祖父的話說：「茶業之生產

---

[73] 楊肇嘉，前引書，頁3。

[74] 張文貫，前引書，頁100。

[75] 楊肇嘉，前引書，頁2-3。

[76] 王永慶，談經營管理（台北：書評書目，1962），頁155。

只在春夏兩季，工作不到半年時間，另半年時間無從發揮，真是要當牛都找不到犁，生活困苦可想而知」[77]。

從這段農閒時間過多的喟歎，我們很清楚看到北部山坡地的茶農，其工作周期、密度是與南部的稻農不能相比的，相同的季節性休息也存在漁村，以1930年的澎湖瓦硐村的冬日景象為例：

> ⋯男人除了偶而到田中巡視，在菜園種菜，栽培蕃薯藤，或到海岸巡「戶」（⋯），此外沒事可做，多半以聚賭消磨時間；婦女除了作飯、看小孩、剝花生殼、養雞飼豚外，也別無其他工作或娛樂[78]。

漁民似乎較能安心於季節性的休息，並以娛樂、副業的方式來打發這段閒逸，這種景況到了1960年代還沒有太大的改變，一位歌舞團的團主就認定澎湖的南榮戲院是全省最好的表演地點之一，無疑的澎湖的漁民也是最好的觀眾，特別是在捕漁的淡季時：

> 尤其是農曆四、五、九月颱風季節，漁民因風浪無法出海，待在岸上的日子，不是賭博、看戲，就是在家打小孩、管老婆，看歌舞團無疑的比看歌仔戲更能滿足討海人狂野的心。每逢歌舞團演出，觀眾大排長龍，場場爆滿[79]。

---

[77] 同前註，頁141。

[78] 黃武東，前引書，頁117。

[79] 邱坤良，南方澳大戲院興亡史（台北：新新聞，1999），頁126。

　　農漁業的季節受制於自然的天候條件，工商業雖有淡旺季之別，但其季節性差異應是來自人為的、交易的因素為主，所以，為營生賺錢常是終年不休的工作，據一位日本人的深刻印象：「台人勤業貨殖之風，無貴賤、無老少皆然。是以一年三百六十餘日，營營栖栖，未嘗休業撤勞。」[80]，有些生意興盛的商號，不但幾乎終年不分季節的忙碌，其每天的工作時數亦極驚人，「…每夜必至二、三點鐘不歇。黎明即起，苟非大風雨，無日不如此…」[81]，這是十九世紀末在梧棲附近，經營樟腦外銷的「福裕源」商號掌櫃自述其工作勞苦、不勝負荷的狀況，依其敘述則日常工作時間恆在20小時以上，看不出有任何休假、休息的空閒時間。

　　傳統社會中，各行各業（主要就是農民與商人）都有嚴密的年中行事規律，這種生活、生產規律是來自於「黃曆」的規定，而黃曆固然有社會人文的意涵[82]，但終極目標在能順天應時，以合乎自然循環的天時物候為依歸，農事所依循的24節氣而言，是將一年內太陽在黃道上的位置變化，以及所引起的地面氣候演變分做24段，分別配置在一年12個月裡

---

[80] 佑倉孫三，台風雜記（台北：台灣銀行經濟研究室，1961），頁6-7。

[81] 蔡明正，「鹿港綠香居主人自述—菜耕記事」，蔡懋棠，前引書，頁312-313。

[82] 中國古代曆法和時空觀念的特徵為(1)時空人文有其獨特個性，如陰陽五行（日月合璧、五星聯珠等）、甲子干支的用法，(2)注重曆法，以應歲時，(3)節閏相置，以適農事，(4)天人相通，共諧合一；參見佟輝，天時‧物候‧節道（南寧：廣西教育，1995），頁16。

面，月首者即「節氣」，月中的叫做「中氣」，氣即氣候、
氣象，節即頻率、節奏[83]。

　　黃曆（農民曆）以大自然的太陽年和朔望月為基準，以
天干地支紀年、月、日、時，進而依一些準則排列出時間的
細密劃分，將日子區分為1260種性質而定吉凶[84]，再將日常
行事項目與其對照，此即農民曆中擇吉行事的由來。這些擇
吉行事項目可達130項，涵蓋生活各層面的細節，舉凡生育、
養育、婚嫁、喪葬、祭祀、豎造、工商經營、農牧漁獵、仕
遊、官事、醫事等事務，均依特定日子而有詳細規定（參見
表2），亦即以自然的韻律節奏決定日常生活行止[85]。

表2、擇日行事項目舉隅

1.生育養育：胎神占位、求嗣、進人口、（嬰兒）剃頭、（嬰
　兒）整手足甲、冠笄。
2.婚嫁禮俗：問名、求婚、訂盟、納采、完聘、裁衣、合帳、
　安床、整容（挽面）、嫁娶、納婿。
3.生活：探病、出行、行船、會親友、入學、習藝、穿耳、
　受田、移徙、入宅、安房、分居、汲水、問卜。
4.工商經營：開市、掛匾、掛招牌、立劵、交易、納財、開
　倉庫、納貨財、安機械、作染、合醬、醞釀、破劵。

---

[83] 佟輝，前引書，頁17。
[84] 呂理正，傳統信仰與現代社（板橋：稻鄉，1992），頁38。
[85] 直到80年代，台灣家庭的農民曆擁有率仍達83.6%，用以擇吉日良辰
　者幾達百分之百；參見呂理正，前引書，頁36。

5.農漁牧獵：畋獵、納畜、捕魚、捕捉（害蟲）、牧養、受
魚、結網、栽種、收割、教牛馬、教狗、割蜜、養蠶、經
絡。

資料來源：呂理正，傳統信仰與現代社會（板橋：稻鄉，1992），
頁38-40，此處有刪節。

（二）社會循環─社區與集體祝祭活動

> 依據「台灣府誌」風俗，古來之民間信仰，因送瘟疫
> 闔鄉舉行建醮之儀式，每一醮動輒花費數百金，省者
> 亦近百金，雖窮鄉僻壤，亦不敢吝惜，甚至，為使巫
> 覡修道除病之祈禱，病未癒而已花費三五金。而另有
> 台俗中元節舉行之佛事，稱為普渡（盂蘭盆之義），
> 或在各家，或聯合闔境舉行，原以建醮延僧，施食無
> 祀之魂，傳下為一種變通虛儀，牲饌之陳設如山，以
> 為誇榮競華，加之絃歌喧填，演戲連宵，互以豐富相
> 尚，一次糜費千金在所不惜有之。[86]

台灣傳統民俗宗教之興盛，廟會慶典祝祭儀式之頻繁且
隆重，令初來台灣的日人咋舌不已，咸認為台人風俗奢侈浪
費，「有關儀節祭祀之行事，亦早受奢侈之影響」[87]，雖然
日人對本地的宗教禮俗頗不以為然，卻未採取強烈的干預措
施，「他們很少干涉到台灣人的傳統日常生活，特別是台灣

---

[86] 伊能嘉矩，台灣文化志，中卷（台中：台灣省文獻委員會，1991），
頁151。
[87] 同前註。

的歲時節俗活動」[88]，因而多數廟會慶典活動在政治寬容下，仍浸衍遞嬗未見改變，「豪奢」之風亦一仍其舊，以致到了戰後都還有「中央和地方的拜拜之風極盛」的批評，在1960年代的台北市還為控制祭祀的舖張而制訂「祭典節約辦法」以為規範[89]。

　　台灣號稱「神明三百，廟宇逾萬」，神明和廟宇的眾多繁盛，這種宗教性原因應是節慶熱鬧不易戢止的原因之一，以1930年代的數字而言，最重要的十大神明即擁有2650所廟宇[90]，這些廟宇各有所屬角頭和祭祀圈，依時日各有其寺廟慶典和民俗節令。單以士林區而言，在日治時期的年度祭祀

---

[88] 葉石濤，府城瑣憶（鳳山：派色文化，1996），頁189。另參見邱坤良，日治時期台灣戲劇之研究，頁40。

[89] 許雪姬訪問，曾金蘭紀錄，柯台山先生訪問紀錄（台北：中央研究院近代史研究所，1997），頁127。

[90] 這十大神佛排行榜如下：

福德正神（俗稱土地公）	廟計674座
王爺	廟計534座
天上聖母（俗稱媽祖）	廟計335座
觀音菩薩	廟計329座
玄天上帝	廟計197座
關帝	廟計157座
三山國王（客家守護神）	廟計121座
保生大帝	廟計117座
釋迦佛	廟計103座
清水祖師	廟計83座

參見台灣省文獻會編，台灣省通志，卷2（台中：同編者，1971），人民志宗教篇。

節慶演戲活動即達40餘次（處）[91]，這種節慶活動不只是宗教信仰的祝祭，更透過丁口分攤、徵收緣金成為共同體的一種共享和動員的儀式，而選任爐主、頭家主其事，並藉戲曲演出頒布規約和定賞罰，形成社區的組織規則和社會控制機制[92]，這種以鄰里、地區的組織動員，透過巫術和超自然的儀式過程，達到社會整合和集體意識效果的集體性、共同體行動，並不侷限於鄉村的聚落，在市鎮裡（台南府城）亦毫不遜色：

> 五帝廟（座落中正路）傍，當時正好拓建府前路道路將近完工，於是就利用這又寬又長的路面搭起主普的祭壇，前列供桌鋪張起獻祭的禮物，豚、羊、雞鴨魚、水果、粿餅等豐盛的食品。岳帝廟本廟、友廟以及其他有交際的廟皆拚力參加拜祭，家家戶戶一樣排的很鋪張。同時各處演戲謝神，五帝廟主普演兩棚，銀同祖廟前空地是岳帝廟本廟演兩棚，三爺宮、大銃街一樣演出，富裕的人家也各演大、小戲、布袋戲等。境內天師爺壇、佛祖壇、上帝爺壇等都設壇致祭（這是本城的風俗，為了避邪，大廟落成時這些臨時性的佛壇一定要設壇，小廟也至少要設天師爺壇）。於是各處都顯得熱鬧起來，把半個台南都搞得天翻地覆。[93]

---

[91] 邱坤良，前引書，頁47-57。

[92] 同前註，頁41-59。

[93] 蔡胡夢麟，岳帝廟前（台北：同著者，1982），頁150-152。

　　這種宗教祭儀和共同體節慶歡樂，透過戲劇活動調劑人們平淡的日常生活，並緩和辛勤的操勞力作之疲累，除了廟前戲台外，家家戶戶的流水席也是重要的節慶場合，親戚朋友甚至外人可藉宴飲聯誼歡聚，而口腹的貧乏寒酸也在宴席的酒足飯飽中一掃而空，流水席的豪放、充裕、喧鬧和鮮香俗美，會讓人從耳目到腸胃都回味不迭：

> 我也仍記得，往年台灣的各都市中尚存留著古早的節慶習俗。遇著某地區的大拜拜，家家戶戶開放大門邀請親朋好友，無論大人小孩的朋友應邀而來，都可以隨時入席，加入喜慶的宴會。主人略無厭煩不耐之色，總是熱情好客地添酒、增菜、加湯。那種長夜不斷的喫食，從薄暮時分開始，隨著夜氛愈深，興致愈濃。自敞開的門戶窗口飄出食物的香味，猜酒拳與主客互喚之聲，喧喧嚷嚷溢出街頭；而街頭則見步伐不穩的醉客三五蹣跚。那種長夜飲宴，稱為「流水席」[94]。

　　做為凝聚社區（共同體）意識的儀式，以及組織動員的過程，拜拜節慶的現世、社會功能，似乎更勝於巫術信仰的作用，各家各戶競相耗費鉅資，以求排場舖張得以超過他人，在鄰里中博取盛名並招徠各方人士之讚賞慶賀，頗有部落社會「誇富宴」儀式的豪邁遺風。對於排場、熱鬧、人氣的熱衷，並不只是家戶追求地位與聲望行為，更關係到社區角頭間的互動，成為角頭、地方相互較量的手段，特別是拜拜，

---

[94] 林文月，飲膳雜記（台北：洪範，1999），頁145-146。

或同時舉行而輪流主辦時，各地方、社區相互競爭更為激烈，戲劇演出的劇團數量與名氣、拜拜儀式的繁複與誇張、請客宴席的熱鬧、桌數與菜色多寡，表現出「豪奢是尚」的社區間競爭規則。

　　社區間的競爭，在祈求吉祥幸運的宗教心理外，更表現在運動競技式的傳統比賽中，除了鼓勵武勇敏捷的作用外，透過群體間的競爭以提振「我群」與地方認同應是更大的動力，試以今日仍殘留於某些地方的「搶孤」祭儀活動，在1930年代鹿港的盛況：

> 銅鑼聲一響，只看見許多年青力壯的男孩，上半身打赤膊向著孤棚高所衝去，爭著搶那些供在其上頂的各種供物，你爭我奪，叫喊的聲音有如打戰時的吶喊一般，為的是要得到「幸福」。有的不但沒有搶到，還被撞倒地上，被殘踩受傷，甚至於有用暴力的，還有打架的，那種混亂之狀，猶在眼簾。……那種情形，好像十幾組籃球隊在爭一個球似的，同時叫喊、打罵、咀咒（大概是那些被撞倒、壓傷了的人發出的吧）的聲音，可以說震天動地，如今猶在耳裡響似的[95]。

　　在「搶孤」與「搶旗」等中元節慶活動中，各角頭推派的壯丁在高難度的競技與危險中，為禳誌、吉祥目的而冒險犯難，同時也凝聚了自己所屬社區的榮譽感與好勝心。競技活動、大擺宴席、戲劇演藝以及做為整體節慶活動核心的共同祭祀，以中元節而言即「公普」，是傳統社會非例行的、

---

[95] 蔡懋棠，前引書，頁17。參見施翠峰，前引書，頁108。

非日常的（通常約一年一度）盛大祭祀活動[96]，也是難得的公眾性集會和休閒、社交機會，其公眾性、開放性充份的體現在深宅大院的人家也都門戶洞開，讓好奇的鄰居、外人自由進出參觀[97]，除了炫耀與信仰上的動機外，打破私人畛域以形成社區的融合、分享，或許具更大的社會性、公眾性意義[98]。

　　社區與社區之間、地區與地區之間的關係，其制度化、結構性組織型態，最具體的表現在祭祀圈的地域組織中[99]，而祭祀圈、信仰圈的運作，則明顯的呈現在節慶祝祭與進香活動中。進香這種朝聖活動流傳至今猶盛況不減，以集體的、

---

[96] 參見邱坤良，前引書，頁93。

[97] 蔡懋棠，前引書，頁16；此處作者自述幼時騎在大人肩上，隨著眾人參觀鹿港辜宅的「大洋館」，面對裝飾擺設與如山的祭品而「嘆為觀止」。

[98] 參見林美容，台灣人的社會與信仰（台北：自立晚報，1993），頁123；依作者所述，所有家戶都必須共同參加地方的公眾祭祀，且據以形成社區性的祭祀組織：在各種層次的地方社區中，無論部落、角頭、村庄、街鎮、城市，都有地方的公眾祭祀，包括土地公廟、村廟、大廟、城隍廟的公眾祭祀，甚至有些社區有神無廟，仍有公眾祭祀與活動，以及地方社區偶而舉辦的各種建醮、進香、迎神等集體性的祭祀。這些公眾祭祀都是社區內的每一個家庭（或是家戶）要共同參與的。通常有頭家爐主的祭祀組織，每一個家以家長為代表參與頭家爐主的卜筶，得筶數最多者即是爐主，代表社區居民主理當年之祭祀事誼，有些人當他的幫手，即是頭家。

[99] 參見陳炎正訪問、記錄，「媽祖會活動—張鎰裕先生訪問記錄」，洪慶鋒編，前引書，林美容。

地區性的長途朝聖為主軸的節慶活動，在傳統社會的一般農民中，將節慶與旅行緊密的結合起來，也在神明和廟宇的信仰關係中，架構出地方的與區域的社會單位關係，試以1950年代的北港進香盛況為例：

> 北港迎媽祖，可真熱鬧，從沒有看過那麼狂熱的場面。鞭炮不是一串一串放的，而是一火鼎一火鼎燃放的。每家門口都放有一口大火鼎，神轎抬來了，便抬到火鼎上面，主人點了火，鞭炮猛跳，乒乒乓乓像無數機鎗掃射。濃煙、火花從神轎底下猛向半空飛奔；那些抬轎的人，一點兒都不畏懼。一隊過了又一隊，隊伍前面是神轎，神轎前面有乩童揮砍沙魚劍，把自己頭上、背上砍得鮮血直流；神轎後面是宋江陣、獅陣；再後面是走了幾天幾夜而毫無疲倦之色的老弱婦孺，每人手上握一把香和印著「清水進香團」的三角旗。「清水」過了有「沙鹿」又有「鹿港」又有「朴子」「布袋」……通過大馬路擠向朝天宮而去。馬路兩旁人疊人，根本看不到什麼，只有鑼鼓震耳，煙硝滿天[100]。

進香是「分靈」至各地的媽祖廟，定期回發源地祖廟（通常為北港、新港）「會香」的朝聖活動，其進香的周期不一，有12年一次者（彰化南瑤宮），亦有二年一次（白沙屯）或每年進香者，每次來回五天五夜，參加的人數以萬、甚至十萬計。這大規模的宗教活動自然有其長期累積的傳統，而在

---

[100] 張良澤，前引書，頁38。

人多地廣的祭祀圈中形成明確的規範與組織，這些規範與組織多源遠流傳世代相襲，表現在地域性的神明會（亦有跨地域者），其內部有各種大小層級組織，榮譽職、義務職的主事職位雖以推選方式產生[101]，卻常有世代相傳的情形，也使得地域組織具有時間縱深，形成空間與時間、社會與地理、信仰與世俗的融爲一體。

（三）生命循環—個人與家族儀禮

在平淡自適、日復一日的日常生活之外，傳統社會還穿插著周期性、社區性的祝祭節慶，這種定時的、集體的慶祝活動，多與宗教（信仰）節日或年度節氣有關，如神明誕辰、端午、上元等時日，常是社區全體動員、大肆舖張進行儀式性的宴飲、祭祀、戲曲、遊戲、競技、應酬等活動與歡樂的時日。

除定期的、集體的社區性祝祭外，更有特殊的、私人的儀禮慶祝，這種環繞著養生送死爲主軸的私人與家族性儀禮，實際上即以生命階段來定其時日，諸如生育（滿月）、周歲、做壽（生日）、成年、功名（學業）、婚嫁、落成、開業、殯葬等，都是家族大事而必須依習俗行事，其規模雖然不可和社區祝祭比擬，但其熱鬧的盛況往往更甚於公眾性活動。

最熱鬧、也是最常見的家族性慶祝活動，就是大戶人家的壽辰，演戲禮佛、宴飲招待、酬酢往來都是家族例行公事，

---

[101] 參見陳炎正訪問、記錄，前引文。

祝壽活動和重要的社區祭祀一樣，耗時常達五天，耗費鉅資在所不惜，甚至成為財力的包袱，中下之家則常有舉債慶祝的狀況。

清水的楊肇嘉敘述其為養父籌備60歲大壽過程的梗概，可說是二十世紀初期地主階級，典型的喜慶形式和過程，整個家族都竭智盡力，投下全部的人力、物力，「這次逢到他老人家的花甲大壽，為人子者須盡孝道」[102]，「在這類舖張的事花錢，他是極慷慨的，要多少就多少，毫不打折扣」[103]，第一個工作就是粉刷、整理家屋內外，和預訂戲班：

> 臨到佈置屋內屋外時，把全體傭人總動員還嫌不夠，便找了許多親戚朋友來幫忙。正廳的布置特別用心，雇了名匠，單單油漆、塗繪圖案以及各種裝飾，就花了一個多月的時間。此外，並與全台灣最出名的戲班簽訂契約，對戲台上的裝置設計也用盡心思，花了很多錢[104]。

到了壽辰當天，先舉行隆重的家族拜壽祭禮和儀式，接著就是親朋好友和鄰里鄉人，從清早五點到中午「跪跪拜拜」的祝壽，然後就一連五天大開宴席，還有12天的戲曲表演助興：

> 連續的喜事，到了五月三十日進入最高潮，這一天是養父的六十華誕。三十日前夕，舉家通宵不上床，當天還

---

[102] 楊肇嘉，前引書，頁129。

[103] 同前註。

[104] 同前註。

沒亮，便齊集正廳拜天公，神桌前堆積著如山的祭品，花燭輝煌，滿堂彌漫著香氣。地面滿鋪著紅毛毯，中央為養父所備的座椅，用繡花的紅帔包裹著。

天公拜畢，我們即請養父就座，接著便是家人的拜壽。養父是前清誥授奉政大夫，頭戴賞戴藍翎，衣冠整齊。家人也都穿著全副禮裝，三跪九叩，宛如戲台上的表演，大家都變成扮飾戲裡角色的演員了。

家人拜壽畢，便輪到族親、遠戚、朋友、鄉人等，也有遠自沙鹿、梧棲、台中、彰化等地乘轎來拜壽的，車水馬龍，熱鬧非凡。……

拜壽畢，接著是招待客人的大宴，地方顯要、官吏，以至於鄉人、佃農都在招待之列，一連繼續了五天。當然每天都有奏樂和演戲來助興。本來預定演一個星期的戲，因為大家的興致很高，結果連續演了十二天纔罷[105]。

　　這種不尋常而舖張的壽慶，帶給家族和鄉里自豪、榮譽，以及美好的回憶，建構了家族社會聲望和地位，也成為街談巷語之資。富豪巨室的壽慶和家族禮儀，自然更為隆重盛大，且更為頻繁多樣，試以長居福州的台灣首富板橋林家為例，林熊祥的歲時行事略記如下：

　　每年按歲時行事進行；此外尚有做生日，避暑等消耗時間。例如家母做生日就要花費一星期以上；避暑上鼓山也要兩個月；他如清明節、中秋節、重九節、過

---

[105] 同前註，頁131-132。

年等，都要從俗行事，一二日甚至十數日。此外，再
上親戚為中心的無謂應酬。當然：寫字、讀書、評詩
文字畫；談佛教、哲學；這些都是我的有趣日常生活
項目；配合寫作詩文、下棋、玩牌等為調節[106]。

　　從其回憶中，可看出母親生日的重要和熱鬧，符合傳統
家庭以養生送死為要務的習俗。漢人文化特重孝道，故以父
母生日是家族的盛事，相同的，對於親人逝世亦大舉花費唯
恐不足，所謂「喪葬過奢」即是台灣的葬俗[107]，據說有些富
庶家族因喪葬花費過鉅而敗家，試借用中國杭州的一個官宦
家族，其顯赫家世顯現在女主人（非正室）的出殯上，而這
次的喪事也是其家族全盛時代的終結，是「我們家最後的一
個盛大場面」[108]，毫無疑問的，送死出殯對任何家族都是大
事，但這場喪對這個曾經風光一時的家族卻是頗不尋常的，
對於整個地方（杭州城）也造成轟動而傳誦不已：

　　　　祖母開弔那一天，同時也就是出殯的日子，這可算是
　　　　當年杭州城裡哄動一時的一個大出喪，場面的偉大喧
　　　　赫，傾動了全城。這是自我懂事以來，家裡從未見過
　　　　的盛大事件。

　　　　這天我們整座房子自大門到一重重的廳堂院落，以至於
　　　　適園中的兩條長廊上，全都紮滿了白布白綢做的彩棚彩

---

[106] 陳漢光，「林熊祥先生訪問記錄」，黃富三、陳俐甫編，前引書，頁
　　250；其記述之年代為民國初年。
[107] 伊能嘉矩著，江慶林等譯，前引書，中卷，頁152。
[108] 沈應懿凝，沈應懿凝自述（台北：傳記文學，1978），頁46。

牌，所有廳堂廊下排的各種燈也都換上白緞子繡花的罩子和白縫子。每一進的廊下都搭有一座「堂名」架子（堂名即吹鼓手的別名，架子即奏樂台），每一座架子的上下周圍也都用白緞子繡花平銀的披帷，上面還綴滿了亮晶晶小錢大小的鏡片子，看得人更是眼花繚亂。總之，到處都是一片白色，雖是充滿了喪事人家的一種悲涼氣息，但這份氣息之中，卻仍顯示出一種富貴堂皇的氣派[109]。

　　祭弔的場面極其隆重莊嚴，繁文縟節的佛事和喪儀、絡繹不絕的致哀賓客、仙童仙女等演藝儀仗、佳山好水的巨大墳廓等更不能免俗的舖排浩大，以達到最大的「生榮死哀」為目的。最盛大的家族喜慶，就要數與養生送死關係密切的婚禮。

　　婚禮的意義是多重的，在極重視世系傳承的漢人社會，傳宗接代煙火相傳自是最重要的意義，與此不相上下的則是具有政治經濟意味的聯姻—兩個家族之結合，其次則為個人的成家立業、獨立成人的意義，至於兩情相悅魚水之歡在傳統婚姻中似乎刻意不被強調。

　　由於牽涉到家族間的關係，直接受到社會習俗與輿論的評價，再加上位居養生送死的核心位置—傳宗接代，也就是關係到個人與家族的鬼神關係，香煙祅火的傳承接續，而當事人（如主婚人）正值青壯年齡，是社會活動力最強的時候，因而婚禮的備受重視也就極其自然了，除了行禮如儀不厭其

---

[109] 同前註，頁44-45。

煩外,更要舖張浪費毫不吝惜,迎親、演戲、宴客、鬧新房以至聘金、嫁粧、祭拜的繁複皆極盡奢華之能事。

試以中部地區一個地主家庭為例,在二十世紀初年的婚禮概況如下:

> 迎親的行列是一隊長長的隊伍,正在大庭院裡集合,鬧哄哄地顯得非常雜亂。大紅燈由少年們提著,大鼓喇叭聲響起時,滿裝各種禮品的木盛 被抬了起來,六十部木盛 連成一個很長很長的行列,確屬壯觀;在大鼓與喇叭聲中,鞭炮聲也跟著劈劈拍拍地響起來了;大鼓吹請了五組,連同八音吹一共是六組。當這些響亮的樂器齊鳴時,真令人震耳欲聾。

> 預備給新娘坐的紅轎,隨著這長達數百公尺的隊伍出發時,已經快到九點鐘了。

> 戲班進來時,屋裡屋外又熱鬧起來了。

> 養父對於戲非常內行,這次聘來的戲班,據說是島上第一流的,而且還特選了好幾個名優來客串。因此,看熱鬧的人非常擁擠。好多幫手也都忘了自己分內的事,擠到觀眾群裡去了,以致負責指揮的人到處找不到人,焦急地叫喊著,使得鬧上加鬧。

> 人們於爭看了戲子之後,還要等著看新娘、看嫁粧,時過中午還不想回去。

> 在這樣舖張的大場面中,主人家是來者必請的,這餐午飯的規模之大,可想而知。廚房大忙了一陣子,雞鴨不算,連豬都準備了滿豬欄,不夠用了隨時宰殺,隨時下

鍋。二十多坪大的炊事場上，各種材料堆積如山，八個廚師和十幾個下手忙成一團。後來聽說，這一餐就吃掉了十二條大豬，家禽之類則不知其數。

躲進房裡以後，群眾便轉移目標了。我從庶母房裡窗戶向外窺視時，只見這批好事者正簇擁著在看嫁粧，品評新娘帶來的各種東西和押箱錢，好像在參觀展覽會一樣。

這場把戲做完，正想現在總可以寬鬆一下神經了。當退入新房時，誰知那裡早已擠滿著許多親戚朋友，他們是來討「新娘茶」吃的。吃完了茶，「鬧新房」的惡作劇又緊接著上演了。

人的心理真是奇怪得很，平時克勤克儉甚至吝嗇到一毛不拔的人，一碰到喜慶之事，卻會一反故態，變特別大方，還深怕客人到得少，深怕客人不能吃得高興，更深怕有人說一聲主人家寒酸。在這種心理支配之下，難怪舊時的人們遇到喜慶之事，非竭盡舖張不可了[110]。

　　當事人沈緬於家族慶典的歡樂回憶時，也不免勾起內心深沈的疑問：喜慶的行事與思慮，為何與日常生活和心態，形成如此強烈的差異和尖銳的對比？儀禮慶典為何會與平日活動如此的截然不同呢？面子與風俗習慣似乎就是當事人省思所得的解釋，或許可以理解為就是社會資本與社會地位的

---

[110] 楊肇嘉，前引書，頁78-83；有刪節並略加修改。

維繫，所帶來的社會期待與社會壓力，以及制度化、規範性的社會意識及從俗取向所造成的結果。

我們或可進一步參照M. Bakhtin對文藝復興時期民間文化的研究，來理解我們自己節慶文化，在節慶中人們的日常生活被取消了，即某些平日的規範與禁制都暫時中止，人們之間的等級與隔閡也暫時彌平，實現了一種平日生活所沒有的既理想又現實的特殊人際互動，這種互動是自由的、不講形式的與沒有距離的接觸。這種全民性、節慶性和烏托邦式的思維和世界觀，以跨張、荒誕、詼諧、笑鬧的形式所表現出來的，其意義在於宇宙、社會和肉體構成了一個不可分割的、活生生的、統一的整體，而且是一個歡樂和安適的整體[111]，或許階級儼然、封閉的、恆常不變的社區共同體生活，就是在節慶文化的凝聚下，形成其穩固、強力、內斂的共同體意識與聯帶關係的。

三、行旅交通─人地關係的解放與重構

日人佔領當初，台灣交通情形很壞。除清時劉銘傳巡撫等所建樹的基隆新竹間鐵路和南部若干製糖業者私設之牛車路而外，幾乎沒有足道的交通存在。城鎮與其附近數十個村莊以及這些村莊彼此之間，是有田畦一般的小徑，也許可以叫做里道；然城鎮之間卻看不見縣道或國道。當然也沒有車輛交通，旅客不是徒

---

[111] M. Bakhtin著，李兆琳、夏忠憲等譯，拉伯雷研究（石家莊：河北教育，1998），頁19-24。

步便要坐轎，貨物則肩挑背負，而難以運至遠方；形
成地方分割的情形，即只有以小城鎮為中心的村落社
會，政治和商業關係幾以這些狹隘的範圍為限…。此
外，本省奔湍激流甚多而沒有橋樑，故一遇雨季，各
地即陷於孤立。這宛然是歐洲中古時期的情形，各地
物資很難有無相通，物價各地相差甚大…。[112]

在二十世紀以前，台灣島內部的地理區隔與交通不便，
似與各地社會經濟活動的地方化、靜態化相一致的，這種物
貨流通與社會流動的不發達，代表了資訊的閉塞與生活方式
的不變，事事墨守傳統，表現出當時生活態度的封閉與人民
性格的保守[113]。

日本治台後，先是為殖民統治的軍事、政治、行政需要，
後為發展經濟、工業，現代化的、全島的海陸交通運輸系統
次第完成，交通設施與社會經濟環境的改變，反映在社會生
活方式的逐漸變化，特別是在1920年後，人們的通信數量、
搭乘車輛的次數（參見圖2、表3），顯示台灣已由「封閉自
足性社會逐漸變為開放性流動性社會」[114]。

---

[112] 張漢裕，前引書，頁181。
[113] 陳紹馨，前引文，頁15-17。
[114] 同前註。

圖2、歷年每人每年平均省營鐵路搭乘次數

註：陳紹馨，「台灣的人口增加與社會變遷」，考古人類學刊，
　　第5期（1955），頁15。

表3、火車與汽車客運延人數

	1938	1942
1.省營火車	27,179,194	46,342,569
2.私營火車	2,002,456	1,962,017
3.公營汽車	8,207,474	9,413,577
4.民營汽車	53,644,809	81,536,398
計	91,033,933	139,254,561
5.總人口	5,297,005	5,891,848
每人每年平均乘車次數	17.19	23.64

註：陳紹馨，「台灣的人口增加與社會變遷」，考古人類學刊，
　　第5期（1955），頁16。

　　交通與社會流動的限制，也就是觀光旅遊機會的限制，而社會流動的增加，也增加了觀光旅遊的可及性。在交通運輸尚未現代化的十九世紀，乃至二十世紀初葉，島內的主要交通形態仍以徒步、竹轎為主，遇水則涉水或筏渡，市街地區有時可乘牛車，遠程者時常利用帆船走沿海及內河水路，也就是因為「道路不修，交通工具不備，行旅維艱」的狀況，不論水路、陸路皆相當簡陋不便[115]。

　　相應於不利的交通條件，傳統社會行旅交通亦僅限於某些特定目的與少數對象，除軍事與移民外，主要以行政、經商為主，此外則為求學（應考）、朝聖（進香）者，絕大多數人在一般狀況下，並無出遠門的需要與能力。自1860年代台灣開放通商，以及隨後的沈葆楨、劉銘傳實施新政，台灣的內外社會經濟活動漸趨活絡，鐵路、郵政、電信、輪船、街道設施亦漸次設置，但整體的社會生活之轉型，應仍在日治中期後。

　　日本自明治維新後積極引進西方思潮與制度器物，台灣做為其第一個殖民地（如琉球不算的話），成為其新制度與設施的試驗場，加以為統治效率與便利，交通建設乃全面開展，造成20年代後社會生活的明顯轉型，在日本治台初期，

---

[115]　參見台灣銀行經濟研究室編，台灣交通史（台北：同編者，　）。台灣慣習研究會著，程大學等譯，台灣慣習記事，第一卷上（台中：台灣省文獻委員會，1984），頁165，曰清末台灣「並無真正稱為道路的路」，多係人馬勉強通行小徑狹路。盛清沂，「清代本省之一般貧困既行旅救濟事業」，台灣文獻，第21卷第4期（1970），頁66。

對台灣士紳階級的優容籠絡政策，有一大部份是透過觀光旅遊手段達成的。

　　為了招待、籠絡各地的知識份子，第四任總督兒玉源太郎召開著名的「揚文會」，1900年於台北的「淡水館」劇場邀宴全台舉人、貢生、廩生，其開會、酬場、宴飲、參觀、遊覽活動，俱見於吳德功所撰的「觀光日記」，吳氏將參加揚文會大開眼界的經過寫成著名遊記，詳述往返彰化、台北間24天行程的見聞[116]。日人招待地方領袖到台北觀光旅遊，並不限於漢人上層階級，而廣及原住民部落首腦，招待原住民到台北參觀，以南澳的泰雅人為例，許多原住民不但是第一次進城，也第一次看到輪船、火車等，整個旅程充滿新鮮、好奇的樂趣[117]。

　　基於統治的目的，以觀光旅遊來宣揚國威、表彰治績，以達到政治社會化的目的，並透過饋贈、招待以籠絡施恩，最佳途徑當然是直接招待民眾到母國（「內地」）遊覽，以建立對母國的認同和向心力，在日本統治台灣伊始，即有計劃的安排殖民地人民赴日觀光，受到文化震盪的觀光回來者

---

[116] 吳德功，「台灣日記」，台灣銀行經濟研究室編，台灣遊記（台北：同編者，　）。

[117] 參見李亦園，前引書，頁641-661。這種「開眼界」之旅，又分都市觀光與日本觀光，參見洪敏麟，「綜觀台灣山地社會結構與文化演變之軌跡」，「台灣文獻」，第22卷第3期（1971），頁48。

「無不感到日本國內人民意外的開明進步，尤其對物質的進步發表驚嘆，…就移風化俗而言，其效能著亦不少」[118]。

　　從台灣各地前來台北，或經台北再轉往日本，交通問題在二十世紀初仍是一大難題，以新竹到台北為例，雖然已有鐵路設施，但許多人仍依賴傳統交通方式：

> …沒有汽車。一般有錢的人多坐轎。有的人還走路到台北。如舊曆五月十三日大稻埕大拜拜時，也有人挑雞鴨到台北出售。挑擔者要走二日才能到台北，都在中壢過夜。未挑擔而健步者也要走一天。[119]

　　一般人多走路來回，是因為鐵路未見便捷，而開辦之初又票價昂貴所致；「轎子是中上流人士乘坐的交通工具，一般民眾只有娶親時使用，此外僅有老人、婦女來往郊區城市之間，或上廟進香時乘坐」[120]，轎子取價昂貴且不見得便利安全，因轎子與走路一樣，須行經荒山小徑，難免盜匪竊徑襲擊[121]，如不幸遇劫則生命財產難以確保。

　　徒步與坐轎皆難免遭遇河流險阻，只有較大的河流才有筏渡，即使是通都大邑的鹿港郊外，其渡河設施亦頗簡陋致

---

[118] 台灣慣習研究會著，前引書，第三卷下，頁88、138。參見葉榮鐘，小車大屋集，頁6。

[119] 王世慶，「黃旺成先生訪問記錄」，黃富三、陳俐甫編，前引書，頁109。

[120] 陳鑑泉記錄，「洪家與沙鹿」，洪慶鋒編，前引書，頁122。

[121] 蔡明正，前引文，頁316。

生意外[122]，即使到了1897年的重要商路亦不例外，時常險象環生，這是一位商人的自述：

> …雨不止，及午稍停，遂急啟程，詎渡船無人，無奈涉溪而渡，至中流，溪水泛，一轎夫陷泥潭中，予見危險急掀轎簾躍出，一瞬而抬後轎夫，亦滑倒溪中，轎遂欹側，所有行李，盡被流去，予亦徒涉至胸，心為惴惴，正危急間…。[123]

這個事故的主人翁與轎夫，在千鈞一髮之際為人所搭救而未罹難。這種交通的不便，在鄉野地區更為嚴重，以東勢的上新里而言，在1920年代「從我家到學校約一個小時的腳程，途中有田間小徑，上坡，爬山，涉水，簡陋的小橋，交通可說非常不方便」[124]，如果天氣不好時更是險象環生有苦難言；事實上，這短短一小時路程的苦楚，可說正是二十世紀初台灣一般交通條件的寫照。

一位苗栗鄉下的小學教師，放假時要進城看電影，必須徒步兩小時已算堪稱便利，「爬過長長的山坡，順著隨山彎曲的山路前行。走了又走，仍是走不盡的山路」，「但是比起獅潭的辭職坡，那又好多了」[125]，即使在鐵路已經南北連貫後，完整的交通網尚待建立，有些人為了工作仍深為交通

---

[122] 林坤元，前引書，頁655；這個事故是坐轎上竹筏，結果連人帶轎落水的事件，當事人損失不貲，是一個「船難」加「轎禍」的意外。

[123] 蔡明正，前引文，頁316。

[124] 蘇永松記錄，「我的生平心路歷程—吳德水先生訪問記錄」，洪慶餘編，前引書，頁67。

[125] 鍾肇政，台灣連翹（台北：前衛，1989），頁60。

所苦，有一位教師要到二林地區上任，「…交通又不便，經過整日車程，又須走三小時路，涉水渡過濁水溪才到達學校」[126]。

　　縱貫鐵路雖然在1908年全線通車，但是欲搭乘火車卻不是容易的事，有一位住在清水的青年，隨其小學校長赴日，須先搭乘轎子到豐原，再轉搭輕便車到后里，再從后里上火車到台北，在台北過夜，第二天再赴基隆上船[127]，其行程雖然迂緩，比起八年前吳德功的「觀光」行程，已經迅捷甚多。

　　後山的宜蘭直到1924年才通行火車，在此之前就學、經商往返台北的交通都非常的不便而昂貴，典型的行程要跋涉兩整天：

> 清晨從南門搭乘輕便鐵路的台車到景尾。然後或步行或乘轎子經過木柵、石碇到坪林尾，花二十鈔過一夜，翌晨一早就出發，經石牌下山到礁溪去，搭乘輕便的台車，黃昏以後才能抵達宜蘭。[128]

　　另外的兩條路線或利用火車、或利用輪船，其花費的時間和費用都更不合算，只是較省體力，卻未必經濟便利。許多新式交通工具雖在日治初期，甚或清朝割讓之前早已引進，但實際普遍使用多在日治中期，如人力車、腳踏車、機

---

[126] 蔡葆伶記錄，「清水鎮耆儒—楊丁先生訪問記錄」，洪慶鋒編，前引書，頁36。

[127] 楊肇嘉，前引書，頁37-39。

[128] 林衡道，「蔣渭川先生訪問記錄」，黃富三、陳俐甫編，前引書，頁200。參見張文義記錄，回首來時路—陳五福醫師回憶錄（台北：吳三連基金會，1996），頁28-32。

車、小汽車、公共汽車、小火車等皆是,輕便車(台車)則較早普及,這些設施的使用都是耗費頗高的,因而一般民眾多仍能省則省安步當車[129]。

島內的交通條件雖已改善,傳統社會的生活方式似仍未有明顯改變,因而旅客往來、旅遊人口仍增加有限,但島外旅行來往的人數則有顯著增加,特別是前往祖國(中國)與內地(日本)的就學、經商人口已有相當規模,尤其在日治中期後,隨著日本的侵略中國,不少台人經由日本轉往日本勢力範圍的滿洲、福建、上海等地區任職或經商,自然使進出島外的人數大為增加。

進出島外雖然以前往日本、中國為大宗,但遠及歐美的特殊例子也不少見,如大稻埕富商李春生即遊歷多國,基隆的礦業鉅子顏氏家族就有成員環遊世界[130];環遊世界是十九世紀隨著殖民事業與交通的改良,而風行的貴族遊樂,其花費之鉅與耗時之長,即使中上階級亦鮮能負荷。

遠赴島外旅遊者固不待言,即使前往日本、中國就學或營生,通常亦是相當教育與貲財者始克勝任,而非一般家庭所能奢想。富豪之家財力與聲望過人,如霧峰林家、板橋林家與基隆顏家的子弟,即使是女兒也有留學日本,亦有早自

---

[129] 同前註。參見陳鑑泉記錄,前引文,頁120-122。

[130] 熊秉真訪問,「魏顏碧霞女士訪問記錄」,熊秉真、江東亮訪問,鄭麗榕記錄,魏火曜先生訪問記錄(台北:中央研究院近代史研究所,1990),頁132。另如霧峰林家的林獻堂因發表「環球遊記」在報章連載,使其環球之旅(實為歐美之旅)廣為人知;參見許雪姬,「林獻堂著《環球遊記》研究」,台灣文獻,第49卷第2期(1998),頁1-33。

小學階段即赴日者[131]，這些富豪之家與統治者的利害關係，以及為維繫家風門望的需要，其留日的意願與能力之高無庸置疑。一般平民留日者雖非絕無僅有，但亦屬極為少數，而且須是特殊機緣下方有可能成行，在日本讀商科大學的吳三連是著例[132]。

在政權更替、文化衝擊與投資效益的考量下，遣送子弟留學的動機強弱互見，有的家族持保留態度[133]，多數則積極培育子弟留學，因為台灣當時的高等教育機構極少，大學只有一所，外加幾所專門學校，在以收容日人子弟為主的政策下，本地青年的升學機會受阻，想要求學者不得不遠渡重洋[134]，多數留日研習醫科、商科等專門學術，留學中國者亦不在少數，如北京一處即有3、50名[135]。

---

[131] 同前註，頁132-133。參見許文彬訪問、記錄，「音樂縣長、造福鄉梓—林鶴年先生訪問記錄」，洪慶鋒編，前引書，頁156。陳漢光，「林熊祥先生訪問記錄」，黃富三、陳俐甫編，前引書。

[132] 參見謝國興訪問，蔡淑瑞、陳南之記錄，吳修齊先生訪問記錄（台北：中央研究院近代史研究所，1992），頁13-14；吳三連出身木工家庭，獲得林熊徵獎學金，其家人仍「因生活困苦，反對他繼續唸書」，後因有友人出面說項，且捐助一半的生活費襄助，始克成行。

[133] 家族意願不強者，如楊肇嘉，前引書，頁33；在日人校長的威脅利誘下，楊氏之養父仍遲疑再三；「把我送去日本，需要花費不少的金錢，他在打了算盤以後，當然是絕不允諾的」。唯此案例有其特點，即養子而非親生子女關係。

[134] 楊肇嘉，前引書，頁3。

[135] 洪炎秋，「序」，楊肇嘉，前引書。

　　這些留學生多數修習大學部課程，滯日、中時間多在四年以上，異鄉的生活經驗，加上寒暑假多數會返鄉省親，常會獲得珍貴、新奇的旅遊經驗，也形成龐大的台灣往返日本、中國大陸旅行人潮，除了學生外，社會人士前往中國、日本旅遊「純觀光」或商務考察和探親者亦不乏其人。

　　有一位日治公學校的「訓導」（相當於小學教師），曾去過日本三次，第一次是畢業旅行，第二次係經商視察，第三次在40年代初是探親兼遊覽[136]，企業家赴日的機會似乎較多，或考察、或政治運動、或旅遊而前往日本[137]，而甚多行程皆兼遊中、日兩地[138]，當然，停留大陸為日人從事軍政、醫藥與商業工作者，或因家族、文化聯帶關係，或為政治認同而投效、回歸「祖國」者亦大有人在[139]。

---

[136] 王世慶，「黃旺成先生訪問記錄」，黃富三、陳俐甫編，前引書，頁75-76。

[137] 王世慶，「陳逢源先生訪問記錄」，黃富三、陳俐甫編，前引書，頁120-121。

[138] 參見吳新榮，震瀛回憶錄（台北：前衛，1989），頁148-158。另如黃旺成、陳逢源、林聰明等皆有類似遊程。

[139] 參見中央研究院近代史研究所「口述歷史」編輯委員會編，口述歷史，第5、6期：日據時期台灣人赴大陸經驗。

第四章　國家干預與依賴發展——現代化的休閒

遊戲者都同意，是為了遊戲的事實，而不是來自契約，使遊戲值得參加，也就是得以「物有所值」，這個「共謀」（collusion）也是他們競爭的基礎。

—— P. Bourdieu and L. J. D. Wacquant, An Invitation to Reflexive Sociology (Chicago: The University of Chicago Press, 1992), p.98。

一、工業與工業化社會的來臨

從開辦工業，到社會的工業化，是一段漫長的路程。台灣之有工業，如從劉銘傳創辦軍械廠起算，已有百年以上歷史，或者退一步從日本人引進資本化的現代製糖工廠，也有近百年的時光，而「工業日本，農業台灣」這句流行的口號，

則容易讓我們忽略在1930年代台灣即已具備相當規模的工業和製造業部門。

儘管1930年代早已具備可觀的工業規模，但要論及台灣的工業化，卻仍嫌言之過早。台灣的工業化，也就是社會經濟結構的全面轉型，由農業部門過渡到工業部門為重心，是1960年代的事，而社會文化生活的劇烈變遷，也發生在這個時期，1960年是一個關鍵的轉捩點。

（一）工業遺產—1930～1945年的「工業化」

在日治時期日本對台灣的策略是：「工業日本，農業台灣」，日本重視的是台灣的農業發展，即以台灣農業發展的成果支援日本經濟，同時以台灣作為日本工業產品銷售市場，台灣除了興建公共設施外，也建立了含括重工業的新興工業雛型，如紡織、金屬、機械、器具製造、窯業及土石、化學、製材、食品加工、製革等，這些主要由日人投資的工業[1]。

自二十世紀初期，日本資本家即陸續來台投資新式工業，因為殖民體制下的企業獨占與壟斷，其利潤特別豐厚，再加上第一次世界大戰後，日本國內資金過剩，台灣乃成為其最佳出路，其後又因世界經濟大恐慌，為解決其內部矛盾，

---

[1] 于宗先，「台灣工業發展的回顧、檢討與展望」，台灣經濟，第226期（1995），頁52。

日本資本就積極整編台灣經濟，導致某些規模可觀的企業之出現[2]。

在40年代初，使用動力或平時僱用五名以上工人的工廠已近9000家，其產業型態具備輕工業、重工業、民生工業與國防工業，涵蓋及紡織、金屬、機械及器具、窯業及土石、化學、製材、印刷、食料、電氣瓦斯等工業[3]，可見當時產業結構已有某種程度的複雜性和完整性。

台灣的「工業化」是有其原因的，特別是與日本的南向發展關係密切，除原有的糖、米生產基地的基礎外，又成為軍需品生產基地與南向基地，使得工業建設在30年代大有進展[4]，遂有不少學者認為台灣的工業化始自1930年代。

台灣的工業化始於30年代的理由，除了工業建設的完成外，更有產業結構的調整，因為30年代末的工業產值超過農業[5]，但是當時工業產值的數值之內涵，卻是大可斟酌的，因

---

[2] 涂照彥著，李明俊譯，日本帝國主義下的台灣（台北：人間，1992），頁123-125。張宗漢，光復前台灣之工業化（台北：聯經，1980），頁20-22。

[3] 張宗漢，前引書，頁153-156。亦可參見劉進慶著，王宏仁等譯，台灣戰後經濟分析（台北：人間，1992），頁26：「從主要日人企業編為公營企業系列一覽表」。

[4] 涂照彥著，李明俊譯，前引書，頁121。

[5] 笹本武治，「工業化的開展進程」，谷浦孝雄編，雷慧英譯，台灣的工業化：國際加工基地的形成（台北：人間，1992），頁22。另依台灣省行政長官公署農林處農務科編，民國卅五年版台灣農業年報，頁14-15，表4所載，1939年農業產值占農、工、林、水產業總產值之44.46

爲「食料工業」—主要爲農產加工業,除1941、1942兩年約爲55%以外,其餘歷年均占工業總產值的60%以上[6],亦即工業產值主要爲農產加工的成果,工業的成長實質上可能只是農業成長的反映而已。

　　30年代台灣已經工業化的主張,是必須檢討的;除上述「工業化」只是殖民地農業經濟整編的結果外,其次,這個「工業化」的動力是來自於日本軍國主義的戰爭目的而推動,因此具有高度的軍需工業的性質,不但對民眾生活影響有限,甚且扭曲社會經濟結構發展[7]。

　　第三個理由是人口與勞動力屬性,使我們難以接受工業化始於30年代的說法,因爲迄日本人撤離台灣時,台灣仍擁有約70%的農業人口,而1940年的第三次國勢調查結果顯示,工業人口約當總人口3%之譜[8],如此低的工業人口比重,說明了台灣工業基礎的淺薄與工業規模的弱小,也就是工業就業人口僅只是社會經濟的一個微小部分,雖然可算是精英的群體,但重要的技術人員、管理人員和專業人員幾全爲日

%,金額爲5億5千1百餘萬元,工業則爲5億7千餘萬元;1939年後或因統制經濟關係,工業產值即不明,唯農業產值仍明顯逐年提升。

[6] 張宗漢,前引書,頁178-180,表37。

[7] 涂照彥著,李明俊譯,前引書,頁147-148。

[8] 從台灣省行政長官公署統計室編印,台灣省五十一年來統計提要,頁138,表59顯示,該年(1940)總人口數4592537人(含日、韓、外省人),工業人口則僅有151890人。唯如依涂照彥所引之1944年底統計,工業人口達258392人,約占人口5%,參見涂照彥著,李明俊譯,前引書,頁141,第54表 。

人[9]，台人雖占勞動力多數，但大多爲非技術工人（所謂「未熟練者」），或是季節性臨時工，技術工作與機械工作多由日本勞工擔任[10]。

　　另外，30年代的「工業化」過程，也是日本資本擴大壟斷的一個過程，本地資本的份量微乎其微，本地的大地主土地資本，仍只能個別的從事傳統生產，並在「工業化」過程中進一步的被壓縮，或部份的轉向從事商業活動。最後，則是這波的台灣「工業化」政策，根本就是一個失敗的運動，約僅達原訂目標三成，其主要原因爲日本資本主義的脆弱性，機械設施不足，加以戰事緊迫，原物料供應中斷，成品無法運出，以及實施戰時統制經濟，決定了「工業化」的失敗，「如果說台灣已經建立近代工業，那就太無知了」[11]。

　　「台灣的工業發展，在民國五十年以前，並不是整個經濟中舉足輕重的部門」[12]，我們要強調的是，30、40年代的「工業化」，雖然對後來的台灣產業發展具有影響[13]，但台灣並未工業化，當時的工業設施對社會經濟結構的影響是局部而有限，可說是一種不均衡發展的現象，或者說局部性的

---

[9] 參見林鐘雄，台灣經濟發展40年（台北：自立，1987），頁29。

[10] 小林英夫著，何義麟譯，「1930年代後半期以後的台灣『工業化』政策」，台灣史料研究，第1號（1993），頁152。

[11] 同前註，頁164-168。參見涂照彥著，李明俊譯，頁143-148。參見T. Gold著，「殖民地時期台灣資本主義的根源」，E. A. Winckler & S. Greenhalgh編，張芯蕪譯，台灣政治經濟學諸論辯析（台北：人間，1992）。

[12] 于宗先，前引文，頁52。

[13] 小林英夫著，何義麟譯，前引文，頁168。

現代工業部門雖然出現了，卻是規模不大（只有農產加工是例外）又屬於殖民統治部門，對整體社會經濟的改變和影響極其有限，更遑論對社會民生與日常生活有何改變。簡言之，日治後期（1930-1945）的「工業化」策略，在台灣建立了部分工業設施，但並未使台灣社會經濟工業化，故曰「問題在於工業化的主體」[14]。

（二）經濟起飛──1960年代的社會工業化

日本殖民統治，雖然留下了相當規模的重工業，以及社會經濟基礎設施和現代制度，但是因為殖民體制的局限性，也就是殖民政治經濟的壟斷支配特質，以及深陷於侵略戰爭所造成的管制、動員與破壞，使得台灣的工業化與現代化明顯的只限於殖民與精英階層，廣大的一般民眾生活仍停留於傳統的農業社會，雖然在1920年代以後因為一些現代設施與制度的完成，使得社會生活慢慢的、局部的發生變化，但整體社會經濟結構與社會生活形態雖非紋風不動，卻也只有微幅的滑動或鬆動，明顯的社會變遷仍未發生。

台灣的社會變遷，也就是社會經濟結構與日常生活的明顯轉變，發生於1960年代，試看一位社會學者的證言：

---

[14] 劉進慶，涂照彥、隅谷三喜男著，雷慧英等譯，台灣之經濟──典型NIES之成就與問題（台北：人間，1993），頁22；所謂工業化的「主體」即指實體建設，所以「這時期推行工業化的實體、以及其物質基礎和社會經驗，多少作為歷史的遺產，超越時代地經戰後接收而繼承了。」

　　早期台灣，社會變遷並不顯著，大部分情形不是可立
即覺知的，但民國五十年代起工業及經濟發展開始之
後，社會變遷率已出現在可覺知水準之上，且成為一
個重要事件。自那時起，社會變遷率繼續發生變異，
且增加或減少的效果也具有重要性。台灣社會已覺知
到其結構變遷及進一步變遷的可能性，也做出適應變
遷，產生了一種更加複雜的型態與變遷動力[15]。

　這位學者認為也就是在這個時期，有機聯帶型社會已取
代傳統社會（機械）聯帶，台灣社會已「趨向成熟」與邁向
「展開現代性階段」[16]，在人口、生產、消費、家庭、文化、
價值等社會生活各層面，發生快速的變遷，這是一種全面、
持續、複雜而為人們知覺得到的改變，這種改變的基礎和動
力，就在於工業化或工業主義的開展。

　　工業主義是現代性的制度核心，其內涵則指生產過程中
物質力量和機械的普遍使用，以及由此所展現的社會關係
[17]，也就是製造業的廣泛興起，所謂製造業就是非農業產品
的製造，以及其搭配的生產和作業方式，這種生產方式將物
質資源和生產過程的機械化結合起來，其結果就是生產流程

---

[15] 謝高橋，「台灣社會變遷的回顧檢討與展望」，台灣經濟，第226期
（1995），頁115。

[16] 同前註。

[17] A. Giddens, Modernity and Self-identity (Cambridge: Polity,
1991), p.15。

的規格化、制度化，且形成生產活動與工作地點的集中化[18]，生產方式的改變，特別是其與現代資本主義國家監控制度結合，不但社會關係改變，時空關係也必須重組，而個人與自我的體驗，乃至生存方式都面臨挑戰。

A. Giddens的現代性理論，可歸結為去傳統（de-tradition）理論，亦即強調傳統與現代社會之斷裂，意即農業社會與工業生活方式及社會關係具本質上的不同。一位文學評論家就深刻的感受到農業與工商業、傳統與現代間的快速過渡，整個環境瀰漫著不安與焦慮：

> 民國四十年到五十年代的農民小說大多反映了農村的光明面與積極性的奮鬥故事。然而這種歡欣鼓舞的日子並不長，以堅實的農村經濟為支援，台灣的社會迅速地邁向現代化的工商業社會，從此農村又面對難以克服的課題；如農村生產人口大量流入都市工業區，農作物價格的貶低，產銷流程中的中間剝削，空氣、農藥、工業廢水帶來的嚴重污染等[19]。

農村危機和傳統文化衰頹的背後，正是經濟起飛與現代工業社會的崛起，工業發展的艷陽照亮了整個1960年代的社會：

> 那是民國五十年前後——台灣，一個經濟起飛的島嶼，台北，一個渾身是勁的城市，人們努力工作，像

---

[18] A. Giddens, The Nation-state and Violence (Cambridge: Polity, 1985), pp. 138-139。

[19] 葉石濤，文學回憶錄（台北：遠景，1983），頁130。

一架剛要起飛的飛機，威力四射，到民國七十年，這
二十年間，台灣的中小企業像奇蹟似地茂生，手提○
○七皮箱，赤手空拳到全世界做生意，而謝前副總統
提倡的家庭即工廠發揮著無比的威力，沒有幾年，我
們就成為亞洲的四小龍之一，台北，就這樣，由一個
青鮮的少女變為一個艷麗的婦人了[20]！

　　台灣的工業化與經濟發展，最大的特徵就在中小企業的
強大活力，創造了驚人的外銷業績與外匯存底，中小企業與
大小工廠的到處林立（據稱曾有70萬家），說明了台灣社會
的高度工業化，而中小企業的強大產能固然有許多原因，但
最基本的原因恐怕就在企業主的奮戰精神，生活的高度生產
取向，全力以赴的投入工作，福利、工時、健康、安全等工
作條件，業務、生產、品管、研發等組織的內部分工，在中
小企業（特別是小型或「微型」企業）似乎是多餘的，在多
數的企業裡，甚至連企業法人組織（公司）與工業關係（勞
工與僱主的正式關係），都完全不具備的情形下，就在家人、
親友的合作、協助下，草草創業、艱辛經營，不斷的成長、
擴大。

　　一位大企業就曾經自述：「我們的事業可說是由師徒、
兄弟、姻親及父子關係循序交叉傳承發展出來的。」[21]透過
家人、親友等非正式途徑籌措資金，經常是創業的第一步：

---

[20] 隱地，「台北糾纏」，愛亞編，青春有愛（台北：幼獅，1994），頁
56。

[21] 莊國雄編，新企業與新企業家（台北：交通銀行企劃部，1980），頁
92；這是統一企業董事長吳修齊的訪問記錄。

「為了籌措現金,以便進口原料,我太太適逢生產,產後第二天就開始工作了。標會、借錢,到處張羅,相當奔波。因為當時我們的財產不多,由銀行辦理抵押貸款,能借到的錢很有限。」[22]

資金的不易籌措,自然的限制了企業的投資規模與設備,多數中小企業都因陋就簡,設備簡單、空間狹小,有一家台北的木器工廠,就設置在軍眷住宅中:

> 在眷村雖然不比其他工作場所理想,然因彼此都熟悉,已培養出感情,機械鋸木頭的聲音再大,鄰居也無人抗議。大夥早上五、六點起床後,就一直工作到半夜十二點,有時甚至忙到凌晨二、三點。

> 買進來的木板一定要曬乾才能使用,但鋪曬的空地有限,屋前屋後的空地和通路都曬滿了。屋後有一條水溝,水溝後的空地也被用來曬木板,不這樣利用空間,期限到了一定交不了貨[23]。

「打拚哲學」全體動員、日夜趕工,也就是家人,員工、親友不分日夜趕工出貨,似乎是中小企業高度彈性化、效率化的關鍵所在,人力與工作時間都依業務需要隨時調配。一家上市鋼鐵公司業者以「勤」來描述60年代的勤奮工作狀況:

---

[22] 同前註,頁161。另如有名的楠梓電子公司董事長說:「創業時我沒什麼資金,僅有的一百萬元大多是用我母親的房地產借過來的。我自己才只有二萬元新台幣。」見同前註,頁146。

[23] 陳碧奎口述,林慧婭整理,赤手空拳(台北:前衛,1998),頁227。

我們以前因環境關係，沒受過多少學校教育，能有今天的事業，完全靠努力打拼來的，趕出貨的時候，經常工作到深夜十二點，工人也跟我們工作到深夜，然後吃家人煮的米粉或麵等當點心，可說全家族、全公司裡裡外外的人都勤奮不懈，才能奠下事業的基礎[24]。

除了全家投入，以及許多員工的不眠不休外，計件的臨時工、童工也趁機會來賺錢，加入了全天候總動員的打拼生產行列：

因為要趕貨，週末、週日都要加班。陳坤儀…等小學生也都加入工作行列，幫忙塗上亮麗的金油，大家看生意好，希望多賺些錢，都很努力地工作，當時全部以件計算工資，只有胡金珠算月薪。

有一回隔天就要交貨，員工做徹夜加班，卡車凌晨三點來載貨時，全都準備好了。大家辛苦了一整天，還是神采奕奕，我十分感激他們不分彼此地互助合作，幫助我如期交貨[25]。

「大家一齊來工作」[26]，不分男女老少、親疏遠近的共同勞動，無疑的可激發出同甘共苦的凝聚力，克服交貨期的挑戰，分享微薄的工資，工作成果總是甜美的。在經濟才剛起飛的1960年代，多數人的生活與昔日的貧困相比，仍然改

---

[24] 黃興來編，新企業與新企業家（台北：交通銀行企劃部，1994），頁30。

[25] 陳碧奎口述，林慧娅整理，前引書，頁234-235。

[26] 同前註。

善有限，學徒與小工—也就是童工工作，雖然工作辛苦而收入有限，卻已是許多人希望和信心的寄託：

> 當時每天須工作八小時，加班是四小時；因工廠學徒加班工資是每班新台幣六元三角，工錢是如此之低，所以學徒們幾乎是天天受廠方令加班新台幣六元三角，且要常加超夜工，即是由晚上九時半至十一時半為加一班，弱小少年的學徒，每天由上午八時工作至夜晚十一時半，每日工作時間超過十四小時以上，是極平常的事。但是，我的一天辛苦所得，尚不夠在當時購買兩包「新樂園」牌香煙；我的家庭並沒有因我每天十幾個小時辛勤工作，而增加多少收入。

> 雖然生活不見改善，且每日下班後皆精疲力盡，但我的內心充滿自信且肯確明白，自我進入這工廠做學徒的第一天起，我已能自立[27]！

這樣長時間的賣命工作，在惡劣環境下每日工作14小時以上，體力與健康的損耗，自然不是一個童工所能負荷的，

---

[27] 蘇克福，一戰再戰（三重：同作者，1978），頁11-12；作者係印刷廠的學徒，當時十三歲。另外一個宜蘭少年，到基隆透過介紹所引介，在一家五金行當送貨員，每天工作十六小時：「在這家五金雜貨店，雖然每月才領到伍拾元的薪水，但我還是很賣力的工作，無論烈日當空或是傾盆大雨都得到各處去送貨，最遠要送到暖暖。每天七點開店，一直工作到十一點才休息，當時身上雖然一無所有，但心裡卻很踏實」。見李岸長，七度山（台北：長歌花集，1986），頁64

意外與受傷就在所難免[28]。勞工的工作環境與條件不佳，是當時整個製造業的常態，似乎也是工業化的過度與爆炸性發展的自然結果，因為，即使是業主（資方、老闆）也一樣的「工作在一起」，承受著同樣的困苦與危險（但收入與利潤問題則有待更精密的分析），生產體制似乎君臨、掌控了全體的勞動者，而在不甚正式，高度人情化（而非契約化）的勞動關係下，業主似乎總是不可避免的必須加入共同勞動的行列。即使在技術層次較高的電子業，業主（老闆）的工作條件（收入除外）仍和員工同樣嚴苛。電子業界的大老溫世仁回憶起一件1970年代的事故：

> 除了銷售的艱苦以外，生產方面更是痛苦，大多數廠商都是日以繼夜的加班。有一天晚上，我們一個加工銘板的沖製廠商，工廠的老闆在長期趕工，太過疲倦的狀況下，不小心將自己的手指沖掉了，緊急被送到醫院去。我們的採購人員向我報告時，我非常著急，叫他馬上趕到醫院去，到醫院時，那加工廠的老闆已經包紮好回工廠去了，採購人員又趕到他的工廠去。我們的採購人員到了他的工廠時，他仍然吊著一隻手，用沒有受傷的手，將機床拉開，夾出了自己被沖

---

[28] 蘇克福，前引書，頁13-21。洪玉彬，小草之歌（台北：桂冠，1997），頁128。

斷的手指和肉碎，正用噴水槍在沖洗機床。他告訴我們的採購人員，一定不會耽誤明天早上的交貨期[29]。

　　這種奮不顧身，爲了生產、爲了準時交貨，可以流血流汗在所不惜的慘狀，是生活的壓力？是生產的狂熱？也許兼而有之。在經濟快速起飛的大局下，整個社會幾乎都投入了製造、生產的狂潮，個人的興趣、家庭的生活也都以製造生產爲中心，許多年輕人一出校門，或工作兩三年後，就合資或自行創業，例如以創辦宏碁電腦公司而聞名的施振榮，1976年時與友人共同合資租了一間狹窄的公寓，就專門做微處理器，工作的高昂氣氛，「連廁所旁邊都坐了許多位台大畢業的工程師」[30]可見一斑。

　　當時台灣省省主席謝東閔提出的「客廳即工廠」口號，適切的反映出生產製造活動，已經深入滲透進各社區、家戶的現象，亦即家庭生活已轉化爲經濟生產的附庸的事實：

> 當時的省主席謝東閔（後來的副總統），最有名的一句名言就是「客廳即工廠」，他說：「不要說沒有工廠，客廳就是工廠。」在他的一呼百應下，客廳成為工廠做塑膠花、聖誕樹等賺取外匯的地方[31]。

---

[29] 溫世仁著，蔡志忠繪圖，台灣經濟的苦難與成長（台北：大塊，1997），頁46。

[30] 同前註，頁43。

[31] 同前註，頁45。

二、殖民與政治宰制的休閒康樂

（一）政治休閒—康樂文藝的支配

　　在進入工業化的1960年代前後，休閒是一個重要的社會政治控制領域。當時的休閒設施極其有限而簡單，主要的是遍布各鄉鎮的戲院（電影院），以及各主要城市的都市公園，此外，雖然也有不少自然純樸美景天成的山光水色，卻不是生活少有餘裕的一般民眾得以遨遊玩賞的。

　　二十世紀中葉正是電影的全盛時期，當時「在台灣的中國人平均每年看影影六十六次—這是全世界的最高記錄」[32]，而在政府遷台的1950年，國產電影有185部，進口的好萊塢影片為393部，次年更增達505部[33]，直到面臨電視強烈競爭的1968年，台北市上映的首輪影片都還達506部[34]。戲院的數量亦頗可觀，1945年只有40餘家，到1951年已（恢復）增加到122家，1970年的高峰期為788家，在25年之間，人口的增加率只有一倍有餘，戲院的數量卻擴張近20倍[35]。

　　電影事業的興盛以及觀眾的狂熱，使電影成為具有可觀的經濟效益、社會教育與政治宣傳效果的事業，因而在國民

---

[32] 教育部文化局編，中國電影事業的現狀及展望（台北：同編者，1971），頁17；據云此數字係得自聯合國教科文組織之統計，相對於台灣的數字，美國人每人每年只看七次電影，俄國人看二十次。

[33] 葉龍彥，台北西門町電影史（台北：國家電影資料館，1997），頁118。

[34] 據教育部文化局編，前引書，頁116-117，表二。

[35] 同前註，頁18-20。

政府接收日本人的製片與戲院等設施後，不旋踵即移轉予執政黨中國國民黨組織部，其理由在於電影院「即為一良好事業，為接近人民有效的活動，兼教育、宣傳與娛樂三種功能」[36]。

電影院（戲院）在1950至1960年代的社會生活中，具有特殊而重要的地位，戲院是一個「全方位的生活中心」，不僅是娛樂、社交的中心，也是政治、教育與文化中心[37]，不只農村漁民和市街居民常看電影，其他各階層的人也都樂於上戲院—雖然他們看的節目與影片是大不相同的，一位軍人自述：「我在年少時，最喜歡看電影，曾有一天看四場的記錄」[38]，另一位企業家則以電影做為家庭娛樂，「看電影本來是全家的例常性娛樂，大約一個月有一次」[39]。

由於電影院生意興隆，因而簡陋的、臨時性的次級部門在某些人口聚集的社區就興起了，「九六新村、大道新村等露天電影院，四周都以布簾圍起來，裡頭的長排椅則是以三根竹竿併綁而成的」[40]，但是即使是二輪的影片、臨時性的、野台戲式的戲院，對許多人而言仍是一大負擔，只好「偷看」或「偷聽」：

> 小時候生活環境很差，能夠看場電影已經算是莫大的享受了，有時候，很想看的電影沒法如願，只好爬上

---

[36] 李天鐸，台灣電影、社會與歷史（台北：亞太，1997），頁66-69。

[37] 參見邱坤良，南方澳大戲院興亡史（台北：新新聞，1999），頁29-31。

[38] 成鵬飛，與時間共舞（台北：慧眾，1996），頁160。

[39] 吳尊賢，人生七十（台北：吳尊賢基金會，1987），頁162。

[40] 洪玉彬，小草之歌（台北：桂冠，1997），頁75。

通往開元國校，橫跨縱貫鐵路的人行陸橋上斜著看，但近乎三十度的斜角那看得清楚？充其量，也只能看著銀幕幌動的影像，聽聽聲音罷了。「無魚蝦嘆好」、「聊勝於無」的過乾癮也算是當年的消遣之一。[41]

　　電影的深入人民日常生活，並成為社會各階層的主要休閒娛樂[42]，是攸關社會健康的「心理康樂」，是當政者的「社會文藝政策」的重要場域，因為電影向來被稱為「綜合藝術」，與文學的文以載道具有同等的地位，肩負文化建設與社會建設的重要職能[43]：

> 即使民生主義的文藝政策尚未完全確立，純真和優美的文藝作品太少，無論電影、戲劇、音樂、圖畫及新聞、廣播事業，內容都不夠充實，且商業化的低級趣味甚重，但我們今後在這方面的努力，必須特別加強，乃為當務之急，須知沒有民生主義的文藝政策與

---

[41] 同前註，頁76。

[42] 即使是威權體制下的政治精英亦不例外，如士林官邸的夜生活，就是欣賞各式各樣的中外影片，可以看到「廢寢忘食」的地步；參見翁元口述，王丰記錄，我在蔣氏父子身邊的日子（台北：書華，1994），頁90-91。「看電影是蔣公與夫人喜愛的休閒活動，…蔣公喜看戰爭片及愛國情操的電影，夫人喜歡看外國的文藝片、西部片」，蔣介石是在1967年後因健康才少看電影；見陳宗璀，士林官邸三十年（台北：同作者，1996），頁103-104。政治精英的溝通，也不時以電影做為話題；參見趙培風，浮生瑣憶（台北：唐山，1998），頁88。

[43] 鄧文儀，「總論」，國防研究院編，陽明山講習錄文化類（台北：同編者，1962），頁16-17。

　　文化建設,民生主義社會的建設,就不容易達到事半功倍的效果。

　　為了強化電影與其他文藝活動的「純潔」與政治社會化功能,在「文化清潔運動」、「戰鬥文藝」和「新文藝」等一波波的意識型態與思想運動外,更早在1950年前後制度化的建立電影檢查、輔導、獎勵手段,以具體步驟全面干預電影的劇本、映演、發行事務,亦即對電影的產銷全程加以控制[44],其掌控電影的目標與根據羅列在「電影檢查標準」中,在此「標準」外尚另訂有「施行標準」,計有五類24項,其中有關政治與意識型態控制規定者數條如下[45]:

　　　第一條,意圖破壞中華民國憲法者,
　　　第二條,違背反共抗俄國策或鼓吹破壞國家
　　　　　　　法律者,
　　　第三條,含有共產思想毒素或揄揚共黨之行
　　　　　　　為者,
　　　第四條,表揚俄帝及其附庸國家政治社會情
　　　　　　　形者,
　　　第五條,在戰時足以消沈民心士氣者,
　　　第六條,挑撥離間國內各民族或海外同胞之
　　　　　　　團結。

　　商業影片的製作與內容皆受制於黨國體制,執政黨更「主動出擊」用電影做為教育與意識型態工具,在黨內推行「電

[44] 李天鐸,前引書,頁91-94。
[45] 同前註,頁91。

化教育」，在社會上則實施主動式的「宣傳下鄉」（參見表4），成立「文化工作隊」與「山地文化工作隊」。在50年代每年攝製兩部教育影片（如「農民進行曲」與「黨員義務為黨服務」），巡迴黨部各單位和各縣市黨部輪流放映[46]。

　　文化工作隊則自「台語劇團」擴編而來，巡迴全省展開「文化宣傳」，在各鄉鎮、外島、軍營及工廠，以各種動態、靜態方式寓教化為娛樂，從事政治宣傳、勞軍乃至競選宣傳活動，除歌舞表演和圖片展覽外，重頭戲則為晚會和電影節目，如「領袖萬歲」、「天倫淚」、「青山碧血」等話劇，以及「秋瑾」、「碧血黃花」、「我們是黃帝的子孫」等「社會改造教育片」[47]，此外，更有深入各偏遠山地村落表演宣傳的「山地文化工作隊」，其活動遍及大小村落，並在各部落動員全體山胞（原住民）全面參與（參見表5）。

表4、文化工作總隊工作成果統計（1952-1957）

	演出場數
話劇	956
歌舞	687
電影	749
圖片	32

註：整理自台灣省黨務報告（民國41年10月至46年9月）。（出版資料不詳），頁157，表14；觀眾人數計3134110人次。

---

[46] 台灣省黨務報告（出版資料不詳），頁38-39。

[47] 同前註，頁92-93。

表5、山地巡迴文化工作隊工作成果統計（民國44年9月至46年2月，「A、B」代表第二期與第三期）

區分工作成果縣份	工作地點				工作場次										觀眾人數	
	鄉 A	鄉 B	村 A	村 B	話劇 A	話劇 B	歌舞 A	歌舞 B	電影 A	電影 B	傳習歌舞 A	傳習歌舞 B	發傳單書刊 A	發傳單書刊 B	A	B
台北	1	1	2	2	2	2	3	3	2	3	3	2	1830	1000	3500	3000
宜蘭	3	2	8	9	12	10	12	9	7	8	4	2	2000	1000	8000	7060
花蓮	3	4	13	15	15	15	15	13	11	12	6	3	3590	1000	8460	7260
台東	7	4	15	12	17	15	17	16	10	13	8	4	5500	2000	8000	5000
屏東	9	8	16	18	22	18	22	17	12	12	8	4	4200	2000	18500	14000
高雄	6	4	10	8	12	9	21	11	8	12	5	2	5500	2000	16000	16530
嘉義	2	1	4	4	6	4	6	4	4	4	3	1	1600	1000	6000	4500
南投	2	2	12	12	13	12	14	13	8	8	6	5	2500	1000	7060	5000
台中	2	1	5	4	6	5	6	5	4	5	3	2	1600	1000	4100	4400
苗栗	2	1	4	3	6	4	6	4	3	3	3	1	1800	1000	4500	4600
新竹	3	2	10	8	15	8	14	9	5	5	5	2	4500	1000	6500	6650
桃園	1	1	3	5	4	6	4	6	2	2	3	2	4000	1000	6000	4950
總計 12	41	31	102	99	130	108	131	110	76	87	57	30	58620	15000	96650	82950

註：台灣省黨務報告（民國41年10月至46年9月），頁158，表15。民國44年台灣省有196山地村，人口計135513名。

電影等文藝、康樂活動在1950年代是休閒娛樂活動的主軸，文化工作隊則是商業消費以外之官定的、樣板的、強制性的文康活動之代表。在威權體制時代，支配階級利用現代政治與統治技術，全面、深入的掌控、主導人民的生活，似是不足為奇，而在冷戰對峙的背景下，休閒娛樂更被視為意識型態鬥爭的重要場域，必須積極的防制「毒素」、「共匪」與「商品化」。

休閒娛樂做為意識型態統制與政治支配的重要手段，具體的表現在蔣介石以「民生主義育樂兩篇補述」為代表的著作中；辛晚教指出，在1953年首次公佈實施「經濟建設發展計劃」時，並未納入任何有關觀光遊憩事項；倒是蔣中正總統的《民生主義育樂兩篇補述》，提示了國民「休閒康樂」的方向，其中有關國民康樂的重要精神有五：

一、國民康樂是國家富強要件之一，應列為國家政策。

二、應發揮寓教於樂功能：1.倫理規範社教；2.發揚民族優良文化；3.訓練國防技能。

三、應有防共反共意識。

四、善用自然及文化資產。

五、要有計劃有組織推動[48]。

為了維持人民生活與思想的「純潔健康」，在「補述」中還特別強調國家解決群眾的閒暇娛樂問題，在防止「商品來出賣的娛樂，漸趨於低級」，以及「放任不管的時候，國

---

[48] 辛晚教，「台灣地區觀光遊憩及資源開發政策回顧與展望」，發展國民旅遊研討會報告（1988），頁36-37。

際共黨匪徒們便從這裡下手」[49]。雖然理念的宣示強調國家的責任與介入，但實際的政策作為似乎並不明顯，唯「中國青年反共救國團」（救國團）的成立也許可算是較大的具體成就。

1954年成立的「中國青年反共救國團」，其組織的性質與功能為何，在40餘年後的今日仍存在相當爭議，但其透過大規模的休閒遊樂活動，以掌控、教育、動員青少年，所達致的鉅大社會政治效果，卻是有目共睹的，一位曾經參與創立「救國團」的外交官，即很適切的描繪「救國團」的此種特徵：

> 救國團的規模和活動範圍，甚至氣魄和場面，自然都非青聯會可比了。不但是有了固定的辦公地點和經費，也網羅了許多幹員，一開始活動便有長遠和週詳的計畫，更是多彩多姿，寓反共救國於各種遊藝康樂活動中，尤其是每到暑期，上山下海、騎馬釣魚、前線勞軍、社會服務……各種富有教育和康樂意義的活動，吸引了成千上萬的青年，不但有益身心，磨勵志節，而且也替家庭社會解決了許多潛在的青少年問

---

[49] 蔣中正，民生主義育樂兩篇補述（台北：中央文物供應社，1982），頁65。

題，實在發生了安定和改造社會，聯絡和團結青年的影響和績效[50]。

　　在威權統治、一元化的社會政治環境下，意識型態支配、青年動員只是整體社會政治支配的一個環節，在冷戰時期的政治緊張與戰爭威脅下，政權對人民日常生活進行周密的監控，以警察統治為手段的政治控制遍佈，深入社會的各個階層和各個角落，據一位警務人員報導，「食、衣、住、行都不能與警察脫離關係」，「本省警察網的密佈，警察工作的深入…」，連吃飯、穿衣等最尋常或最個人的事，「警察卻在暗中協助人民」[51]。

　　在戒嚴時期，人民並沒有太多的自由或自主性，而做為統治體制末梢的警察，其功能也不侷限於司法或治安。在消極性的保護人民生命財產安全，以及取締、糾正、禁止「社會的種種不良現象外」，警察更積極介入，「教導」人民的精神與育樂生活[52]，文藝、戲曲等育樂活動都是警察的職責：

　　　　食衣住行而外，娛樂和教育也與警察息息相關。書報
　　　　雜誌劇曲電影，都要受警察的檢查。凡有礙善良風俗
　　　　有礙身心發展的育樂活動，都受警察的禁止。在台灣
　　　　警察不僅保護人民的身體，也保護人民的精神，不受

---

[50] 曹志源，國內國外二十年（台北：商務，1987），頁42。另參見陳光中，「社會運動發展中政府的角色—中國青年救國團的一個詮釋」，社會學報，第26期（1993），頁63；有關娛樂活動之討論。

[51] 林士賢，台灣警政（出版資料不詳，1951），頁20-25。

[52] 同前註，頁23。

毒素的侵害。不僅日常生活如此,即使生育與死亡,警察也在盡著保障的責任。出生的調查登記與死亡的調查登記就是一個例子。簡括的說:在台灣,人民的一生,自出生至於死亡,都受到警察的保護[53]。

從搖籃到墳墓,從衣食、影劇到工作、思想都在警察的牢牢掌控下,文藝與康樂是社會政治控制與動員的重要領域與手段,而其效果的宏大與深入,甚至於連反對運動者都想東施效顰,企圖仿效當政者運用日常生活的「育樂」來進行政治抗爭;一位文學家兼社會運動者即說:

> 我想,倒可以拿執政者的某些做法作為借鏡,突破這個僵局。各鄉鎮的「民眾服務社」是執政者的「草根機構」,除了選舉期間作大規模組織宣傳外,平常就舉辦一些水餃會、土風會、烹飪會、平劇會、歌唱會……等來聯絡民眾的感情,再進一步吸收入組織中去。那麼,有志追求更完美的民主自由者,何不結合起來,學習執政者的做法,也在各鄉各鎮設「草根機構」,而且要比執政者做得更多、更充實,除去「集中力量於選舉期」的觀念,在平常日子中紮根、落實,結合各種文化活動,在「育」「樂」之間,把民主自由的種籽散到每一個角落去![54]

---

[53] 同前註,頁22。

[54] 楊逵,「草根文化的再出發——從文學到政治」,引自陳春玲等編,楊逵影集(台北:滿里文化工作室,1992),無頁碼。

（二）都市公園—殖民統治的餘緒

　　相對於商業性的、組織化的文藝與康樂活動，公園應是與一般民眾（至少是城市居民）最親近的日常休閒設施。日本人統治台灣期間，都市公園體系則隨著都市計劃的推展，次第於各主要市街建設完成（參見表6），並建構完成國家公園的雛形。一直到1970年代之前，公園是最重要的人造休閒設施，而且公園與日常生活的關係既直接且密切，是城居男女老少的平常休閒與公眾活動空間，也是鄉下人進城時休息與遊玩的去處。公園在台灣的街市生活中，具有極特殊的休閒遊憩地位和功能，在市街的空間組織和日常生活中，是極為有限而平民化的開放性、日常性公眾空間。

　　「公園」其實是一含意相當廣泛的概念，依其地點、規模、功能、位階等，可有諸多的類型[55]，一般所謂的「公園」主要指都市的園林與綠地，最典型的都市公園大致相當於都市計劃公園，如台中的中山公園、台北的台北（228、新）公園等，另外都市內的山稜、河濱、綠地也常被開發或保留為公園，如高雄的壽山、台中的大坑、新竹的18尖山與台北的圓山等。

---

[55] 盧毓駿，「康樂問題」，國防研究院編，同前書，頁115；其對園林（意為公園，park）之分類如下：園林（park）其本義為大公園，而其廣義則應包括隙地公園、飾景廣場、兒童樂園、一般中小型公園、綜合運動場、動植物園、水族館、園林路、林蔭大道及郊外林野。而今日則尚須加上區域性公園，及國立公園，乃至保護稀奇生物之公園。另參見黃世孟等，日據時期台灣都市計畫範型之研究（台北：國立台灣大學土木工程學研究所都市計畫研究室，1987），第8章。

表6、日治時期台灣市街地（都市）公園

開園時間	公園名稱	面積 單位：100m²	建設費 單位：日圓	所在地	都市計畫 公布時間
1897	圓山公園	980		台北市	1898.4公告第一次市區改正
1900.5	高砂公園	265	29306	基隆市	1907
1902.3	屏東公園	797	5704	屏東街	1913
1902.10	台中公園	864		台中市	1900公告第一次市區改正
1904.4	鼓山公園	922		旗山街	1907
1905.12	彰化公園	1166		彰化街	1906
1908	台北公園	782		台北市	1905公告第一個台北市都市計畫
1909.8	宜蘭公園	224	8640	宜蘭街	1932
1909.10	文昌公園	82		桃園街	1941
1910.8	嘉義公園	822	6782	嘉義市	1906
1911.5	澎湖公園	170	9187	馬公街	1911
1912	南投公園	357		南投街	1911
1912.6	大溪公園	252		大溪街	1923
1912.10	北投公園	269		台北州	1905公告第一個台北市都市計畫
1915.11	草屯公園	322	4130	草屯街	1943
1917.6	台南公園	1401	86585	台南市	1911
1921.4	新竹公園	1539	28000	新竹市	1905

1922.2	花岡山公園	775	77570	花蓮港街	1913
1923.1	白河公園	193	4300	白河庄	1943
1925.9	斗六公園	416	27174	斗六街	1924
1927.7	龍山公園			台北市	1928公告第二次都市計畫
1928	川端公園			台北市	同上
1929.5	虎頭山埤公園	18000	8700	麻豆街	1931
1932.4	台中水源地公園	495	60220	台中市	1928公告第二次都市計畫
1938	建成兒童公園			台北市	1932公告大台北市區計畫

註：黃世孟等，日據時期台灣都市計劃範型之研究（台北：國立台灣大學土木工程學研究所都市計劃研究室，1987），頁17。

　　公園是現代（都市）生活的代表性場景與形式之一，世界各大都會普遍都各自有其著名特色的公園可以爲證。對於市民的日常生活而言，公園綠地是調節都市擁擠喧囂的緩衝空間，也是緊張冷漠的都會生活的休憩空間，公園總是青少年兒童遊樂、老年人運動健身和青壯人口社交聯誼的理想空間，在1950年代物質匱乏與1960年代工業掛帥，休閒遊樂設施極度欠缺的環境下，公園成了都市居民的最佳選擇；1950年代的一位企業家，在台南市的「退休養病期」中，其每日生活就以公園散步、運動爲重心：

有時直接到中山公園散步、運動，買杯菊花茶喝（一
元），在樹蔭下納涼、看書、假寐，十一點回家。中
午飯後小睡、看書、消毒打針器材後打針，下午三點
左右有時再往墓園後轉往中山公園，有時直接前往中
山公園，六點左右回家，浴後晚餐，下午八點就寢。[56]

相對於老人家以公園為養生健身的基地，婦孺會就近以
公園為遊樂場和市場，以著名的台中中山公園為例，雖然是
夙負盛名的「台中市風光的代表」，特別是大水池中的中正
堂，以及池中供出租的小艇，吸引了眾多遊客[57]，但對於鄰
近的社區居民而言，則不過是平日流連的花園和兒童樂園而
已：

秋千架上，盪盪船裡，滿是嬉笑的孩童，年輕的少婦，
坐在石椅陪伴。儘管時光不能倒流，早年一幅景像，
卻湧現眼前，那時，我常牽著蹣跚學步的孩子，從居
所穿過小路到公園，園內素淨安靜，有挑擔叫賣香蕉
的婦人，偶而有吹著小笛穿過公園的按摩人，和提著
菜籃到圳邊市場走捷徑的主婦，寧靜氣氛，一如雙十
路清冷的市景。祇有兒童樂園，充滿歡欣笑樂，我總

---

[56] 吳修齊，七十回憶，增補本（無出版資料），頁232。另參見謝國興訪
問，蔡淑瑄、陳南之記錄，吳修齊先生訪問記錄（台北：中央研究院
近代史研究所，1992），頁315；曰自1958年起，每日早上六至七時於
中山公園練拳。

[57] 林藜，蓬壺擷勝錄（二）（台北：自立晚報，1971），頁148-150。

是坐在樹下石凳，陪著孩子，一玩半天，直到日影漸移[58]。

做為都市民的休憩場所，公園的氣氛總是較為清靜的，如一位遊客在過境台北時，仍在匆促之中走訪台北公園，「我僅能看到台北公園和博物館，博物館的建築，非常綺麗偉大，公園面積甚廣，裡面遍植熱帶花草樹木，引領四望，給人一種清新幽靜的感覺」[59]，有些鄉下進城的工人，收入低微又無家可歸，在炎熱的夏夜，則乾脆以公園為家，「就在公園打瞌睡」[60]。

年節時的公園，常常成為商旅聚集遊人如織的市集，其熱鬧吵雜與平日的清幽大異其趣，試看1960年代的屏東公園的過年即景：

> 四位單身，穿街過巷，不覺來在公園內，遊人如織，划艇、射擊表演，魚蝦牌九翻攤等賭博各種把戲都有，今天該是「百無禁忌」的日子。…
>
> 公園中最精彩的鏡頭是妙齡少女盪鞦韆，芳姿綽約，舞技輕盈，有如「戲王之王」中鞦韆皇后[61]。

即使是平日的公園，也並非總是草木扶疏人煙冷落的，反而更是相聚晤談人情熱絡的景況，公眾往來與各種組織團體，使公園儼然成為一個大交誼廳和龐雜的社團活動中心：

---

[58] 芯心，我從青山來（台北：遠流，1983），頁145。
[59] 李昌國，望暉樓雙記（台北：同作者，1990），頁24。
[60] 李岸長，七度山（台北：長歌花集，1986），頁65。
[61] 洪肅山，正音散文集（台北：同作者，1985），頁133。

「劍潭山」山上的運動場所大約可以分成三層，最低的第一層與「圓山大飯店」等高，那是「早覺會」會員最先開拓的地方，以後才往上發展了第二層。在第二層的空地上有兩團集體拳術團，一團是打少林拳的，一團是打太極拳的，前者由台灣師傅教導，學徒大都是強壯有力的青年人與中年人；後者則由大陸師傅教導，學徒則是柔弱無力的老人與女人。等第二層沒地方發展了，人才更往上開闢了第三層，這裡沒有大的運動團體，都是一些零星雜耍的小團體，兩兩三三，各自活動——有舞劍的、有推磨的、有鍊氣的、有打坐的，更有只管摔手或伸腿的[62]。

公園的使用者和活動是紛雜和自發的，但公園的興建卻是政治的和規畫的結果。因為台灣公園系統的產生，是一種由日本帝國主義引進的統治工具。日本人闢建公園，除為改善殖民地政權統治階級的居住環境和公共衛生外，主要是為了社會控制，以神社配合公園興建，以神社信仰奴化台灣人，以斷絕台灣人和傳統漢文化的關係，而達到日本帝國意識形態再生產的目的[63]。

從實質面來看，在昭和四年（1929）台灣已有19處都市公園，到1938年止，日人在台興建的公園已達25處，其中如彰化、台南、新竹公園規模都超過十公頃，而早在1897年興建的圓山公園，面積為9.8公頃，其後陸續增設動物園、大運

---

[62] 東方白，真與美（二）（台北：前衛，1996），頁26-30。

[63] 黃世孟等，前引書，頁169-177。參見陳志梧，「日本帝國主義下宜蘭城的空間轉化」，台灣社會研究季刊，第1卷第2、3期（1988），頁231-267。

動場與兒童樂園[64]，成爲全台首屈一指的遊憩設施，一直到1980年代木柵動物園開放後，才息影退出歷史舞台。

　　日本對台殖民統治體制，是1902年兒玉—後藤體制下確立的，除政治及治安外，台灣的財政、地政、糖業乃至都市計劃體系，也都在此時即已底定。兒玉—後藤爲求確立殖民地體制，鞏固台灣與殖民母國關係，並貫徹以台灣做爲經濟腹地和南進基地的國策，積極展開台灣資本主義化與現代化的基礎工程；社會秩序的控制、意識形態的改造、經濟資源的開發和都市計劃的擬定與建設，各項工程都以達成人力資源和自然資源的控制與利用爲目標[65]。

　　都市計畫並非只是空間的規畫，而是在社會／政治／經濟的改造工程中，居於核心的地位。公園／道路系統是日人在台實施都市計畫之骨幹，而公園設施之受重視，一方面乃是殖民體制之自然產物，即殖民地官員做爲政治支配者，須建立其自身之安適的生活基礎，並將公園與神社、武德殿等統治意識型態象徵結合，做爲爲強化統治意識型態的一種工具，另一方面，殆爲現代政治制度與支配技術之結果，公園本身爲工業革命後現代都市之重要設施，也是做爲集現代政治支配大成的都市計畫之核心象徵。

　　公園做爲政治支配手段，也可見於第二次大戰國府接收後的改名運動，也就是公園的政治化轉化。在日治時期，公園的命名都以當地地名爲主，但在國府接收後，幾乎全數命名爲「中山公園」（少數改稱「中正公園」），並普遍豎立

---

[64] 黃世孟等，前引書，頁170-171。

[65] 黃世孟等，前引書，頁67-68。

政治圖騰（人像、標語等）於各公園，可見公園做爲休閒娛樂的空間外，更肩負著政治教化的任務與功能。

三、全球化與依賴性的觀光旅遊

在1950年代以後，先進國家的觀光人潮，成爲許多開發中國家的外匯來源，台灣也不自外於這股熱潮，觀光事業在進口代替代工業化政經政策下，被視爲「無煙囪工業」，「各國都紛紛以發展觀光事業作爲推動經濟建設及平衡國際收支的手段」，「發展觀光事業，增加無形輸出」，「有助於國際收支、刺激生產及增加就業」[66]。

在外有台海情勢緊張，內部則是經濟十分困窘的局勢下，預算赤字、外匯短缺成爲社會經濟穩定的嚴重威脅，50年代雖有每年約一億美元的美援，但是在執行了兩期四年經建計劃後，平衡國際收支仍是「最沒有達成的目標」[67]。在這種政府企求經濟發展，外匯需求孔殷的情況下，創匯的觀光事業成爲政府的選擇，同時也是美國國際開發總署建議我政府配合經濟建設的項目[68]。

爲了拓展觀光爭取外匯，並順應國際組織的壓力，政府在戰時、戒嚴的格局下，仍勉力發展觀光業，其成效如何尚待評價，唯在有利的外在國際環境下，台灣確實從觀光業獲

---

[66] 第三期經濟建設四年計畫，行政院第七四二次會議修正通過（1961），頁17。

[67] 尹仲容，我對台灣經濟的看法（台北：美援運用委員會，1963），頁6-11。

[68] 辛晚教，前引文，頁37。

得部分財政、外匯挹注,而在政府強力的政策宣示和作為中,也鼓舞了觀光及周邊事業(如旅館、旅行社、藝品店)的發展,最特殊者則為色情行業在政府的默許下,半明半暗的蓬勃活動。

(一)無形輸出—觀光旅遊的工具化

　　二十世紀中期的觀光旅遊政策與事業,可說都是為了外國觀光客來台旅遊而準備的,也就是針對入境的外籍旅客(in bound tour)而設立的,與一般國民休閒旅遊生活少有相關,因當時的社會經濟條件下,極少國人有能力出國旅遊,況且觀光護照也直到1979年才開放申請。

　　自第二次世界大戰後,觀光旅遊是經濟領域中成長最快的部門之一,據統計,1992年全球國際觀光旅遊人口達到4.76億人次,是1950年的19倍以上,國際觀光收入在1992年則達到2750億美元,是1950年的十倍[69],而在1960年代至1970年代的十餘年間,國際觀光客人數則增達三倍(參見圖4)。

　　在國際觀光快速發展的潮流下,欲發展經貿卻苦於外匯短缺的台灣,除大力增產外銷農產品,也積極推動進口替代策略,同時並效法發展中各國,以「無煙囪工業」做為「無形輸出」以賺取外匯。在首期經建計劃屢次修改終不免失敗後,行政院508次會議修正通過的《第二期台灣經濟建設四年計劃》中,揭示「既不宜一遇細微阻礙,即氣餒停滯」,並

---

[69] R. Lanquar著,陳淑仁、馬小衛譯,國際旅遊(北京:商務,1995),頁1-2。

在「國際貿易及收支」項下的外貿事務中列入「對於國際人士，來台觀光者，在能增強將來外匯收入之目標下，當儘量予以便利」。

在發展主義的浪潮下，當時的社會與政府決策者，對於以觀光事業帶動經濟發展，其認知似乎是相當分歧的，一位學者即為文指出：「觀光事業的貢獻仍沒有真正被認識。其原因除了一般人有個錯誤的觀念，以為提倡旅遊只是鼓勵花錢敗壞風俗而沒有純經濟效益…，不知觀光事業的價值」[70]，並說明觀光事業的經濟效益有平衡國際收支的效果、經濟補償的效果、乘數效果、增加稅收與工作機會的效果等。

事實上，觀光事業在傳統泛道德主義的文化情境下所隱含的曖昧性，對於觀光政策的正當性似乎是一極大困擾，亦即觀光事業固然有鉅大的外匯與經濟利益，觀光客所帶來的社會文化衝擊卻易招致反感[71]，在反共大陸的政治號召與復興中華文化的意識型態下，對觀光旅遊的疑懼更是不難想見的，為此蔣介石還特別加以釐清：

> 觀光事業具有多方面的利益，值得倡導，但不可因此而使人誤會，以為我們在台灣作苟安之計，而不復以反攻大陸為念，今天我要特別向各位提出，處於當前環境之下，大家在觀念上、言論上、及生活上最應注

---

[70] 蘇明敏，「從觀光事業對經濟建設的貢獻談到政府對旅館業的獎勵」，交通建設，第23卷第9期（1974），頁22。

[71] R. Lanquar著，黃發典譯，觀光旅遊社會學（台北：遠流，1993），第三章；Lanquar討論了多種「旅遊對接待地區的影響」，有時甚至形成反旅遊運動。

意的就是不要使人誤解我們已經忘了收復大陸，以發
展觀光事業為例，我們主要的是從觀光事業有助於經
濟之發展著眼，亦即從其有助於反攻力量之充實著
眼，決不是苟安，更非為享樂[72]。

圖3、全球國際觀光旅客增長狀況（1963-81年）

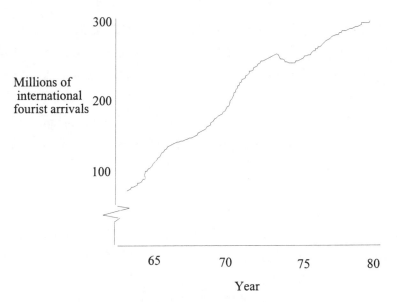

註：引自（Pearce, 1987:31）。

　　為了強化觀光事業的正當性，蔣介石還強調以觀光爭取
外匯的迫切性，「發展觀光事業為推展輸出及增加外匯收入

---

[72] 蔣介石1968年6月19日於國家安全會議第十次會議講話。

之有效途徑，余對觀光事業期望殷切，交通部及各有關單位要特別注意辦理」[73]，由這位最高決策者的說明，我們可以看到外匯的誘因主導著1960年代的觀光決策，而這也是當時正欲突破經濟困境的發展中國家的共通想法。

當時的交通部長孫運璿在立法院，說明「發展觀光事業基本政策」，認為發展觀光事業的目的有(1)經濟上的目標，對經濟繁榮、增加外匯有重大貢獻，(2)爭取國際友誼與了解，是有效的國民外交，(3)提倡國民正當娛樂與身心健康[74]，雖然「國內人民旅遊」被提出來了，卻更加凸顯了觀光政策的外向、依賴性格，及其「關係國家經濟與政治甚大」的政經考量[75]。

觀光事業的初期發展中，技術與經費均依賴外援，也間接說明觀光政策的依賴性格。如1965年聯合國的挪威籍觀光事業專家安德魯，長駐台灣省觀光委員會擔任顧問、協助規畫；1960年國際開發總署觀光資源調查團來台，1961年美援補助交通部觀光事業小組國際宣傳；1959年美國安全分署備忘錄，建議設立專案小組推動觀光等。早期的各項技術規畫，如「台灣地區觀光事業開發計畫」（1977年）與「墾丁風景特定區觀光開發計畫」（1981年）等，必須委託美、日等外國機構、專家，或有其技術與政治面不得已之考量。

在被稱為觀光基本法的「發展觀光條例」（1969年）的立法說明中，毫不意外的以外匯做為立法緣由，「由於觀光

---

[73] 蔣介石1968年3月26日國家安全會議第八次會議講話。
[74] 立法院秘書處編，發展觀光條例（台北：同編者，1970），頁11-12。
[75] 同前註，頁11。

旅客人數的增加，我們外匯收入，去年已達六千四百多萬美金，包括美軍來台渡假的消耗數字在內，占我們各項外匯數入第五位」[76]，一位觀光首長也曾就觀光外匯的成長與貢獻做比較：

> 民國四十五年，台灣發展觀光事業的初期，來華國際觀光旅客祇有14,974人，外匯收入估計936,000美元，到民國六十四年來華觀光旅客共達853,140人，較四十五年增加56.98倍，而觀光外匯收入計359,358,000美元，較四十五年增加38.39倍，如與我國出口貿易單一項目比較，列第四位，僅次於紡織品、電器機械、金屬及機械[77]。

　　1969年公布實施的「發展觀光條例」，使得觀光遊憩事業取得與工業等同的政策與法制地位，這種觀光遊憩事業地位大爲提升的原因與條件，觀光遊憩事業大受重視的理由，在於其「創匯」效益。1960年代後期，觀光外匯收入比重，常佔外貿收入的5%以上，而名列輸出項目的前矛（表7），這是被視爲本輕利重的商品，又由於美軍的來台渡假與較高的消費力，成爲政府平衡外匯收支的希望之所在。

---

[76] 同前註。

[77] 朱國勳，「台灣觀光事業的回顧與前瞻」，雷樹水等編，台灣觀光協會慶祝成立二十週年紀念特刊（台北：台灣觀光協會，1976），頁18。

表7、觀光與農工產品的外匯收入地位比較（1965-68年）

排名 年別	1		2		3		4		5		6	
1965	紡織品	14.69	糖	13.09	食品罐頭	10.98	香蕉	10.84	米	9.14	合板	5.87
1966	紡織品	16.03	食品罐頭	10.49	糖	9.83	香蕉	9.04	合板	6.21	觀光	5.66
1967	紡織品	20.26	食品罐頭	11.31	香蕉	8.11	觀光	6.56	電器機械	6.15	糖	6.12
1968	紡織品	22.52	電氣機械	9.83	食品罐頭	9.67	觀光	6.75	合板	9.73	香蕉	5.90

註：1. 參考交通部觀光局（1977：12）與周大中（1976：66）計算。

　　2. 數字為佔輸出總值之百分比。

　　3. 僅列主要產品項目。

表8、觀光外匯收入佔出口總值比重的變化

單位：美金千元

年別	出口總值(E)	觀光客人數	觀光外匯收(T)	觀光外匯比值(T/E)
1956	118,296	14,974	936	0.79%
1961	195,158	42,205	2,638	1.35%
1967	640,730	253,248	42,016	6.56%
1968	789,189	301,770	53,271	6.75%

註：參考交通部觀光局（1977：12）與周大中（1976：54-55）計算出。

這種外向的、創匯的觀光發展，不只強補六○與七○年代的外匯逆差，在美援軍經援助中止後，其外匯（和財政）影響更是關鍵，在1956-1964年間，台國際觀光事業創匯累計達2,925萬美元。但是，到六十年代中期後，隨著「美援」的終和國際觀光事業創匯能力的增漲，國際觀光事業逐步發揮了平衡國際收支結構的積極作用。從統計數字可以看出，我國國際觀光事業彌補外匯逆差的積極作用是相當明顯的。1965-1969年間，國際觀光事業創匯對外貿逆差的彌補率分別為17.2％、35.3％、25.3％、46.7％和34.3％[78]。

　　即使到了工業產品外銷暢旺的1980年代，雖然外匯收支已有順差，觀光旅遊收入仍不可小覷。自1970年代起，台灣外貿開始出現順差，但我們發現，1970-82年間，觀光業外匯收入累計達67.4億美元，而同期台灣國際收支累計餘額為72.8億美元，經常帳收支累計為49.7億美元，商品與勞務收支累計為47.8億美元。這表明如果扣除觀光業的創匯收入，該期間台灣國際總收支只有5.4億美元的盈餘，而經常帳項目和商品與勞務項目就可能要出現17.7億和19.6億美元的逆差[79]。

　　從觀光外匯在國際貿易收支所扮演的角色來看，1960年代前後的觀光發展政策，其經濟性的政策目標與宣示，已相

---

[78] 黃福財、蔡從燕，「論台灣旅遊業的若干作用和發展特點」，台灣研究，第4期（1995），頁42。

[79] 同前註。

當程度的落實完成，並轉化爲政治經濟發展的重要支撐與基石。

（二）渡假援助—酒吧掙取的美援

美軍於1950年代前期協防、駐防台灣伊始，也揭開了美軍來台尋歡的序幕，除了酒吧、夜總會等外籍人士專屬的娛樂場所外，還有「洋人細姨巷」，即金屋藏嬌的風氣[80]，除人數相當有限的美軍顧問團人員外，真正在台灣尋歡買醉的主力是來台渡假人員，特別是經由中、美雙方洽定，由我國主動引進的越戰「美軍來台渡假計畫」。

駐越美軍原有的渡假地點爲香港、馬尼拉、吉隆坡、澳洲、曼谷、新加坡和夏威夷，台灣並不在其中，據稱是因台灣的住宿設施（即飯店）不足與簡陋，使美國軍方裹足不前，後經我國對美軍積極爭取，改善各種設施制度，方獲美軍首肯，自1965年底開始，前後舉辦了六年半，隨越戰的接近尾聲而結束。

> 駐越南的美軍來台渡假是自民國五十四年十一月一日開始，五十四年十一月及十二月兩個月來台北渡假的美軍人數僅有四百六十一人——每人平均渡假五天，平均消費美金二百五十元。由於台灣社會安定，物價便宜，人情味濃厚，他們在台北愉快渡假之後，留下深刻和良好的印象，於是來台渡假的人數激增，五十五年增至一萬九千六百多人，五十六年增至四萬

---

[80] 張芳榮，「台北浪漫花街（一）」，81.9.20，自立晚報第九版。

九千五百多人，創下最高紀錄，為著接待美軍生意，中小型旅館及酒吧、西服店、手工藝商店等在中山北路一帶如雨後春筍般增加，專做美軍生意的中小型旅館最多曾達四十一家、酒吧十八家，但是從五十九年起由於美國政府開始撤退駐越南的美軍，來台渡假的人數逐年減少，至六十年減至一萬八千人，六十一年一月至四月十五日為止有三千多人。

從民國五十四年十一月起至六十一年四月十五日結束時止共有六年半的歷史。在這六年半的期間來台渡假的美軍有廿一萬一千三百零九人，他們在台灣的消費估計約達美金五千二百八十三萬多元[81]。

　美軍來台渡假—實則尋歡，其停留時限均為五天，每半年放一次假，搭乘美軍租用之泛美航空客機自西貢、大叨、金蘭灣來台，每班機搭載約150名，每月有22班，這些渡假官兵在機上聽取渡假簡報，內容包括「住宿、飲食、交通、個人言行、安全、武器、服裝、外幣兌換、酒吧、郵務、翻版書刊、風景區之遊程安排」等內容[82]，而台灣的接待工作主要由聯合勤務總司令部外事服務處負責辦理，接待單位會致送每位渡假官兵一份「歡迎美軍來台」資料夾，夾內附有「台北卅家酒吧概況」[83]。

---

[81] 雷樹水等編，前引書，頁88-89。

[82] 交通部觀光事業委員會譯，台灣觀光事業調查報告書（台北：同譯者，1968），頁165

[83] 同前註。

　　據估計，每位美軍在台五天之消費約爲250美金，此高額的消費力，促使業者與政府戮力宣傳，爭取美軍來台，在美軍口耳相傳下，台灣居然在近十個渡假地中，名列最嚮往之渡假區的第三名[84]；第一名爲可與眷屬團聚的夏威夷，據估計1968年夏威夷可接待九萬名渡假美軍，以及七萬名美軍眷屬，第二名的渡假地似爲曼谷，台灣居第三名，試問，台灣的吸引力是什麼呢？似乎不外乎酒色，試以一位接受美軍協防司令部表揚的美洲旅社負責人王太太爲例，其事蹟包括：

> 王太太並不贊成她的「孩子們」去酒吧流連，但是年輕人，尤其是剛從戰場上出生入死下來的人，難免有人喜歡找點刺激，在這種情形下，王太太儘量勸那些酒吧女郎，希望她們陪著這些大兵到一些風景區玩玩，不要耽於酒色[85]。

　　這裡所指的「孩子們」就是美國大兵，而酒吧與酒吧女明顯的與渡假美軍結上了不解之緣，這種色情交易關係，是在政府極其周密的安排與監k控之下進行的，政府干預酒吧營業與酒女交易的策略與手段,可見之於警備總司令部訂的「接待來台渡假美軍聯合執行小組實施要點」；其中有關陪宿之部份規定如下：

> ・嚴禁媒介私娼或其他不正當之娛樂，違者依法從重處罰。

---

84 同前註，頁195。

85 台灣觀光報導，第2卷第3期（1968），頁32。

- 接待渡假美軍均應按日填報旅客登記表一式五份，…

- 美軍人員、酒吧女服務生至旅館住宿時，除該美軍人員應按規定登記外，吧女部份應設專簿登記（包括日期、時間、房號、英文藝名、及所屬酒吧店名等項），並應將其酒吧女服生「外出登記單」及名牌留置於櫃台以備檢查。

- 美軍人員如偕同其他女性（非吧女）住宿時，旅館人員應設法詢明其關係，如係朋友或夫婦應索閱身份證，按規定辦理旅客登記，如確知為私娼或有其他安全顧慮者，應秘密以書面或電話向警局外事室檢舉。

- 嚴禁介紹非盲目人按摩男女、及其他不正當男性進入客房，代客服務[86]。

　　由上述規定可確知吧女與美軍陪宿是合法的（至少是合乎規定的），而且也唯有吧女可合法與美軍住宿，其他人等則女的為私娼，男性則為不正當者，都在禁止之列，除非經過詳細詢問並登記，而對酒吧業的規範，最重要者殆為對吧女的「規定事項」；僅列舉數項如下：

　　　　酒吧女服務生及從業員工必須依照規定，申報登記領得名牌後，始得開始工作，否則依違警罰法處罰店

---

[86] 「接待駐越來台渡假美軍聯合執行小組實施要點」，台灣觀光報導，第1卷第5期（1967），頁18-19。

方,解僱時應填報解僱報表。女服務生及員工於店中工作時,必須佩掛名牌,無名牌者嚴禁在店中逗留,名牌遺失者,應登報聲明作廢。

各種酒類及服務生飲之雞尾酒價目表,應有二牌分別懸掛於出入口及明顯處所(晚間應有燈光照射),照規定價格收費,嚴禁超收。女服務生定期健康檢查(包括每三個月之抽血檢驗及每兩週一次之下體檢查),應按時參加,不得規避。各酒吧於每次定期檢查時,應備現有女服務生名冊。體檢已發現染有性病者,應即停止工作,應將名牌繳送外事室,俟治療痊癒後,憑體檢證領回名牌,…。

女服務生陪同所飲之雞尾酒,每人每小時以四杯為限,並應按杯收費,不得累積計算收費,嚴禁用強迫、誘騙等手段銷酒。女服務生陪客外出,應簽「外出登記單」,並應於午夜一時將外出之吧女連名冊送外事室查考,其收取營業損失補償費規定如下:兩小時以內者二百元。超過兩小時,每逾半小時增加五十元,全日不得超過六百元,按日收費,不得預收次日費用…。

顧客眾多,服務生不敷應用時,嚴禁利用私娼代替。非屬本酒吧之女服務生,不得有陪酒行為(即由顧客購買服務生所飲之雞尾酒)[87]。

依規定，非合法登記之吧女，如有陪酒、陪宿者即爲「私娼」，如此，吧女無疑的是被界定爲具有（或視同）公娼的地位與權利。在「保護合法」的同時，當局更嚴厲的打擊、取締「不法」—亦即「妨害風化」，妨害風化的行業與範圍是相當廣泛的：

> 至於加強管制和取締的對象，主要是違法營業的地下舞廳，酒家，和設備不合規定的黑色咖啡館，黃色茶室，以及私娼館等。此外，對於各種遊樂場所表演妨害風化歌舞，包括表演脫衣舞，脫衣陪酒陪茶等不法行爲，均亦在取締之列[88]。

在此，我們看到當局將合法色情交易與非法的「妨害風化」的界線拉得相當長，但其分界卻未必明確，事實上，在複雜的色情行業中，合法與否唯一標準就是業者是否、有無接受政府的完全管理，完全接受政府管理—亦即無形的、勞務輸出的服務，而非只是被動的「寓禁於微」或「防杜色情」，政府當局的涉入之深，可以說是相當積極的。試以喧騰一時的「時代周刊」事件爲例，事件發生時政府極力撇清並嚴厲查處：

> 尤其是去年十二月十二日美國出版的「時代週刊」亞洲版上，刊出的一張有礙風化的北投裸女陪浴的照片，標題指爲「台灣的特色」！此事曾引起社會各界一致的指摘，治安單位也曾採取行動，對那個陪浴女

---

[88] 高大經，「旅遊業應起來響應取締妨害風化運動」，觀光月刊，第7期（1966），頁8。

　　　　郎及旅館業主分別加以調查懲處。但不管怎樣，這件
　　　　事情的發生，總是我們的恥辱[89]！

　　除了處罰當事人外，據稱還在國外雜誌更正、澄清，以
維護「國家形象」，然而，「時代周刊」事件是意外嗎？恐
未必盡然如此，就有立法委員指出，政府的國際宣傳資料中，
不乏以色情照片做為訴求者[90]，由此，我們看到了當局對於
色情「欲語還羞」的曖昧態度。除了「國防部特約茶室」（即
俗稱「軍中樂園」）似乎持正式、公開的正面鼓勵政策外[91]，
整體的「色情政策」是以高度曖昧的形式存在的。

　　由於「特種行業」、「特定營業」、「妨害風化」等指
述皆範圍龐雜，我們不妨以「娼妓」為例來討論，我們如果
以「娼妓可以公司登記合法納稅嗎？」為題，足可突顯「色
情行業」之政治與道德敏感性。

　　大陸時期國民政府的政策是不承認，但是默許娼妓的存
在，「娼妓係屬不正當營業，原在取締之列，不予課徵所得
稅」[92]，這就是爾後我國處理、制訂「色情政策」的主軸。
在1960年財政部亦曾函示，妓女戶不屬營業性質，不應辦理

---

[89] 張冠群，前引文，頁36。

[90] 立法院秘書處，

[91] 蔡富澧，「國防部特約茶室『八三么』」，1992.11.23，中國時報第
35版；文中曰八三么由國防部統籌辦理，有制度化、公開的收費與管
理制度，甚至還有防衛部舉辦的每月業績評比。

[92] 許全福，賦稅的故事（無出版資料），頁18；作者自述原文曾登載於
實用稅務半月刊。

營業登記，並規定妓女戶不得兼營其他業務（除娼妓外），意即妓女戶之業務係經指定而有特定範圍和限制的。

　　從妓女戶的管理我們不難感受到道德主義與實用主義的緊張關係，即不承認妓女戶的合法地位，又多方限制妓女戶的活動和資格，但並不禁止妓女戶的存在和營業。在政治方面，國家政策避諱色情，而責令地方政府負責管理。

　　國家將色情管理權責劃歸地方，有何意義吧？或許是國家正當性的道德要求，使國家不願意直接介入色情；1956年行政院核准各縣市試辦省府所訂的妓女管理辦法，一方面「輔助從良」，另一方面則「劃定區域，集中居住，加強管理」，至1962年，省府向行政院報告：「各縣市取締娼妓期限，由本身視實際情形另行規定之」[93]，雖言「取締」，卻又採彈性開放作法，無異默許娼妓的存在與延續[94]。

　　在不予合法、亦不禁止，在國家不管、地方負責的曖昧背景下，我們看到「色情政策」的矛盾性，國家在道德的面紗與實用的利誘下，其實是採取欲擒故縱的態度來對待色情行業，在嚴厲取締不法、非法的「妨害風化」的背後，正是受保護、扶持的「合法」妓女、酒吧女、侍應生，一方面滿足了國家正當性與道德主義的要求，另一方面則達到增加社

---

[93] 同前註，頁20。

[94] 事實上，各地的娼妓行業仍在地方政府的「取締」下，繼續「合法」營業，只有1979年取消北投「侍應生」制度和1995年台北市政府廢「公娼」是例外。

會財富與賺取外匯的目的[95]，而國家所付出的代價則是必須密細的監控色情活動（包括個人肉體和隱私），以利公共化、商品化的情色交易之順利進行。

（三）柔情工業—對日的慾望外貿

行政院和台北市政府，在1990年代分別發起取締特種行業和掃蕩色情運動，在政權與社會生活的磨擦中，突顯的不只是非法營業、公共安全、「春風吹又生」、「春城無處不飛花」等這些長期存在的問題，更彰顯出國家與社會對色情的態度與認知。

在1960年代的全面工業化時期，觀光事業成為拓展外銷、賺取外匯的重要手段，而在觀光資源有限，又欠缺開發管理的困境下，台灣如同許多第三世界國家，以色情做為招徠觀光客的手段，女色乃成為當時拓展觀光的一大賣點，色情收入不論對國家或觀光旅行業者（也許也包括從業人員），都是重要利益來源。

當時色情行業的最大特色，乃在其外銷、外匯取向，在歷史與規模都頗可觀的台灣色情史上形成一大特徵。令人好奇者，當時的政府當局對公開的涉外色情交易，是抱持何種態度與政策？

---

[95] 參見廖碧英編，觀光與賣春（台北：台灣基督長老教會婦女事工委員會，1986），頁204。

　　如同來台的觀光客以美、日為主，台灣的色情外匯收入也以美、日觀光客為主，當然，美國軍人與日本商人的貢獻也不在少數。因資料所限，我們的討論將以美軍為主。

　　色情外匯收入有多少？顯然不可能有明確的答案。台灣的物價太貴，是一個早已存在的問題，依1969年的立委質詢，「每頓飯約需美金二元，此種情形，在觀光國家中很少見的」[96]，但是比起酒吧收費，用餐顯然是較為便宜的，依當時官價，酒吧女服務生陪客外出的「營業損失補償費」（付予店方之費用）為兩小時以內者200元[97]，飯店住宿費約100-300元[98]，另外，姦宿費用則由當事人雙方議價，行情不詳。

　　色情交易收入直到1970年代仍相當可觀，一次色情交易行情應在台幣1350元左右[99]，一位討論色情與觀光的作者曾問道：「在七〇年代，為什麼有日本的百萬大軍到台灣去？當時台灣每年將近五億美元的觀光收入是誰賺的？」[100]可見當時的觀光收入，特別是色情外匯仍具相當地位，無怪乎1970年代末的北投廢娼，從業人員為了抗爭而發表的「北投女侍陳情書」會這麼說：

---

[96] 立法院秘書處編，前引書，頁125。

[97] 「接待駐越來台渡假美軍聯合執行小組實施要點」，台灣觀光報導，第1卷第6期（1967），頁20。

[98] 台灣觀光報導，第1卷第6期（1967），頁8；此為台北市與北投的一般價格，豪華套房則為330-4000元。

[99] 參見張芳榮，「台北浪漫花街」，81.10.2，自立晚報第九版。

[100] 王璇，「天國之路」，82.7.17，中國時報第22版。

查人民之生存權，工作權及財產權應予保障維護乃憲法第十五條所明定，北投之能有今日之繁榮，特殊管理辦法下允許娼妓在旅館接客，實為其最大因素之一，此亦北投即風化區觀感形成之說明，北投之旅館林立，為國家增收稅捐及大量外匯，乃世所共知之事實[101]。

北投的主要數入來自日本嫖客，其產業規模在1950年有42家侍應戶，侍女達600人，68年時降為34家385人，71年時增至862人，至廢娼前的高峰達千人，另外「沒有牌照的（私娼）比一千人還要多」[102]，當然，除了北投，市區的酒廊、旅館也都是日本觀光客的溫柔鄉：

在酒家喝完酒以後，把服務小姐帶回自己的旅館也是常有的事，一個旅行社的經理說：日本人只要在台北度過一個晚上以後，第二天就會說：「我不再想到其他各地觀光去了。」然後他就在旅館的房間裡觀光到底……[103]

這是一則轉譯自日本報紙的報導，而像黃春明小說「莎喲哪啦！再見」的故事，前往礁溪風景區買春的例子，也並不特別，在1960年代，幾乎有日本觀光客的地方，就有色情需求，加上本地業者推波助瀾帶著日本團四處尋花問柳，連

---

[101] 陳惠琪，北投的回顧（遠大，1980；出版地不詳），頁15。

[102] 同前註，頁1、48。

[103] 王璇，前引文。

市區的公寓與山明水秀的日月潭，都存在著艷窟[104]，可見當時日本客「黃禍」之肆虐。

　　針對日本買春團，當局雖然反感，卻也無計可施，「最近一家旅行社找了許多酒女，在機場向日本觀光客獻花，總統知道以後，要交通部吊銷該旅行社的營業執照，但我們在現行有關法令上找不到可以引用的條文」[105]，對於買春現象不以為然，或大加撻伐者亦不少見，批評「外國人到香港是為了購物，到台灣是為了尋歡」，要求維護國格與善良風俗[106]；有一位專家更直言要觀光不要脫光，要友情不要色情：

> 不過，我們發展觀光事業，絕不能以「色情」來作號召。關於這一點，台灣省觀光局副局長李正先生，在不久以前說過：有許多人認為觀光事業，就是吃、喝、玩、樂，其實並不盡然；他曾提出幾點呼籲大家共同重視：第一、觀光事業是發光事業而不是脫光事業；第二、發展觀光事業，應該走文化路線，而非風化路線應該盡量表達民族的風格，不應盲目的模仿人家。如果我們到處都是西洋的情調，外國遊客又何必遠涉重洋到東方來呢？第三、有人稱觀光事業為「無煙囪

---

[104] 「觀光文摘」，台灣觀光報導，第2卷第9期（1968），頁30；原文轉載自聯合報。

[105] 立法院秘書處編，前引書，頁82。

[106] 同前註，頁123-124。

的工業」，我們還要強調一點，它是「友情」的工業而不是「色情」的工業[107]。

另一位行政主管人員，則擔心以色情會戕害國際觀光與國民外交的正常發展，除了要求管制和取締違法的舞廳、酒家、私娼、黑色咖啡館和黃色茶室外，脫衣舞、脫衣陪酒陪茶亦應取締，他說：

> 有少數眼光淺短，唯利是圖的旅遊業者，表面上掛著堂皇的「觀光」招牌，而暗中卻做出妨害風化的勾當，或為旅客介紹應召女郎，或表演猥褻歌舞，這些害群之馬的不法行為，不但將使我們的觀光事業蒙羞，更將使我們的國民外交，斷送在這些「色情販子」的手裡，言來實令人痛心[108]。

買春團沈緬酒色肆無忌憚，難免產生意外風波，如中泰賓館發生24名流鶯集體陪宿事件，以及某飯店發生服務人員與觀光客衝突[109]，東方飯店服務生為客召妓，在房間內表演脫衣舞及猥褻行為等[110]，是較為喧騰的事件。而色情行業利之所在，明目張膽令人側目，被稱為「觀光三害」的導遊即是色情交易的尖兵：

---

[107] 張冠群，「論怎樣發展台灣的觀光事業」，交通建設，第17卷第5期（1968），頁36。

[108] 高大經，「旅遊業應起來響應取締妨害風化運動」，觀光月刊，第7期（1966），頁8。

[109] 張冠群，前引文，頁37。

[110] 本刊，「觀光大小事記」，台灣觀光報導，第2卷3期（1968），頁22。

> 第一害：是導遊，每當觀光客輪抵港後，即有三五成
> 群，穿著破爛衣服，操著生硬的外語的黃牛，前往搭
> 訕，專為地下酒女及妓女拉生意，更有少數導遊在公
> 開情形之下，硬拖硬拉硬要介紹費，如此導遊不但損
> 害國體，且使外賓聞而怯步[111]！

另外的二害是計程車司機與旅行社，其行徑作風似頗受
輿論所批評。在業者的大膽作風背後，隱藏著激烈的商業競
爭和利益，故而有些社會人士雖然譁言色情，卻也不免以婉
轉的方式來表達對色情相關行業的贊同：

> 女孩們溫柔親切，她們在公共場所交際有修養，不會
> 牽涉到風化問題；而且曼谷市容整潔，交通秩序良
> 好，風光又明媚。其次，曼谷的酒吧酒店最多，據說
> 他們擁有五萬多名的美麗吧孃。吧孃們招待顧客殷勤
> 大方，多半都是席地而坐，跪著上茶、上菜、上飯，
> 頗有日本女子之風，真是別有一番情調。所以，一般
> 遊客對曼谷的觀光印象最好[112]。

為民喉舌的民意代表，雖然甚多以國格、國家聲譽為念
者，對色情行業，乃至觀光業抱持負面、謹慎態度，但亦有
持不同看法，而接近正面、接納態度者：

> 有一位日本觀光旅客，在旅館找了一位應召女郎，結
> 果被處罰三天拘留，這位日本人發出怨言，日本大使

---

[111] 「觀光文摘」，台灣觀光報導，第2卷第8期（1968），頁31-32。
[112] 張冠群，前引文，頁38。

館也同時表示不滿，認為從越南來台渡假的美軍，在旅館裡與女郎鬧通宵，警察人員不去過問，獨對日本人給以處罰，這種厚此薄彼的措施，未免欺人太甚。因為這個關係，本席認為警務處掃蕩黃色的措施，是絕對的正確。但是今天我們大力的提倡發展觀光事業，因為色情事件而處觀光客以拘留，是否妥當？同時根據統計指出，去年來台觀光旅客，百分之五十以上都是日本人，為了今後我們發展觀光的前途計，本席認為發生這種情形，可以引用本法案第廿四條所謂「不正當營利行為」之規定，對旅館或導遊人員予以處罰，不必再處罰觀光旅客[113]。

上述發言記錄，對於觀光與色情明顯表達相當程度的接納，而不讚同嚴厲的查處管制，此外，也透露出當局對美、日觀光客的態度似有不同。當時的政府決策者，對色情的存在顯然知之甚詳，並採取相當溫和的立場，如身為最高主管機關的交通部長孫運璿就說：「一般觀光客以酒色娛樂，對我們社會風氣有無影響？」其回答是：「我們並不一定用酒色，其來觀光，當然，我們也不否認，年輕的觀光客，尤其是來台渡假的美軍，對這方面有不同的興趣，但大多數的觀光客，並不如此。」[114]

---

[113] 立法院秘書處編，前引書，頁32；此意見為立委袁其炯在審查「發展觀光事業條例」草案，第二次聯席審查會的發言。

[114] 同前註，頁11。孫運璿明知美軍有「不同的興趣」，仍然在「加強觀光事業發展十年計劃」的重要政策中，第一條即宣佈由國軍成立專案小

　　做爲觀光事業最高主管，孫運璿的正式發言報告，實即政府對觀光與色情的政策宣示，表達出政府當局對色情觀光（尤其是美軍）的包容（而不鼓勵？）的立場。

組，「負責研擬如何爭取更多駐越美軍來台渡假之辦法」，見交通部觀光事業委員會（1970），頁64-66。

第五章　休閒專業與休閒資本—高度現代性？

像個人自我實現、創造性和決定的自由，這些「新」價值有其作用。這個「價值轉型」不可避免的造成，存在或實現價值的生活領域的改變；在此　價值轉型中，工作的主觀意義下滑，而休閒領域的重要性增加。

— — C. Offe, ed. by J. Keane, Disorganized Capitalism (Cambridge, MA: The MIT Press, 1985), p.154。

一、觀光旅遊的政治經濟學

（一）旅遊政治—觀光遊憩政策與行政

外向型的觀光旅遊機構，也就是爲引進國際觀光資源而設立的行政機關，早在1956年就已初步建立，但真正的觀光業務主管機關（即獲有法律授權專管權責、具法律地位的專責行政機構），則成立於1970年代。

國內的、國民的休閒旅遊，在威權體制下受到壓制和忽視，早期的國際觀光是單向的、有來無往的，直到1970年代末才有條件開放國人出國觀光，而國內的旅遊活動與設施，則晚到1980年代中期以後，才正式大幅納入國家政策的議程中。我們試依行政與政策的發展階段，以1985年做爲時點劃分爲前後兩大階段，這兩大階段既有屬性的差異，也有結構上的演化與延續。

1985年之前的觀光旅遊行政與政策是外向型的、依賴性的，其基本屬性是以政治經濟取向爲主，其中又有側重政治支配與經濟發展的區分。1980年代中期以後，則以內向型、國內的、社會文化取向的政策爲主導，伴隨政府介入的強化，民間的、資本化、消費性的休閒遊樂設施與活動亦快速拓展，而不論政府的管理服務，或私人的投資推廣，對於社會生活方式、空間型式都有不可磨滅的改變和影響。

（二）經濟取向—政治經濟導向的觀光政策

　　台灣省政府在發展觀光事業，「加強經濟建設，並促進國際友誼與文化交流」的宗旨下，首先於1956年成立的「台灣省觀光事業委員會」，是我國最早的觀光業務機構，其次，則為交通部因應美國國際合作總署之建議，為發展觀光事業，配合加速經濟建設，而成立的「觀光事業專案小組」。1950年代的觀光事業單位，實際上並無行政管理職能，只是政府機關內部的協調機制，為了因應日增的美軍觀光客，以及研擬擴大招待觀光客的政策需要，而成立的幕僚單位。

　　戰後初期的台灣，尚處於戰後經濟重建的階段，如1952年的人均產值是196美元，1955年是203美元，政府的財政亦捉襟見肘，加上政治的不安氣氛甚濃，政策上採取限制消費與管制娛樂的雙管齊下方式，在此環境下的觀光政策自是備受壓抑，唯一的出路乃是跟隨發展中國家潮流，以吸引外國觀光客與賺取外匯為指導方針，手段上則是進行國際宣傳與強化接待觀光客的措施與設施。

　　主要的政策措施則是鼓勵投資興建觀光旅館與招待所，鼓勵華僑投資興建國際觀光旅館，改善簡陋的現有旅館設備。另外則有整建風景區烏來等20處，整建項目包括道路、風景佈置及各項設備等項，以及研擬風景區之整建，各縣市在上級鼓舞下紛紛申請闢建風景區，希冀有助於地方經濟之發展，但最後實際完成開發者，只有台中縣的鐵鉆山風景區一處。在此期間內，以「發展台灣省觀光事業三年計畫」為代表的各項政策，其成效相當有限，原因在於此階段的觀光

政策並未落實執行，部份實質性的措施則缺少專責的行政機能來推動[1]。

1960年代是開始建構觀光行政職能的時期。先是有行政院經合會交通小組，建議加強中央省級觀光事業機構，俾確立政府發展觀光事業計畫，於是在1956年交通部將觀光事業小組改組成立「觀光事業委員會」，同年台灣省則將原台灣省觀光事業委員會，改組成立「觀光事業管理局」，為正規專業性的行政機構之創始。繼則有行政院為協調各有關部、會、局、處，及省市政府全面推動觀光事業，設置了中央級的「觀光政策審議小組」，使觀光政策（但非行政）的決策層級大為提升，另一方面，則肆應台北市升格後的行政體制之要求。台灣省為表重視觀光，加速推動觀光政策，在「觀光事業管理局」此一行政單位之上，設立「台灣省觀光事業督導會報」，由秘書長任召集人，參與會報單位包括省府各有關廳、處、局[2]。

在政策層級的提升，以及行政機能之設立中，我們看到了當局對觀光政策與業務之逐漸重視與期盼。我國的觀光制度與實質性開發，其基本架構與發展方向，實際上已經大致定案並出現雛形。

觀光制度的法制化—也就是「發展觀光條例」的立法，使觀光政策取得正式、法定地位，無疑為一制度上之突破與

---

[1] 參見朱大鎔，觀光政策（台北：同作者，1986），頁227-231；作者稱此時期（1950-1958）為「初創時期的觀光政策」。

[2] 參見辛晚教，前引文，頁37-38。另見交通部觀光局，中華民國觀光事業記實（台北：同作者，1981）。

改變，也就是「訂定觀光政策，完成基本立法」的成果[3]，其具體內容包括規定「確認觀光事業為達成國家多目標之重要手段，並列為今後施政重點之一」[4]，並指定「觀光事業之基本立法」之工作分派[5]。

在行政院實施交通部擬訂的「加強發展觀光事業方案綱要」工作後，我國的觀光旅遊政策與事業已經綱舉目張，建立了全面發展的架構，唯其政策理性與取向仍多來自吸引觀光客來華旅遊之考量，其政策定位與屬性仍有偏頗（此點容後討論）。相對於制度的建構，實質建設亦頗可觀，主要的有「觀光事業四年計畫」、「台灣風景區開發計畫綱要」、「建設森林遊樂區計畫」及公告劃分省定及縣市定風景特定區等（參見表9）。

實質的、空間的規畫外，制度化的空間禁制也在1960年代中期確立，限制山地與海岸的使用，主要有「戒嚴期間台灣省區山地管制辦法」、「台灣地區沿海海水浴場軍事管制辦法」以及進出海岸申請辦法等。實質的、空間的資源之經

---

[3] 交通部，加強發展觀光事業方案綱要（草案）（台北：同作者，1968），頁2。

[4] 同前註。

[5] 同前註，頁3-4；此綱要為「行政院各部會副首長會議」第十七次會議之結論，附有「工作分配表」，指派交通部擬訂「觀光事業法」，內政部及交通部會擬「國家公園法」，教育部擬「國家文化資財維護法」；「觀光事業法」後來以「發展觀光條例」立法（1968年），「國家公園法」為內政部主管，於1982年實施，「文化資產保存法」由內政部主管，於1982年實施。

濟與政治意涵，在風景區的開發規畫與山海的管制措施中，具體的顯現出其重要性—以及潛在的衝突性。

1971年以後，台灣的國際政治空間快速緊縮，加上中國不再封閉，而逐漸對外開放觀光，國際經濟景氣低迷及國際觀光事業不振等，多重原因使來台觀光客成長趨緩，而在出口大幅擴張，外匯存底日增的情況下，觀光外匯收入對我國已失去其重要性。雖然國際觀光已漸式微，但開發觀光資源的行動卻在1980年代卻反趨積極，其原因在於政策目標已由外而內的轉為「促進國民文藝娛樂及戶外休閒活動，以提高生活品質」[6]。

除了一貫招徠外國觀光旅客的目標外，1970年代的政策有三大特點，一是強調規劃全省觀光區，以促進觀光事業的系統發展，二是推展國內觀光旅遊作為開拓國際觀光旅遊的基礎，三是國民旅遊以及遊樂區等觀念之成形[7]。

在政策理念與邏輯上，從一面倒的獨尊國際觀光，轉型至國內與國際觀光並重，無疑的為1980年代的觀光遊憩發展（尤其是各類型風景遊樂區的建設），奠定了良好的基礎。1980年代的發展基礎之穩固，在於政策理念透過經濟建設計畫的公佈，獲得法制化—意即得到預算與執行的正當性。觀光政策的正當性，則是政治價值、政治意識型態轉換的結果，即經濟生產掛帥的發展（開發）體制與政策取向，轉換為社會服務與社會再分配的政策價值，在規劃體系中，將休閒遊

---

[6] 朱大鎔，觀光政策（台北：作者，1986），頁241。

[7] 行政院國際經濟合作發展委員會，中華民國第六期台灣經濟建設四年計畫（1973），頁247-248。

憩從「交通運輸」改列為「社會建設」部門，「經濟建設六年計畫」原實施年期為1976-1981年，後為「經濟建設十年計畫」和「新四年計畫」所取代、沿用。

　　《經建六年計畫》可說是台灣觀光遊憩政策的轉捩點，因為這個計畫中，觀光政策與設施首度脫離「交通運輸」範疇，改列「社會建設部門」，部份並劃入「社會福利」一節中的「康樂設施」項目，而觀光遊憩設施與政策的內容，也首度獲得充實，如森林遊樂區、兒童少年康樂是首次增列，風景區政策也由被動的零星「整建」轉為主動的「開發」[8]。社會再分配的政治價值，表現在觀光遊憩的計畫定位。

表9、風景特定區計畫公布時程

公布年度	風景特定區名稱
54	梨山（75年擴大檢討）
55	野柳、天祥
56	霧社
58	澄清湖
59	石門水庫
61	大溪、明潭（75年檢討）
65	知本（71年檢討）、鯉魚潭（花蓮縣）
66	明德水庫（苗栗）
67	曾文水庫（75年檢討）
68	墾丁、石岡水壩（中縣）

---

[8] 行政院經濟設計委員會，經濟建設六年計畫（台北：同作者，1976），頁164-192。

69	八卦山，（南投）鳥凰谷、翠峰（75年檢討）、磯崎（花蓮）
70	小烏來（桃園）、谷關、田尾園藝（公路公園）、關仔嶺、南鯤鯓、虎頭埤、石梯坪秀姑巒（花蓮）、青草湖（新竹）
71	東北角海岸、清泉（竹）、溪頭、仁義潭（嘉）、吳鳳廟、月世界（高）、六龜彩蝶（高）
72	十分（北縣）、大湖（宜）、東埔（南投）、關仔嶺（枕頭山附近）
73	小野柳（東縣）、梅花湖（宜縣）、美濃中正湖（高縣）、三仙台（東縣）
74	巴陵達觀山（桃縣）、鐵砧山（中縣）、中崙（嘉縣）
75	北海岸、頭城濱海（宜）、龍潭湖（宜）、五峰旗（宜）、盧山、知本內溫泉、綠島、西台古堡古蹟（澎）
76	烏山頭水庫（南縣）、紅葉溫泉（東縣）、林投（澎縣）

註：辛晚教，前引文，頁54-55整理，年期至1987年10月止；注意
　　69年（1980年）、70年（1981年）之急增。

　　1970年代是觀光行政確立的時期，1971年將原交通部觀光事業委會，與台灣省觀光事業管理局裁併成立交通部「觀光局」，並於台灣省政府交通處設「觀光組」，台北市政府建設「觀光科」。由於「發展觀光條例」的奠定法源基礎，對於旅行社、觀光護照、風景區開發管理、觀光資源開發等，隨著正當性與行政職能的提升，逐漸強化觀光政策規畫與行政管理體系[9]。

---

[9] 賴瑟珍，「出國旅遊市場分析與展望」，交通部觀光局編，觀光事業專論選集，第四輯（台北：同編者，1989），頁14；1980年有48.5萬人出國，以觀光為目的者，約占43%。

　　1979年開放國民出國觀光，是政策的一大轉向，從單向的外國觀光客來華，轉型成雙向的觀光交流，使「國際觀光」名符其實。開放出國觀光第二年（1980年），據估計約有20萬人出國觀光，唯當時之出國觀光政策極爲保守，而有諸多條件限制，如：

(1)每人每日可結匯70美元零用金。

(2)每年每人出國二次爲限。

(3)每年每人合計不得出國超過三個月。

(4)不得前往共產國家及地區。

(5)16至30歲男性不得出國觀光等[10]。

　　1985年省府將交通處「觀光組」，改組擴大爲「台灣省旅遊事業管理局」，該局雖僅爲省府三級單位，原本爲位卑權小（預算也少）的單位，但是「觀光」兩字的去除，而冠以「旅遊」二字，（參見表10）不啻宣佈我國觀光旅遊政策之革命性改變，也突顯出舊有政策思維的偏頗和疏漏。

　　我國觀光行政與政策的積弊，在經濟發展優先、爭取外匯第一的發展理論掛帥下，瀰漫著依賴思想與功利思維，因而「沒有煙囪的工業」、「沒有形式的外交」、「沒有文字的宣傳」、「沒有形體的外銷」等政治經濟理念自然成爲政策理性指標，觀光旅遊存在的理由是定位在經濟、生產、外銷與外交的格局下，工具性的成爲對外的政治經濟的手段之一，以致與國內實際的需求有所出入：

---

[10] 參見同前註，頁12。另見「國民申請出國觀光規則」，中華民國67年12月30日，國防部（67）金鈍字第4362號令、內政部（67）台內秘俞境字第1024號令發佈。

過去四十餘年來，中華民國公、私部門的建設多著重在生產面的產業，休閒、旅遊、觀光事業由於屬於消費面的產業，向來不為施政重點。因此發展此一事業的許多必要基礎亦一直未曾建立，以致業者投資及經營事業所必需的合理環境，尚不存在。於是，面對民國七〇年代中期之後，急遽成長的國內旅遊需求，在質、量兩方面都發生極為嚴重的供需失調。要突破此一供給面瓶頸，其根本關鍵應在充實相關法令體系，釐清相關部門權責。

比如交通部觀光局其現行（廿年來迄未修正）之組織條例，所定之基本職責—如同大多數國家的觀光機構—是以招攬國際觀光客為主。其介入國內地方風景區之開發，仍係基於發展國際觀光之需要，因而編列預算補助重要風景區，改善其公共設施，以使其具備接待國際觀光客之條件。因此，截至目前為止，交通部觀光局組織設計上的性質是一「國貿局」，並不具備發展國內旅遊事業的「工業局」的能量[11]。

---

[11] 交通部觀光局，我國觀光事業當前之挑戰與對策（台北：同作者，1991），頁5。另參見毛治國，我國觀光事業之現況與展望，中華民國79年元月17日中國國民黨中央常務委員會專題報告，頁13。

表10、觀光行政機能之演化（1945-1996）

	中　　　央	省　　　（市）	備　　　註
45年		（11月21日） 省政府下設 「台灣省觀光事業委員會」	
48年	（12月21日） 交通部下成立 「觀光事業專案小組」		因美國國際合作總署之建議
55年	（10月1日） 小組改組為 「觀光事業委員會」	原「委員會」改組為省「觀光事業管理局」	更確立觀光政策，加強觀光事業機構
57年	（9月1日） 行政院設置 「觀光政策審議小組」 （擴大觀光事業委員會 之功能及組織編制）	「管理局」設置 「台灣觀光事業研究開發中心」	政策審議小組於59年12月底結束
58年		省又設置 「台灣省觀光事業督導會報」 由秘書長任召集人	
60年	（6月24日） 部事業委員省管理局裁併 交通部成立「觀光	（6月30日） 管理局撤銷，省於交通處下 改設「觀光組」	各縣市政府建設局長及鄉鎮公所建設課長為縣市鄉鎮觀光事業主管

	局」	台北市建設局設「觀光科」	
71年	行政院設立「觀光資源開發小組」		
74年		（2月1日）觀光組擴大成立「台灣省旅遊事業管理局」	為發展全省旅遊事業
85年	行政院設（11月21日）「觀光發展推動小組」		協調觀光業務發展

註：參考辛晚教，前引文，頁54，附錄一修訂。

二、專業體制與專家系統的擴張

（一）休閒遊憩—社會取向的休閒體制

1985年台灣省交通處「旅遊事業管理局」（省旅遊局）的成立，宣告原有外向型、經濟掛帥的觀光體制之終結，隨著舊時代的結束，新的方向和體制卻不甚清楚。我們只能說，省旅遊局的適時出現，彰顯觀光旅遊體制革命的原動力—國民旅遊之壓力：

> 國民國內旅遊及出國觀光的大幅勃興，是民國七〇年代中期以後的發展。茲將其背景分析如下：

首先，國民所得的提升，徹底改變國人的時間價值觀。由於本業收入的提高，…國民所得水準增加到超過衣食住行基本需求的「臨界值」後，國人可供「自由支配」的時間便突然增加。

其次，都市化程度的加劇，以及都市生活的忙碌單調，使得前述遽增的自由支配時間，最自然的出路是拿來從事休閒活動，以為調劑。

其三，新台幣升值，一方面，配合關稅降低，誘發車輛持有率急速成長，大幅提高了個人的機動能力。以致週末、例假日的郊遊成為最普遍的家庭休閒活動。再方面，強勢新台幣，加上出國觀光手續的不斷簡化，使國人不惟有充分的能力也有足夠的意願，安排長假出國觀光、探親[12]。

國民旅遊—主要指國人的國內旅行，對觀光政策與設施形成鉅大衝擊，社會的需求迫使政府部門不得不積極開發觀光旅遊設施，但是不論品質或數量皆不符社會所需，因而給予私人資本極大的「商機」—即投資誘因。

「文化資產保存法」與「國家公園法」在1980年代初期公布實施，陸續提供不少休閒遊憩資源。此外，特別針對觀光旅遊需求，尚推出各種大型發展計畫，較重要者有1982年行政院通過「觀光資源開發計畫」，一方面規畫並投資旅遊系統，同時鼓勵民間（私人）興辦各項設施；第八、九期經濟建設計畫的「觀光發展政策」，以及「台灣地區自然生態

---

[12] 交通部觀光局，我國觀光事業當前之挑戰與對策，頁4。

保育方案」、「台灣省森林遊樂區管理辦法」等,都對資源保護與風景遊樂設施,採取積極的開發策略。

　　各項法律、方案的推出,反映出社會經濟條件改變,特別是社會的鉅大休閒娛樂活動與設施需求孔殷所形成的壓力,這股壓力直到1990年代都未得到適當疏導:

> 春節長假期間,但見各休閒娛樂場所萬頭鑽動,不僅路為之塞,而且更有車座一位難求的困難:即或在平時週末假期,也經常出現擁擠的現象,顯示台灣地區的休閒娛樂設備或場所,不但其供給量十分不足,而且在求過於供的情況下,其品質粗陋,甚或危險重重,充分暴露出當前休閒娛樂設施的安全水準堪虞[13]。

　　社會壓力的與日俱增,對政府部門造成強大的推擠效果,一方面是在原有體系下投入大量預算、推出各項實質建設,因應民眾要求與社會輿論之批評,另一方面則是公部門內部原有權力支配與資源分配的方式與關係,也在確保部門的正當性並提供資源的雙重壓力下,造成部門間的競爭和衝突,其結果就是行政的重組。實質的投資、開發成果,我們

---

[13] 「休閒娛樂的匱乏」,82.2.4,中時晚報第三版;這段文章是社會的反應,官方的態度與此相近,都體認到休閒娛樂設施的不足,以及由此產生的壓力和問題,並希望透過體育和休閒方式來解決或改善:「由於經濟發展、社會進步,國人已愈來愈重視休閒生活,尤其人口愈集中,都市愈發達,大家就愈需要休憩場所。因此每逢假日,各遊樂區及市郊風景區等地即擠滿了人潮。而且人口向都市集中,也是造成犯罪增加的因素之一。因此,要改善社會風氣,提倡體育運動及休閒活動應該是個很好的方法。」摘自78年4月14日行政院第2128次院會記錄。

將放在後段再行討論，此處我們將集中討論，為了應付社會需求，遞送觀光旅遊資源服務，而在1980年代造成的行政組織與職能的重組現象。

國家公園的成立，即對台灣省林務局的森林遊樂區，以及觀光局的某些風景特定區，形成立即、直接的資源爭奪現象。最有名的例子就是被稱為「我國自然保育史上悲哀的里程碑」，也就是合歡山森林遊樂區的畫進太魯閣國家公園，以及墾丁風景特定區的開發中止，併入國家公園一事。

合歡山位處南投、台中、花蓮三縣交界處，是國內少有的高山遊憩場地，以賞雪、滑雪著名由省林務局於1963年規畫為森林遊樂區，建有松雪樓為登山、賞雪的基地，每年吸引眾多遊客，因而在1987年擴大規畫新的遊憩設施，卻因前一年合歡山地區已被畫歸國家公園，而使其建設計畫受阻：

> 松雪樓重建設計藍圖早就送達內政部營建署，甚至整個合歡山森林遊樂區任何設施不足想要依整體規畫儘速謀求改善也全被營建署擋駕；相反地，國家公園處卻可恣意入侵遊樂區的範圍中做任何他們想要設立的設施[14]。

合歡山森林遊樂區的衝突，其癥結在「森林法與國家公園法之間強烈的矛盾」[15]，表面上似乎是經濟與生態、開發與保育的對立問題，實際上更是行政權力與資源的爭奪問題，因為，國家公園雖強調保育，但遊憩功能並未偏廢，反

---

[14] 王長平，「合歡山的螃蟹」，台灣林業，第16卷第5期（1990），頁37。
[15] 同前註。

之，觀光發展須以資源保護爲要務，可見國家公園與風景遊樂區的基本性質有相當交集。

「國家公園已忘卻了保育爲先，發展遊憩爲次的宗旨；而林務局短期內也絕不可能將經營二十餘年的森林遊樂重鎮拱手讓與欲霸佔一切遊憩建設的國家公園」[16]，由此分析我們可看到國家公園爭的是資源。合歡山爭議的根源事實上在權力邏輯之下是必然的，也就是自合歡山被畫進國家公園，已注定了衝突的不可避免，理念、意識型態、法源之分歧是遠因，管理機構（即權力基礎）與經費預算應是直接導火線。要避免衝突，唯一的方法就是事先改變國家公園的界線，而這是必須以權力對決定勝負：

> 它的內幕卻是原來的西部範圍應該涵蓋到霧社，所以退縮到昆陽的主因竟然是動到台灣大學的梅峰農場，遭到台大農學院強烈的不滿，於是台大發動立委台大校友聯合抵制，結果才形成上述太魯閣公園範圍的界定區域[17]。

從當初太魯閣國家公園在界定範圍時，權力爭奪的痕跡就很露骨，而第一個國家公園的成立—1982年的墾丁國家公園，則是「包圍」林務局的森林遊樂區和「收編」觀光局的風景特定區管理處的結果，其間的部門競爭不過是結果，真正的決策還是高層的決策意志與權力關係所決定的。正式的決策是在行政院會達成的：

---

[16] 同前註，頁38。

[17] 同前註，頁37。

鑒於未來擬設置之「墾丁國家公園管理處」亦包括有旅遊部門，負責旅遊服務及旅遊事業之經營與督導，如照經建會意見，則同一地區將同時有兩管理單位存在（即內政部之墾丁國家公園管理處與交通部觀光局之墾丁風景特定區管理處），在管理上似有困難；且墾丁風景特定區，既可視為國家公園之一部分，為避免業務重複及行政管理分歧，似以併由國家公園管理處開發管理為宜；可否以現存之墾丁風景特定區管理處為基礎，將其擴大改組為墾丁國家公園管理處（改隸內政部）[18]？

院會的議事中，可看出交通部和內政部兩大部間的對立，但實際的權力角力卻更複雜，據悉墾丁國家公園是由曾任屏東縣長的張豐緒，向蔣經國建議，而由蔣經國根據「大型遊樂區」的認知下決定的[19]。在權力的決衝過程中，張豐緒和張隆盛為代表的內政系統，運作當時的交通界大老費驊，支持國家公園，而費驊當時又兼任「行政院觀光資源開

---

[18] 民國71年3月25日，行政院第1773會議，討論事項（一）。本次院會可說是明爭暗鬥波濤洶湧，是一次交通部與內政部兩大部的代表性對決，針鋒相對的各提一個相互對立的提案，本次院會的報告事項（一）是「交通部函送『墾丁風景特定區觀光開發計畫與措施』」，討論事項（一）則是「內政部擬訂『墾丁國家公園計畫』」，墾丁只有一個，卻有兩個明顯不同的政策同時提出，顯示此空間規畫、空間資源（與支配）的權力對峙。

[19] 參見黃躍雯，台灣國家公園建制過程之研究，國立台灣大學地理學研究所博士論文（1998），頁104-139，特別是註40。

發小組」召集人,使得當時較年輕(47、48歲)又柔弱的交通部長,決定棄守墾丁這個最早(當時是唯一)的國家級風景區管理處。

甫一通過即夭折的墾丁風景區開發計畫,是交通部觀光局耗費極多人力物力,並寄望極大的一個大型規畫案[20],因與內政部的國家公園計畫牴觸,在未取得法定地位(經建會的審查見為「請由該部自行參考辦理」)即遭冷凍,後又併入國家公園,從此,一個由交通部觀光局所掌理的大型觀光旅遊資源就轉由內政部營建署掌管,成為保育與遊憩並重的基地。

行政部門內部最大的一場決戰,涉及整個休閒遊憩體制的整編,也就是整體休閒遊憩、觀光旅遊、風景名勝的規畫、開發、管理、監督權力的爭奪。就在觀光局從「觀光貿易局」的外向政策,欲轉向「觀光工業局」的國內政策時,不可避免的與無主管機關之名,卻有主管業務之實的內政部造成磨擦。

內政部職掌包括地籍、地用的主管,也就是空間規畫、使用業務的主管單位,觀光旅遊主要就是空間的消費活動,特別是風景特定區與遊憩用地的變更、管制,其權力在內政部營建署手中,營建署則透過土地使用分區管制和都市計

---

[20] 日本東急設計顧問有限公司編,墾丁風景特定區觀光開發計畫(台北:交通部觀光局,1981);這個計畫案頗受好評,也是我國風景區規畫的重要里程碑,其主要設施有森林遊樂區、遊憩公園、高爾夫球場、海洋公園、遊艇碼頭、海水浴場、未來館、中國古典花園、故宮博物院分院、青少年活動中心、住宿設施、商業設施等。

畫、區域計畫的審議制度，做爲工具來控制各種土地的使用和變更。

　　觀光局名義上雖爲「觀光行政主管機關」，在1990年代以前卻因定位與政策的限制，實際上對風景遊樂區的開發管理根本無法置喙，依觀光局的檢討，「民間遊樂區之開發，由於至今尙無該行業法定之目的事業主管機關」，又說解嚴後開放的山海資源，雖然已開放供觀光使用，但「相關法令，仍亟待充實」[21]，總之，觀光局由外向型政策欲轉向回頭，或者「內外兼顧」時[22]，才發現窒礙難行，因爲相關的業務已經長期被內政部營建署代勞，透過空間管制手段和政策實際管理多時了。

　　觀光局在強大的社會經濟需求與政治壓力下，亟需立法、修法以擴權，方可能對國內的風景遊樂區進行干預管理。就在觀光局欲全盤建立觀光旅遊及風景遊樂資源的管理權威前，內政部（營建署）雖非正式主管機關，然卻因實際掌管而不願輕易放棄，乃發動一波全面性的攻勢，鉅細靡遺的試圖將觀光遊憩資源一網打盡，納入其法定職掌。

　　內政部的企圖心，具體的表現在「如何策訂『台灣地區發展國民休閒生活計畫』報告」中[23]，內政部依行政院指示，

---

[21] 交通部觀光局，我國觀光事業當前之挑戰與對策，頁5-6。

[22] 同前註，頁4-5。

[23] 內政部，如何策訂「台灣地區發展國民休閒生活計畫」報告（台北：同作者，1989）；其內容廣泛，休閒活動設施的分類如下：（一）室內休閒活動設施1.自家家居休閒2.自家外之室內休閒(1)體能性休閒(2)知識性休閒(3)娛樂性休閒(4)藝術性休閒(5)文化育樂性休閒(6)

準備成立「發展國民休閒推動委員會」來管理、計畫各項資源的使用，如此，則內政部不啻成為交通部觀光局的指導單位和頂頭上司，並可正式介入所有觀光遊憩設施和活動的支配管理，自然引起交通部的極力反對，所幸後來內政部的構想並未取得法定地位（即未獲行政院通過），卻已造成交通部一場虛驚。

內政部的擴權案失敗後，觀光局就急起直追，先行提出「台灣地區觀光遊憩系統開發計畫」，以鞏固內向發展的正當性[24]，利用此計畫以反制營建署，將原來依循都市計畫、受營建署所箝制的風景區開發，一躍而反過來以觀光遊憩計畫來指導區域計畫與都市計畫（比較圖4與圖5），如此上下易位，可確立其主導地位，而不再受制於營建署。

除提出「計畫」以增加對實質資源的掌控外，最重要的就是修法、立法以確立觀光局本身介入民間觀光旅遊事業的權力，並排拒其他行政機關的干擾：

> 「發展觀光條例」修訂草案中，最重要之關鍵是經協調內政部同意將風景區之規畫及管理，從原有都市計畫體系中移出，改納於區域計畫之架構下。此一改變咸信可使風景區今後之計畫作業可在更專業及獨立之程序下運作，對有關觀光開發及資源保育業務之推動效率應有甚大助益。

其他（二）戶外休閒遊憩設施1.國家公園2.風景特定區3.森林遊樂區4.海水浴場5.高爾夫球場6.歷史古蹟7.一般風景遊樂區。

[24] 計畫經審議通過，即具法律效力，其管制規定具法律拘束力。

　　配合前述二條例之修訂，交通部觀光局乃於1990研究修訂及增訂相關行政法規約有25項。另為因應解嚴後，山、海域之開放，協助相關單位修、增訂之管理法約有五項[25]。

---

[25] 交通部觀光局業務概況（出版資料不詳，1993），頁16-17；本書之出版日期為民國82年3月17日，無作者、出版者。

圖4、區域計畫管制體系

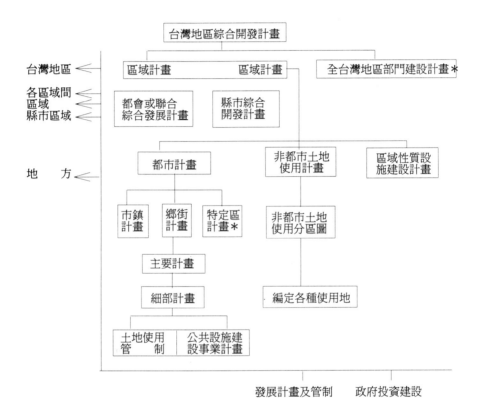

註：中華民國台灣地區環境資訊（台北：行政院環境保護署，1997），頁182；「全台灣地區部門建設計畫」，包含觀光發展計畫，「特定區計畫」包括風景特定區。

圖5、觀光遊憩計畫（管制）體系

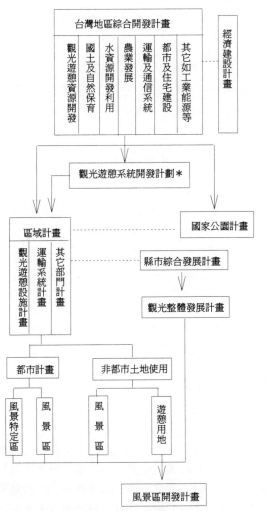

註：引自王鴻楷等，台灣地區觀光遊憩系統開發計畫（台北：交
　　通部觀光局，1992），頁341；「觀光遊憩系統開發計畫」在
　　90年代被提出，定位為區域計畫的上位（指導）計畫。

　　觀光局的努力—也就是修法擴權和提升專業化，難免衝擊既有休閒體制的秩序和利益，自然引起各方關切、反彈，除了民間的旅行業者、旅館及賓館業者及民營遊樂區的各種意見外，政府機關內部也有反彈的聲音：

> 另一引發反彈的是觀光局將落實行政院指示專業督導，對全國各風景遊樂區、國家公園管理處、森林遊樂園等施以專業督導，而上述各樂園、遊樂區均屬內政部營建署或省林務局轄管，而引起這些單位的關切[26]。

　　向來處於弱勢、功能消極的觀光局，在時空環境改變下，卻因擴權成為各方質疑的對象，在修法未完成之前，觀光局即先在政策上著手，積極的干預國內各項觀光旅遊事務，觀光局原企圖總攬「公民營觀光遊憩區需經觀光局檢發執照後方得對外開放經營」[27]，這個關係到風景遊樂區生殺大權的規定，後來功敗垂成，僅由行政院指示成立交通部「觀光遊憩區協調督導委員會設置要點」[28]，這是一個聊勝於無的規

---

[26] 81.12.29，工商時報第19版。

[27] 行政院81年3月11日台八十一交08942號函。

[28] 行政院82年2月23日台八十二研綜字第01024號函核定，其內容要點如下：一、交通部為統籌協調、聯繫及解決觀光遊憩區之規劃、管理與督導等問題，以提升觀光遊憩區品質及服務水準，依交通部組織法第二十六條規定，設置交通部觀光遊憩區協調督導委員會。二、本會所督導觀光遊憩區係指下列地區：（一）國家公園。（二）森林遊樂區。（三）風景特定區。（四）海水浴場。（五）實驗林遊樂區。（六）公營觀光區。（七）民營遊樂區。（八）休閒農業區。三、本會任務

定與組織，並沒有增加觀光行政部門的職權與資源，只是為觀光行政單位打開一扇窗，得以與各公私觀光旅遊單位協商、溝通。

　　從觀光局業務、職掌的轉向，顯示出政府為因應社會的壓力與需求，亟欲建立專業的機構與能量，以強力主導介入遊憩資源的管理，但是囿於政治權力與功能的分工，使得觀光局並未完全如願。從觀光局的轉型，我們看到社會壓力與國人需求衝擊、鬆動了既有休閒體制，但並未能立即改變休閒管理行政體制，從而我們看到了社會力量的影響及限制，也見識到科技官僚欲以「專業化」體制，來強化自身的權力和資源，並企圖以此來回應外界和鞏固政治正當性。

（二）觀光旅行—觀光旅遊的專家系統

　　觀光遊憩涉及食、衣、住、行、娛樂，相關事業有交通、景觀、旅館、旅行業、餐廳、娛樂等業，就觀光事業結構言，航空公司、風景遊樂區、國際觀光旅館應為上游事業，遊覽車、餐飲業、娛樂業、藝品商店可視為中游，旅行社至國外直接推銷導遊到國內來應屬下游，整個事業由上、中、下游密切配合提供良好服務而讓旅客滿意，從而取得利潤[29]。形

如下：（一）有關觀光遊憩區專業督導審議事項。（二）有關專業督導改善計畫審核事項。（三）有關觀光遊憩區專業督導結果經營管理單位或人員獎懲建議事項。（四）有關觀光遊憩區整體發展規劃及人力訓練之協調、聯繫事項。（五）其他有關觀光遊憩區之協調、聯繫事項。

[29] 行政院經濟建設委員會，觀光事業發展（台北：同作者：1986），頁

成綜合性的活動和服務,而旅行社則居於整個活動的中心位置,必須規畫、整合各項活動,提供複合性的服務。

　　誠然有許多觀光旅遊活動並未透過旅行社仲介服務,例如多數家庭的國內旅遊,或日趨流行的自助旅行,甚少經由旅行社居中安排或全程服務,然而旅行社已逐漸成為現代人日常生活的一部份,卻是不爭的事實,此從我國旅行業的蓬勃發展即可得知(參見表11),我國現在平均約每一萬個國民即擁有一家旅行社。

　　旅行社不只是一種專業,更是一個專家系統,因為旅行社的服務是由導遊和領隊這兩種專家來兌現、提供的。當然,旅行社是一個高度精密而複雜的行業[30],在領隊與導遊的背後,還有票務、業務、簽證、訂房等專業的後勤人員之配合,而導遊無疑的是以專家的身份來從事其工作的。另外,相較於其他行業,略顯特殊的是旅行社負責人(經理人)亦須符合專業資格方得出任。

17。

[30] 旅行社業務的細密可從其管理系統來觀察,有一套系統將旅行社業務分成八大類,總計約五十項;其中有關國民旅遊與團體(出國)兩類的業務項目如下:1.國民旅遊類:1.客戶資料整理。2.各國外HOTEL資料處理。3.旅遊行程資料處理。4.團體旅遊行程表編輯。5.ROOMING LIST資料處理。6.HOTEL國外訂房處理。7.FLIGHT ITINERARY處理。8.行程及票價管理系統。參見77.12.20,工商時報15版。

表11、旅行業的成長

年度	家數
1955	6
1963	15
1971	160
1977	307
1980	342
1984	320
1990	--
1993	1758
1997	2215

註：引自歷年觀光年報、觀光統計年報。

　　旅行為什麼需要專家呢？其根本原因在於旅行服務是一種高度抽象化、符碼化、風險性的商品，國家的介入監控與風土人情的隔閡也是重要的原因。依照A. Giddens的解釋，「專業化是現代抽象系統的關鍵特色」[31]，專家知識和專業化在傳統社會是特殊而微小的一部份，卻是現代社會普遍化的特徵，現代社會生活充滿風險性和危險，只好尋求專家系統來取得信任感和安全感[32]。

　　專業化知識和專家，是現代性反思體制和國家監控的重

---

[31] A. Giddens, Modernity and Self-Identity (Cambridge: Polity, 1991), pp. 30-31。

[32] Ibid.。

要形式,可促進整體的內在穩定或改善,但並不保證個別的、個人的穩定與安全。專家知識技術的深奧複雜,在現代社會中並非依賴知識符碼的壟斷或神聖性,而是將長期訓練結合專業化[33],由此我們得以解釋為何觀光從業人員必須不斷訓練、講習(參見表12),而旅行社經理人的個人素行以及資格、資歷的規定為何會如此嚴格[34],而與一般企業有所不同。

　　旅行社的負責人、經理人的消極與積極門檻均相當嚴格,但並非取得資格即永久有效,依規定如執行職務中斷三年以上,必須重新參加訓練結業,才可受僱執業。此外,旅行社的開業條件亦與一般公司大不相同,旅行業有特殊的資本與資金的規定。

---

[33] Ibid. 。

[34] 依據旅行業管理規則第十四條之規定,旅行業經理人應具備下列資格之一,經交通部觀光局或其委託之有關機關、團體訓練合格,發給結業證書後,始得充任:1. 大專以上學校畢業或高等考及格,曾任旅行業負責人二年以上者。2. 大專以上學校畢業或高等考試及格,曾任海陸運業務單位主管三年上者。3. 大專以上學校畢業,曾任旅行業專任職員四年或特約領隊、導遊六年以上者。4. 高級中等學校畢業或普通考試及格或二年制專科學校、三年制專科學校、大學肄業或五年制專科學校規定學分三分之二以上及格,曾任旅行業負責人四年或專任職員六年或特約領隊、導遊八年以上者。5. 曾任旅行業專任職員十年以上者。6. 大專以上學校畢業,曾在國內外大專院校主講觀光專業課程二年以上者。7. 大專以上學校畢業或高等考試及格,曾任觀光行政機關業務部門專任職員三年以上者。8. 高級中等學校畢業曾任觀光行政機或旅行商業同業公會業門專任職員五年以上者。

表12、各項「觀光從業人員」訓練班別舉隅

1.旅行管理人員講習班	7.觀光旅館食飲廚房人員訓練班	13.風景區從業人員訓練
2.遊人員專業訓練講習班	8.餐旅人員電化巡迴訓練班	14.觀光科系教師研習
3.現職導遊人員進修班	9.觀光旅館從業人員訓練資研究班	15.旅館業從業人員訓練
4.旅行業出國觀光團體領隊講習班	10.輔導高中、職畢業青年觀光旅館就業訓練班	16.旅行業經理人資格訓練
5.遊覽業服務人員講習班	11.觀光業務及風景區管理人員研習會	17.觀光旅館從業人員訓練
6.遊覽、旅館管理人員講習班	12.其他觀光事業從業人員訓練班	18.旅行業從業人員在職訓練

註：整理自歷年觀光年報與觀光統計年報

　　除繳納公司註冊費外，以及依照資本額區分等級外（綜合旅行業為2500萬元、甲級為600萬元），尚有保證金、提撥盈餘與保險規定，如綜合旅行社須繳納保證金1000萬元（甲級者150萬），綜合旅行社規定投保4000萬元以上之履約保險（甲級者為1000萬元）。

　　這種高額的保證、嚴格的訓練，是否可確保旅行社的效率、安全、穩定呢？恐怕不盡然。以1990年為例，國人因旅遊糾紛至主管機關投訴的案件居然逾千，迫使法務部不得不研擬民法債篇「旅遊」專節，以規範旅遊行程、品質及購物

疲疲等[35]。從旅客的不滿中，我們可以肯定旅行社的效率和品質是值得關注的。

事實上，旅行社的安全性也有漏洞。如國內觀光遊憩的最大悲劇，莫過於1990年8月的日月潭船難，某外商公司團體旅遊，因翻船造成57人死亡的事件，就是由旅行社承辦的，事後雖然歸咎於造船公司，但船東、船長均負連帶責任，旅行社也難辭其咎[36]。另如1989年的龍潭大車禍，是台北某扶輪社委託漢華旅行社舉辦的旅遊活動，不意翻車死傷多人，責任係出於遊覽車車主與遊覽公司[37]，但承辦的旅行社豈能御責？

國外旅遊事故，首推1994年4月的千島湖事件，說明旅遊風險並非旅行社所可克服。旅遊事故與糾紛的頻傳，是不是我們的專家系統出問題呢？A. Giddens的說明是專家只監控特定範圍，監控範圍外就是危險、失控的來源[38]，而專家的知識技術對大多數人而言，都是既抽象又晦澀的，而專業術語、符碼與形式，又往往使一般人束手，台灣出國的遊客再精，還是必須依賴旅行專家、任由導遊擺佈：

> 台灣團的遊客，當地導遊大都安排在那幾家旅館和餐廳，「我才不怕你們碰頭，你們見面只會比團費高低，我們就是有辦法讓你們比得一頭糊塗，讓你們每一團都覺得占了便宜。就像你們出門還喜歡吃中餐，我們

---

[35] 82.10.8，中國時報七版。

[36] 參見81.2.19，聯合晚報第二版。

[37] 78.2.28，中國時報第四版。

[38] A. Giddens, op. cit.。

乾脆帶大家去不中不西不日不泰的自助餐店，你們覺得米粉湯是台灣的，那就多吃吧！我們的辦法很多的。」

同樣的泰國八日遊，團費從一萬五千元到兩萬元，可以相差四分之一，「但是行程少了什麼，你們知道嗎？有的門票自費，有的節目免費，只有你們的領隊知道，但是你們的領隊我們的好朋友啦。只要每天早上五點跟你們Morning call，晚上十一點才送你們回旅館，再變動一些行程，只要兩天，你們就糊塗了[39]。」

這種旅行社惡質化的現象，也許就是來自於專業化的程度尚嫌不足，消費者貪小便宜、旅行業者陽奉陰違、行政機關虛應故事，形成徒有專業化的外在形貌，實際運作仍是傳統的「牛頭」（攬客者）、「蟑螂」（仲介者）以靠行、地下的方式，與專業旅行社或者互為表裡、或者慘烈競爭。

靠行現象的盛行其來有自，多數公司容許個人業者「靠行」於公司內，按桌子出租收費，一方面可能為公司多爭攬客人，另一方面也可貼補營業費用。日子一久，規模越來越大，靠行人員也越來越多，而公司對於靠行人只要繳了費用，也任其獨立經營不予干涉，以致公司內部組織系統被破壞了，職務混淆不清，職位功能不彰。地下旅行業和靠行人員

---

[39] 李潼，「我們相偕出國去遊覽」，82.4.2，中時晚報第八版。另據83.10.15，中時晚報第七版，泰國旅遊由於旅行社惡性競爭、殺價促銷，不實、不法造成的旅遊糾紛頻生，使泰國觀光局為避免衍生意外，主動整頓、調查，並要求我國配合處理。

因為本身成本較低，不如一般旅行社必須有一定之辦公設備，常以廉價為號召，而一般消費者，對於旅遊之營業行為並不太瞭解，常以價格、人際關係作為選擇之標準，而一般正規經營者所開出價碼卻不能為消費者所接受。為求生存，只有降低價格來惡性競爭，彼此殺價弄得血本無歸[40]。

旅行業同業以及地下行業惡性競爭的結果，使得整體經營環境惡化，多數旅行社為維持生存，犧牲了應有的專業水準和商業倫理，旅客的權益和專業的提升只得淪為空談，甚至為了營利而涉入不法，如洗錢、走私、偽造證件、買春團、放鴿子、偷渡、賣春等，這些常見的不法情事既暴露了旅行業專業的沈淪，也顯示旅行從業人員的複雜和專業性的偏失。

觀光從業人員中，自然以在第一線執業的導遊人員專業要求最高[41]，但其他人員的專業也有相當要求，只是多數人員仍是學非所用，對觀光多無瞭解，就業後從頭訓練。國際觀光旅館規模大、員額多，服務水準穩定，業主會投資於訓練，其基層人員多由業者自行訓練，中級或高級多參加觀光局舉辦之經理訓練、師資訓練、或派往國外訓練，主持業務者如非挖角則由國外禮聘。旅行業、遊覽車、藝品商店、餐飲等業者甚少訓練員工，員工學習類似學徒制，間或公會辦理專長訓練，業主卻誤認不具專長者較不易跳槽、工作較易

---

[40] 行政院經濟建設委員會，觀光事業發展（台北：同作者，1986），頁101。

[41] 依「導遊人員管理規則」，導遊須經測驗及訓練合格，取得結業證書，受旅行社或公私團體僱用後，始領照執業；執業期間應加入專團體，並接受觀光局舉辦之在職訓練。

安於其位，而虛應了事。導遊、領隊之訓練則全由觀光局負責辦理[42]。

　　文官體系中，不論中央或地方政府之主管行政人員，原本絕少具專業背景者，自1983年高普考開始有觀光行政類科後方漸改善，在此之前，唯有派員出國研習、考察，以摸索、學習專業技能。教育體系中，雖有不少職校、專校設有觀光類科，唯其專業程度皆有待提升，1990年代後，觀光旅遊的高等教育課程與機構大幅擴充，在人員培訓與專業技能的提昇上，近年有明顯提昇趨勢[43]。

　　雖然觀光旅遊事業相當龐雜，牽涉的人力相當廣泛，但由旅行業的發展卻可見微知著。從1945年接收自東亞交通公社台灣支社，改組為當時唯一的「台灣旅行社」，至1961年也不過才九家[44]，快速的擴張至目前的2000餘家。雖然旅行社的規模與專業層次（如旅行業者間即有相當精密的垂直與平面分工）有待更細密的分析和評估，旅行社增長的幅度仍相當可觀，或許是我們社會專業化與現代化的一種呈現。

---

[42] 觀光事業發展（1986），頁24。

[43] 目前大專院校設有觀光類科系者大致有：空中大學、文化、銘傳、世新、靜宜、淡水、長榮、大葉、醒吾、景文、精鍾、南台、元智等院校，以及高雄工商和高雄餐旅專校。

[44] 李有福，「台灣光復以來的旅行事業」，雷樹水等編，前引書，頁47。

圖6、國民旅遊類型與專業代理型態

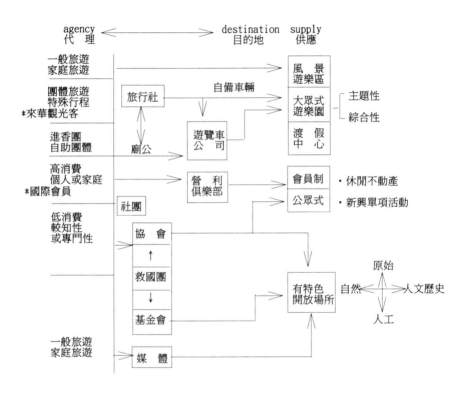

註：引自台灣地區觀光遊憩系統開發計畫（1992），頁400，圖4-24。

表13、國民旅遊類型與其代理（中介）者

		大眾型旅遊	專屬型旅遊	社會型旅遊
代理者	意義	提供休閒性,且自由選擇之目的地與行程的旅遊。	提供一種特殊的參與機會（場地方面,或活動方面）	提供一種旅遊的主題或觀念,以達成一種超越旅遊本身的目的。
	形式	旅行社 旅遊刊物	俱樂部 協會	社團、文教組織 基金會 媒體
供給者	意義	為了旅遊而經營的開放性場所。 觀光地	為了服務特定的對象及特定活動所需之場所。	具有旅遊之外的存在目的,但被視為可旅遊的場所。
	形式	遊樂園 開放式渡假區 觀賞地	特殊活動場地 會員式渡假中心	既有之產業地點 特殊之自然資源 有特色之自然及人文空間

註：引自台灣地區觀光遊憩系統開發計畫（1992），頁399，表4-5。

　　因為旅行社的專業門檻頗高（也可能正是因為旅行社的專業程度不足），給予準專系統存在的空間,準專家系統一主要以各種民間社團為代表,形成龐大的旅行業的次系統。當然,社團次系統能夠勃發,有其原因,一是市場結構因素,旅行社的主要業務為接待觀光客來台,以及國人出國觀光,雖然少數旅行社以國民旅遊為主要業務,也有不少旅行社是以經營國內市場來培養出國客源,整體而言國民旅遊市場仍是不受重視的,是一個低度開發的市場。

　　第二個原因是分眾化與特殊化市場，社團的特殊色彩與屬性（如野營協會、環境基金會、賞鳥協會等），遠比旅行社更具小眾市場的吸引力，特別是某些社團有專業人才、器具與設施，其特定資訊、主題與活動方式，是旅行社難以替代的。

　　第三個原因是社團成為傳統攬客「牛頭」的化身，是非正式、次級部門，以較低的成本、較低的品質和較便宜的收費，與旅行社從事不公平的惡性競爭。

表14、救國團與青年服務社旅遊活動成果

年份	救國團	青年服務社	合計
1953	8365	--	8365
1960	6297	8343	14640
1965	53512	1504	55016
1970	225209	3098	228307
1975	631155	7158	638313
1980	622232	16616	638848
1985	604080	17565	621645
1990	604669	13809	618478

註：整理自飛躍青春四十年—中國青年反共救國團成立40週年慶
　　特刊（1992）；救國團的「客源主要係青年學生寒、暑期活動，
　　中國青年服務社的客源有假日旅遊活動、代辦自強活動及機關
　　團體活動」（「特約旅遊活動」）。

　　在眾多的社團中，救國團堪稱個中翹楚，樹大招風成為旅行社的攻擊對象。捨去救國團的特殊背景與歷史不說，救

國團的營業規模（參見表14）與活動方式，的確是一家超大型的旅行社，據稱市場占有率達一半以上，而被批評爲「特權旅行社」、「超級地下旅行社」[45]。

　　利益的糾葛暫且不論，救國團所受的評價可說毀譽參半，而救國團的毀譽基本也適用於其他的社團。從專家系統來觀察，救國團正是旅遊活動專業化、符碼化的象徵，許多社團不但抄襲救國團的活動方式，連團體名銜、活動名稱都照抄不誤：

> 救國團「金字招牌」，出現「仿冒品」。救國團指出，已發現民間單位仿冒救國團自強活動「招牌」與「格式」，名稱也叫「全國暑期青年活動」，救國團特別呼籲消費者留心。

> 不過這類「仿冒活動」卻成為旅行業者抨擊的把柄，業者指出，正因為救國團角色混淆，在一般社會大眾心目中，救國團扮演的角色功能是專以提供旅行活動為主，才會引起民間單位冒用以推廣旅遊產品，該檢討的是救國團[46]。

　　在業者的抗議壓力下，觀光局做為主管機關，必須「保障合法，取締非法」，將打著登山、郊遊、夏令營等名義，沒有旅行社執照卻公開招攬旅遊業務的團體，加以取締、處罰，例如曾勒令「綠野青年服務社」停業，並罰鍰九萬；勒

---

[45] 82.6.8，中時晚報第四版。救國團為避免各界批評，後來亦申請設立旅行社。

[46] 同前註。

令「青年會」與「森野社」，不得經營旅行業務，中視「愛之船」不得經營旅遊活動等，但是同樣的是人民團體，「救國團」卻始終不受取締，此差別待遇原因何在？

我們認為救國團之所以不受取締的最大原因，乃是在於專家系統與體制，即救國團事實上就是國家、社會現代的、反思性專家系統的主軸之一，救國團是觀光遊憩反思性系統的支撐和象徵，是整體抽象系統的核心部份，已經在系統上成為觀光技術官僚和行政支配的一部份[47]，如此，處罰救國團這個專業體系不就是等於處罰科層體制自己嗎？

救國團活動的盛況至今仍不稍減，其活動隊亦不斷推陳出新，可是面對新活動領域、新的興趣、新的社會需求的快速轉型，加上多元化的新興組織和社團不斷出現，救國團似乎亦只能守成，相反的，各色各樣的社團則不斷的設計新的活動來滿足社會的需求。

以夏令營而言，就有媒體將眾多的活動營大分為自然類、鄉土類、運動類、生活類、才藝類、宗教類甚至遊學類等，其主辦的社團或單位則有教育性的（如鍾興慧文教基金會）、宗教性的（如天主教蘭陽青年會）、文化性的（如泰山文化基金會）、公益性的（如主婦聯盟）、球團（如兄弟球隊）、體育性的（如體育總會）、企業（如統一）、社福

---

[47] 救國團與童子軍在決策當局的心目中，就是休閒遊憩的專家系統之代表，如行政院召開最高層次的「研商如何影響治安之重要事項」會議時，即因為「救國團之活動與功能之發揮極為重要」，要求提報救國團的工作狀況，藉以研商青少年問題之防；參見行政院秘書處，民國79年6月22日，台七十九內16135號函，其速別為特急件，密等為密。

性的（如家扶中心）、政府（如基隆市）、表演團體（如故
事工場劇團）、勞工性的（如高雄縣勞工中心）、媒體（如
時報）等，其他如才藝性、聯誼性、娛樂性組織更不勝枚舉[48]。
各類型團體與活動的層出不窮，說明了社會的高度專業化，
即越來越不容易去瞭解這個特殊的領域或問題，除抽象化與
符碼化問題外，面對專家與專門領域的日增，人們最可能的
調適就是技能衰退（de-skilled）。

　　大眾觀光旅遊智能越衰退，對專家系統的依賴就越殷
切。在1986年，各種專業層次不同的觀光從業人員估算約
62,000人，其中觀光旅館約有22,000人，旅行業包括領隊、導
遊及其他工作人員約為15,000人，風景區及遊樂設施業為
15,000人，其他觀光業如遊覽車、藝品店及大型餐廳等約為
20,000人[49]。到了2000年年，觀光旅遊的從業人員將達130163
人[50]，其擴增幅度相當大，而增加更為快速的旅遊次系統─
社團尚不包含其中。

三、社會消費的投資與服務

　　休閒遊憩活動的最基本分類，可大分為室內休閒與戶外
遊憩兩大類，室內休閒可區分為在自家（居家）休閒與非居
家的─通常是在城市中的各項活動。戶外遊憩的範圍與類型
相當多，可大分為由公部門投資建設所提供的服務設施，主

---

[48] 參見88.6.22、88.6.23、88.6.24、88.6.25，中國時報四十版。
[49] 觀光事業發展（1986），頁24。
[50] 交通部觀光局，中華民國觀光事業發展長期展望（台北：同作者，
　　1985），頁104-105。

要的為風景區，另外國家公園、古蹟等亦是。私人部門的投資通常以營利為目的，以各種遊樂區、高爾夫球場等為代表。

公營與民營的區分有時較為複雜而不易清楚區分，如公辦民營、出租或公營風景區中的私人樂園等，但通常設施水準、收費標準等會有明顯差異。

我們準備將公營與民營的戶外遊憩設施分別討論，因為經營管理體制的不同，代表的並非只是產權的差異，最大的意義乃在其社會經濟定位與性質亦全然不同。公營的戶外遊憩資源，一般雖多有收費和簡單的遊樂設施，但其性質仍以公共性、服務性為主，亦即公營風景區多定位為公共財、公共設施、知性、教育性為主，簡言之，公營戶外遊憩設施可說被界定為是一種集體消費財（collective cousumption goods）。

相對於公共事業的集體消費性格，民營風景遊樂事業則是私有、營利的，通常以高度的包裝與行銷手段招徠消費者，並以地位財貨（positional goods）創造（如大坑亞哥花園）或佔有（如谷關龍谷樂園），提供消費者玩賞、歡樂、刺激、回憶，或只是佇足耗時，換言之，民營業者是從事投資與販售地位財貨來牟利、依循的是市場法則與資本邏輯，生產供應的是一種特殊地點的服務性商品。

（一）公眾旅遊—風景區系統的成立

社會消費（social consumption）理論在1970年代初被提出來後，常被用來分析現代資本主義國家的財政危機，其立論為現代社會的工業、商業、交通、住宅以及遊憩模式（recreational patterns）之關係日趨緊密，使社會消費需求日

益增加，迫使國家必須提供福利服務與設施（amenities），以確保資本主義的再生產[51]。

　　社會消費的一個類似版本，就是集體消費理論，在現代的生產關係中，由於資本的集中與勞工（僱傭）階級的擴大，個人所得難以滿足其消費慾望，使得經濟再生產與國家政治正當性都面臨危機，現代國家就以集體消費的提供，來滿足（勞工）個人商品消費的需求，即以「消費社會化」來補充、解決私有財產制與勞工個人需求之間的矛盾[52]，這是一個消費的整體／勞動力的再生產／被建構的社會關係的再生產的過程[53]，國家為維持社會和諧與經濟成長，必須提供教育、文化、醫療、住宅、休閒等社會消費或再生產的設施服務。

　　J. Habermas在討論正當性危機時，也提出現代國家的要務在創造和改善資本生產的條件（creates and improves conditions for the realization of capital），以調節私人企業的市場活動負面效果，國家並以「改善資本生產條件」來取代市場機制，這些改善措施包括增加國家競爭力、政府的非生產性消費、導引資本流動、改善物質基礎建設、改善非物質

---

[51] J. O'Conner, The Fiscal Crisis of the State, (New York: St. Martin's, 1973), chap. 5。

[52] E. Preteceille and J.-P. Terrail, trans by S. Matthens, Capitalism, Consumption and Needs (Oxford: Basil Blackwell, 1985), p.124。

[53] M. Castells著，吳金鏞譯，「都市問題（1975年）後記」，夏鑄九、王志弘編譯, 空間的文化形與社會理論讀本（台北：明文，1994），頁193。

基礎建設、提升勞動生產力、降低私人生產成本等[54]。

在Habermas的討論中，國家須提供的物質基礎建設為：交通、教育、醫療、遊憩、都市與區域計畫、住宅等[55]。從上述討論中，我們可清楚看出休閒遊憩的投資、建設，乃是現代國家為維持國家正當性與經濟再生產的重要基本手段，由此我們亦不難理解，為何在1980年代後，我國政府大力投入觀光遊憩開發的結構動力。

1980年代正是台灣社會運動蜂起，社會抗議高潮的時期，也是執政黨「舊政權轉型」的時期[56]，威權體制的執政黨內有權力鬥爭與權力繼承問題，外有反對運動與各種社會抗爭，乃至資本家的不滿，造成以解嚴為象徵的執政黨權力結構轉型，政權與社會關係亦隨之調整，即常稱的「硬性威權」到「軟性威權」政體的轉化。

政治權力結構轉型的同時，民眾對政府的期待與要求也隨之升高，反映在觀光旅遊活動上，迫使政府部門承認台灣已進入快速成長的大眾旅遊（mass tourism）時期，致觀光設施呈現不足的現象，甚至形成「社會問題」：

> 台灣地區二日一夜以上的國民旅遊，前（七十七）年估計達二千萬人次。但目前壓力最高、數量最大的還是每逢週末、例假日，發生於各大都會區當日來回的遊憩需求。由於台灣地區土地資源有限，面對此一伴

---

[54] J. Habermas, Legitimation Crisis (Boston: Beacon, 1975), p. 35。

[55] Ibid。

[56] 張茂桂，社會運動與政治轉化（台北：國策中心，1990）。王振寰，誰統治台灣（台北：巨流，1996）。

隨都市化，以及高所得與高車輛持有率而來，快速成長的大眾旅遊（mass tourism）市場需求，目前在供給方面有全面性的不足現象。

在國民旅遊方面，當前社會正處於經濟轉型期，一般民眾需求已從基本的生活食衣住行需求升級到育樂層次。因此，休閒活動與觀光旅遊不再只是高所得者之專利，也不再是中產階級者點綴之奢侈品，而是全體國民日常生活所不可或缺的調劑。此一基本需求如果未能獲得適當滿足，則將引發各式各樣的社會問題。[57]

　　面對社會日增的壓力，如何「滿足國民旅遊需求」，亦即擴增觀光遊憩資源，以擴大遊憩的供給面，就成為政府部門的迫切工作：

> 台灣地區國民旅遊需求因國民所得與自由時間之增加、國民旅遊觀念之改變而明顯成長，由近年各地觀光遊憩區每逢假日均人滿為患即可得證。許多國民在觀念上已將觀光遊憩視為生活之必要部份。自由時間將因彈性休假、周休二日制、年休制度等實施而增加，故預期未來國民旅遊需求將繼續成長；在面臨需求成長壓力之同時，國內觀光遊憩資源之供給是否不

---

[57] 毛治國，立法委員考察交通部觀光局工作簡報，79年4月18日（無出版資料），頁1、3。參見74年1月24日，行政院第1919次會議，「院長提示」：「因為社會日趨繁榮，大眾需要較多的休閒活動…」。

足，如何滿足增加之觀光遊憩需要，將是觀光遊憩資源發展之重要工作。[58]

雖然主管機關基於社會壓力和職責所在，必須提出對策以「滿足國人旅遊需求」，但因觀光資源的歸屬（即經營管理權）相當分散（參見圖8），而主管的觀光行政體系，早期因政策的定位問題，以致與國內的資源開發經營管理脫節，在政策轉形為國民旅遊導向後，亦缺乏足夠的政策與制度工具來干預各單位的管理經營，其無力感不難想見，除了配合其他政府部門共同推動，以強化公部門服務能量外，更藉助市場化手段，依賴民間、私部門的投資：

國民對觀光旅遊之需求日益迫切，然政府之財力及人力有限，未來觀光事業之發展勢必借重民間充裕之財力及靈活的經營方式，因此，民營觀光遊樂業之發展在未來仍有相當大之空間。[59]

於此我們專就公部門的觀光遊憩資源之提供，做一整體性鳥瞰；公部門遊憩資源以風景特定區、國家公園、森林遊樂區為主體，另如古蹟、博物館、生態保育區的功能亦與日俱增。

風景特定區在制度上，實為都市計畫區之一種，也就是「大部份是屬於未符合都市發展條件，但是有必要實施計畫

---

[58] 技術組，「如何積極推動台灣地區觀光遊憩系統開發計畫」（無出版資料），頁1。

[59] 技術組，「如何加強風景區與風景特定區之管理以及旅遊安全」（無出版資料，無頁碼）。

管制之地區」，可依據都市計畫法第十二條規定，「爲發展工業或爲保持優美風景或因其他目的而畫定之特定地區」[60]。

圖7、風景區設立依據

文化資產保存法及施行細則　———　古蹟（保護區）自然保留區

國家公園法及施行細則　———　國家公園

發展觀光條例　風景特定區、名勝、觀光地區

森林法及施行細則　森林遊樂區

---

[60] 施鴻志，「台灣地區特區計畫之檢討」，光復四十年來台灣地區都市計畫之回顧與展望（台北：中華民國都市計畫學會，1986），頁189。

圖8、觀光資源與設施的管理體系（1990年）

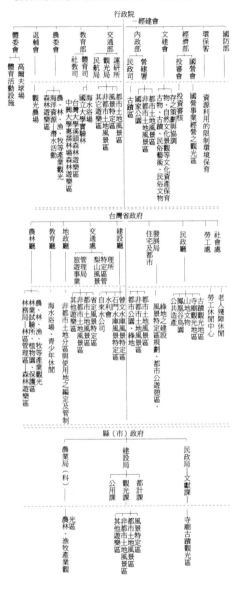

註：王鴻楷等，前引書，頁386；有局部修訂。省府組織精簡後，其業務多由上級（中央部會）承受。

表15、觀光遊憩資源（設施）主管與經營機關（1995年）

類別	主管部會	規畫建設與經營管理機關			
		中央政府	省政府	縣市政府	其他
都市公園綠地	內政部			工務局、建設局	
運動場所	體委會			教育局	
風景區	交通部		旅遊局	工務局、建設局	
風景特定區	交通部	觀光局	建設廳 旅遊局	工務局、建設局	
森林遊樂區	農委會		林務局		大學、民間
國家公園	內政部	營建署			
古蹟遺址	內政部			民政局	
產業觀光區	農委會	退輔會		農業局	民間
人為遊樂區	交通部				民間、公營
海水浴場	交通部		旅遊局	教育局、工務局、建設局	民間、公營企業
高爾夫球場	體委會				民間、公營
露營設施				教育局	民間、公營
動物園	教育部			教育局	民間
植物園	農委會		農林廳		
博物館	教育部	教育部		教育局	

註：本研究整理。體委會係自教育部體育司畫出、獨立的單位，其業務亦承受自體育司。

　　特定區是來自都市計畫的一種空間計畫管制體系，其類型有風景區、水源保護區、高速公路交流道附近地區、漁港、新市鎮、工業區等多種類型。風景特定區與其他特定區的性質差異，在以自然景觀資源保育為主，並配合觀光遊憩與活動系統，以促進都市化地區與聚落的健全發展，以及交通、土地的合理配置等[61]。

　　風景特定區依其規模、景觀的特色（等級）、行政歸屬等，可大分為國家級、省級、縣級等三個層級，但這種層級的區分主要係行政分工，對於資源的實體或遊客的旅遊體驗而言，並無多大的意義與差別，例如近年中央政府重新劃定為國定風景區的日月潭，原來即為省級、省定風景區，但其經營管理權又在南投縣政府手中，又如碧潭亦為省級風景區，卻委託由新店市公所管理；實際上，日月潭與碧潭的例子並不特殊，大部份風景特定區的等級區分並不明顯，甚至無任何的開發管理單位[62]。

　　眾多的風景特定區，都採放任、開放的方式，而未實際開發、經營，或是經營不善而放任荒蕪，所以我們看到的是民眾的高度休閒遊憩需求未能滿足的同時，卻有眾多風景特定區的低度利用的狀況，這種矛盾的現象，反映了公部門的經營能力問題，以及私人遊樂區的強勢競爭。

　　公部門的效能問題，非本文所能處理。我們的興趣在於指出，其政治經濟定位的問題，即除了中央預算支持的國定

---

[61] 同前註，頁192。

[62] 茂眾企管顧問公司，風景特定區組織體系及人力配置之研究（台北：交通部觀光局，1992），頁2-3。

風景特定區外（如東北角海岸、東部海岸、澎湖、花東縱谷、大鵬灣、馬祖、北海岸、參山等），其他的風景區除少數可賺錢營收的地區（如澄清湖），主管機關（多為地方政府）多興趣缺缺，因深恐成為財政包袱而不願投入經營。這樣的結果就造成眾多的風景區資源呈荒廢或棄置，放任其衰敗蕭條，未能發揮積極的社會功能，而國定風景區在人力、技術較為充沛，且每年由中央挹注大量經費下，成為公營風景區─也就是社會消費的樣板[63]。

　　台灣目前50餘處風景特定區[64]，多數都成立於1980年代，1980年代成立者多達40個（其中有部份重疊）以上，可是1970年代和1990年代都是數量較少（參見表16）。1980年代風景特定區計畫（即有法律地位，但未必實際開發營運）的大量出爐，說明了觀光施政的重心，在於營造國內旅遊資源和環境，也體現了國家欲以風景區建設來充裕國民觀光遊憩之所需的決心。

---

[63] 此處涉及政府財政結構與財政制度問題，有待詳細分析。唯簡言之，中央政府財政較充裕，又願意以公務預算來投資，可不計盈虧全力投入；地方政府（尤其是鄉鎮級）經常預算赤字，財務上難以補貼風景區投資，而多數風景區均採公共造產或特別基金型態，須自負盈虧，除少數特例外，地方政府對風景區經營自是敬而遠之。結果就是少數大型、精華的國定風景特定區，成為國家提供社會消費、集體消費的樣板，而多數的、較小型的風景特定區則閒置，未能發揮積極功能。

[64] 確實的風景特定區的風景區數與特定區計畫案的數字並不相同，隨時點不同，亦有數字上的變動。數量不確切的原因在於，一個風景點可能區分成兩個以上的特定區，或一個風景區可能包含多個特定區計畫案（如東部海岸），或特定區具多重屬性，如日月潭。

　　國家在1980年代何以對風景區開發特別熱衷呢？因為國家將國民旅遊列為國家大政方針，然而國家為何要投入這種非生產性的、非關國家安全的政策與業務呢？因為社會安定與政治正當性的必要。

表16、1970年代（以及之前）成立的風景區

觀光遊憩區名稱	計畫類別	面積（公頃）	發布時間	等級	管理單位
1.彰化縣八卦山	彰化都市計畫風景區	10	1955	省定	八卦山風景區管理所
2.台北縣碧潭	新店都市計畫風景	490	1956	省定	碧潭風景特定區管理所
3.南投縣合歡山	森林遊樂區計畫	490	1964	省級	東勢林區管理處管理所
4.台中縣梨山	風景特定區計畫	141	1965	省級	梨山風景特定區管理所
5.花蓮縣天祥	風景特定區計畫	14	1966	省級	太魯閣國家公園管理處
6.台北縣野柳	都市計畫(鄉街計畫)	52	1966	省級	太魯閣國家公園管理處
7.南投縣霧社	都市計畫(鄉街計畫)	105	1967	縣定	南投縣風景區管理所
8.台北縣烏來	都市計畫(鄉街計畫)	152	1967	省級	烏來風特定區管理所
9.屏東縣墾丁	森林遊樂區計畫	151	1967	省級	林務局屏東林區管理處
10.台北縣淡水	都市計畫(鄉街	564	1968	縣定	台北縣政府(未設

	計畫)				管理單位)
11.高雄縣澄清湖	特定區計畫	3,095	1969	省級	台灣省自來水公司第七區管理處
12.台中縣武陵農場	森林遊樂區計畫	3,760	1969	省級	東勢林區管理處
13.桃園縣石門水庫	風景特定計畫	2,465	1970	省級	石門水庫管理局
14.台北縣觀音山	林口特定區計畫	1,873	1970	省級	觀音山風景區管理所
15.台北縣福隆	(公告指定)		1970	縣定	福隆海水浴場
16.新竹縣獅頭山	(公告、評鑑核定)		1970	省級	新竹、苗栗縣政府(未設管理單位)
17.南投縣松柏坑	(公告指定)		1970	縣定	八卦山風景區管理所
18.嘉義縣阿里山	(公告指定)		1970	省級	嘉義林區管理處
19.花蓮縣太魯閣	(公告指定)		1970	省定	太魯閣國家公園管理處
20.宜蘭縣礁溪	都市計畫(鄉街計畫)	300	1970	縣定	宜蘭縣政府(未設管理單位)
21.宜蘭縣大溪	風景特定區計畫	107	1972		東北角海岸風景特定區管理處
22.南投縣日月潭	特定區計畫	1,974	1972	省級	南投縣風景區管理所
23.高雄縣藤枝森林區		770	1972	省級	屏東林區管理處
24.嘉義市蘭潭	嘉義市都市計畫	690	1974		嘉義市政府(未設管埋單位)

25.台南縣尖山坰	(公告指定)	100	1976	縣定	尖山坰風景區管理所
26.花蓮縣鯉魚潭	風景特定區計畫	651	1976	縣級	花蓮縣風景區管理所
27.台東縣知本溫泉	特定區計畫	609	1976	縣級	台東縣政府(未設管理單位)
28.彰化縣田中森林區		45	1976	省級	南投林區管理處
29.彰化縣清水岩森林區		149	1976	省級	南投林區管理處
30.宜蘭縣太平山森林區		2,631	1977	省級	羅東林區管理處
31.苗栗縣明德水庫	特定區計畫	504	1977	縣級	苗栗農田水利會
32.台南縣曾文水庫	特定區計畫	5,582	1977	省級	曾文水庫管理局
33.台中縣石岡水壩	特定區計畫	757	1979		石岡水壩管理委員會
34.屏東縣墾丁	風景特定區計畫	4,827	1979	國定	墾丁國家公園管理處
35.台北縣內洞森林區		1,191	1979	省級	新竹林區管理處
36.台東縣知本森林區		110	1979	省級	台東林區管理處

註：引自蘇一志，恆春地區觀光遊憩空間之演化，國立台灣大學地理學研究所博士論文（1997），頁88、91。

表17、1980年代成立的風景區

觀光遊憩區名稱	計畫類別	面積(公頃)	發布時間	等級	管理單位
1.彰化縣八卦山	風景特定區計畫	1,788	1980	省級	八卦山風景區管理所
2.南投縣鳳凰谷	風景特定區計畫	680	1980	縣級	鳳凰谷鳥園
3.南投縣翠峰	風景特定區計畫	39	1980		台灣大學山地農場
4.花蓮縣磯崎	風景特定區計畫	98	1980		東部海岸風景特定區管理處
5.花蓮縣石梯秀姑巒	風景特定區計畫	539	1981		東部海岸風景特定區管理處
6.桃園縣小烏來	風景特定區計畫	194	1981	縣級	桃園縣風景區管理所
7.新竹市青草湖	風景特定區計畫	227	1981	縣定	新竹農田水利會
8.台中縣谷關	風景特定區計畫	148	1981	省級	梨山風景特定區管理處
9.彰化縣田尾	園藝特定區計畫	332	1981		彰化縣政府(未設管理單位)
10.台南縣關子嶺	風景特定區計畫	657	1981	縣級	台南縣政府(未設管理單位)
11.台南縣南鯤鯓	特定區計畫	177	1981	縣級	台南縣政府(未設管理單位)
12.台南縣虎頭埤	風景特定區計畫	418	1982		虎頭埤風景特定區管理所

13.新竹縣清泉	風景特定區計畫	82	1982		新竹縣政府(未設管理單位)
14.南投縣溪頭	森林遊樂特定區計畫	2,514	1982		台灣大學實驗林管理處
15.嘉義縣仁義潭	風景特定區計畫	1,528	1982		嘉義縣政府(未設管理單位)
16.嘉義縣吳鳳廟	風景特定區計畫	197	1982	縣級	嘉義縣政府(未設管理單位)
17.高雄縣月世界	風景特定區計畫	195	1982		高雄縣政府(未設管理單位)
18.高雄縣六龜彩蝶谷	風景特定區計畫	485	1982	國定	高雄縣政府(未設管理單位)
19.台北縣東北角海岸	風景特定區計畫	13,145	1982	省級	東北角海岸風景特定區管理處
20.台北縣十分	風景特定區計畫	56	1983	縣級	台北縣政府(未設管理單位)
21.宜蘭縣大湖	風景特定區計畫	86	1983		宜蘭縣政府(未設管理單位)
22.南投縣東埔溫泉	風景特定區計畫	238	1983		南投縣政府(未設管理單位)
23.台南縣枕頭山	風景特定區計畫	231	1983		台南縣政府(未設管理單位)
24.宜蘭縣梅花湖	風景特定區計畫	194	1984		宜蘭國家公園管理處
25.高雄縣美濃中正湖	風景特定區計畫	220	1984		高雄縣政府(未設管理單位)
26.台東縣小野柳	風景特定區計畫	156	1984		東部海岸風景特定區管理處

27.台東縣三仙台	風景特定區計畫	100	1984		東部海岸風景特定區管理處
28.桃園縣巴陵達觀山	風景特定區計畫	373	1985		桃園縣風景區管理所
29.嘉義縣中崙	風景特定區計畫	184	1985	縣級	嘉義縣政府(未設管理單位)
30.台中縣鐵砧山	風景特定區計畫	138	1985	省級	鐵砧山風景區管理所
31.台北縣北海岸	風景特定區計畫	3,293	1986		北海岸風景區管理所
32.宜蘭縣頭城濱海	風景特定區計畫	472	1986		東北角海岸風景特定區管理處
33.宜蘭縣龍潭湖	風景特定區計畫	164	1986	縣級	宜蘭縣政府(未設管理單位)
34.宜蘭縣五峰旗	風景特定區計畫	79	1986		宜蘭縣政府(未設管理單位)
35.南投縣廬山溫泉	風景特定區計畫	278	1986		南投縣風景區管理所
36.雲林縣草嶺	風景特定區計畫	1,094	1986		雲林縣風景區管理所
37.澎湖縣西台古堡	古蹟特定區計畫	74	1986	縣級	澎湖風景特定區管理籌備處
38.台東縣綠島	風景特定區計畫	1,726	1986	省級	東部海岸風景特定區管理處
39.台東縣知本內溫泉	風景特定區計畫	115	1986	省級	台東縣政府(未設管理單位)
40.台南縣烏山頭水庫	風景特定區計畫	7,433	1987		珊瑚潭風景區管理所

41.高雄縣茂林	(新風景區計畫)	19,400	1987	國定	茂林風景區管理所
42.澎湖縣林投	風景特定區計畫	67	1987		澎湖風景特定區管理籌備處
43.台東霧東部海岸	風景特定區計畫	39,957	1987		東部海岸風景特定區管理處
44.台東縣紅葉溫泉	風景特定區計畫	312	1987	省級	台東縣政府(未設管理單位)
45.台東縣八仙洞	風景特定區計畫	53	1988	省級	東部海岸風景特定區管理處
46.花蓮縣池菊	森林遊樂區計畫	147	1981	省級	花蓮林管區
47.南投縣惠蓀	森林遊樂區計畫	120	1981	省級	中興大學
48.台中縣大雪山	森林遊樂區計畫	3,963	1984	省級	東勢林管區
49.台北縣滿月園	森林遊樂區計畫	1,649	1985	省級	新竹林管區
50.台中縣八仙山	森林遊樂區計畫	2,397	1985	省級	東勢林管區
51.花蓮縣富源	森林遊樂區計畫	191	1985	省級	花蓮林管區
52.新竹縣觀霧	森林遊樂區計畫	2,955	1989	省級	新竹林管區
53.宜蘭縣明池	森林遊樂區計畫	560	1989	省級	羅東林管區
54.宜蘭縣棲蘭	森林遊樂區計畫	605	1989	省級	羅東林管區
55.南投縣奧萬大	森林遊樂區計畫	2,787	1989	國家級	南投林管區
56.屏東縣雙流	森林遊樂區計畫	1,590	1989	國家級	屏東林管區
57.墾丁國家公園	國家公園計畫	32,600	1984	國家級	墾丁國家公園管理處
58.玉山國家公	國家公園計畫	105,00	1985	國家級	玉山國家公園管

園		0		理處
59.陽明山國家公園	國家公園計畫	11,450	1985	陽明山國家公園管理處
60.太魯閣國家公園	國家公園計畫	92,000	1986	太魯閣國家公園管理處

註：引自蘇一志，恆春地區觀光遊憩空間之演化，國立台灣大學地理學研究所博士論文（1997），頁92。

　　觀光旅遊是與民眾的需求以及社會問題相關的[65]，因而在社會力高漲和民眾權利意識提升的背景下，遂成爲國家的優先政策，行政院先於1981年將發展觀光事業列爲「九大前瞻性政策」之一（此處之觀光事業實指國民觀光遊憩），又在1984年通過將自然生態保護及國民旅遊重要計畫，列爲14項重要工作重之一，遂使國民旅遊成爲國家重要施政[66]。

（二）遊憩分化—生態旅遊系統的建立

　　國家公園是爲了生態保育的目的而成立的？相信不會有人否定這樣的說法；但是如果我們回顧過去設立國家公園的各種主張，以及現在國家公園的使用狀況，恐怕難免質疑國家公園的定位與性質。自然保留區與野生動物保護區的情況，也有類似國家公園的問題。

　　雖然以資源保育爲第一要務，但是實際上似乎本末倒

---

[65] 參見毛治國，立法委員考察交通部觀光局簡報。

[66] 行政院經濟建設委員會，觀光事業發展（台北：同作者，1986），頁31。

置,因為國家公園遊憩使用的人數、其使用強度至為驚人,私毫不下於某些風景區與遊樂區(參見表18)。如果我們考察一下國家公園設立的初衷,這種遊客泛濫的情況並不令人意外。

第一個國家公園—墾丁是1982年才成立的,但台灣的國家公園歷史至少可以往前推半個世紀,受到日本(當時的內地、母國)20年代訂定國家公園法的影響,台北、花蓮和嘉義等地發起爭取設立國家公園的運動,各地為了地方發展互不相讓,而在1938年正式公布指定大屯、新高阿里山、次高太魯閣三個國家公園預定地[67]。

表18、國家公園及其使用概況

國家公園名稱	公告實施日期	面積	遊客人數(1997年)
墾丁國家公園	(1982.09.01)	32,631	2979032
玉山國家公園	(1985.04.10)	105,490	1899196
陽明山國家公園	(1985.09.01)	11,456	3620473
太魯閣國家公園	(1986.11.12)	92,000	1173539
雪霸國家公園	(1992.07.01)	76,850	288222
金門國家公園	(1995.08.18)	3,780	992585

註:整理自中華民國八十六年觀光年報與中華民國台灣地區環境
資訊(1997)。

---

[67] 李瑞宗,「日據時期台灣國立公園的建設」,中華民國國家公園學會
七十九年度會員大會暨學術論文發表會論文。

　　日人雖然籌備了國家公園，旋因戰事緊張而未能有所建設；國民政府接收初期，政治與經濟形勢皆至為嚴峻，非但未能建設國家公園，更以開山伐木採礦來支持政府財政，國家公園這種似乎無關國用民生的事，自然遭到擱置的命運。

　　政府囿於財政因素，對於國家公園計畫缺少興趣，但在聯合國的催促下，亦曾邀請國外專家前來考察、諮詢，省政府、交通部、行政院也曾多次研議，仍然沒有結果[68]。民間要求建設國家公園的聲音，也始終沒有中斷過，較早在1952年，即有台灣省風景協會提出「選定國家公園建議書」[69]。

　　1955年有些社團再度建議政府制頒公園法，當時因政府及社會各方面忙於致力重建台灣經濟，因此不但對於國家公園的設立不感興趣，甚至對於觀光事業的推動亦不甚重視，因此這個建議雖然由內政部交由社會安全制度研究委員會研究，但未聞有任何結論[70]。到了1960年代，也有決策者主張應建設玉山國家公園，做為亞洲觀光事業的楷模，並以國家公園來繁榮經濟[71]。

> 各國均選擇名勝古蹟或山高水深的區域，建設家公園，或高山公園與海濱公園，開發觀光資源，以繁榮經濟，增進邦交，提高國民知識道德，改善國民生活習慣的現代化建設之樞紐。

---

[68] 雷樹水，「談國家公園的意義」，台灣觀光報導，第1卷8期（1967）。
[69] 同前註，頁4。
[70] 同前註。
[71] 鄧文儀，「亞洲第一高峰公園」，觀光季刊，第4期（1964），頁19；作者為台灣省觀光事業委員會顧問，且為高階將領。

　　直到1970年代國家公園法制訂時，非但社會大眾對國家
公園仍認識不足，即使決策者亦是認知有限，在立法院討論
國家公園法草案的發言中，除部份立委係從政治觀點著眼
外，主流的意見仍是環繞著發展觀光與經濟利益。

　　立委們對國家公園法的意見有：國家公園是觀光事業、
國家公園的目的在提供人民觀光遊樂、國家公園為配合遊覽
事業、國家公園事業應有觀光精神、吸引外國觀光客是國家
公園目的、狄斯耐樂園在國家公園中的地位等[72]，在光怪陸
離的諸多意見中，似乎就是無人提出生態保育問題，無怪乎
連蔣經國都認為國家公園是大型遊樂區[73]。

　　在理念上，（至少在1970年代）國家公園的成立可說是
風景區興建熱潮的產物，在實務上，則國家公園的休閒遊憩
功能比起風景遊樂區毫不遜色。國家公園係屬自然保育區域
之一種，尚有其他多種保護區，它們所能承受的旅遊活動（即
「使用強度」）各不相同。

　　內政部在全省畫有12個「沿海地區自然環境保護區」，
其中不少與風景區有重疊；經濟部與農委會依「文化資產保
存法」，訂立18個自然保護區；風景特定區亦可視為保護區
之一，而林務局依林業政策亦設有多個保留區、保護區；農
委會依「野生動物保育法」設有九個保護區做為野生動物棲
息地[74]。

　　野生動物保護區是1990年代以才有的，自然保護區則自

[72] 參見黃躍雯，前引文，頁77。
[73] 同前註，頁138，註四十。
[74] 中華民國台灣地區環境資訊（1997），頁297。

1986年後公告設立，對於工商活動的侵入破壞可有效防制，也可防止盜獵、盜採的破壞，但卻無法禁止遊憩活動。因為遊憩活動的頻繁，造成過大的遊憩壓力，已經使得自然生態遭受嚴重損傷；而由於未能限制遊客的進入，遊憩與捕獵的危害有增加之勢[75]。

　　政府執行生態保育政策的努力，以及社會大眾生態意識的提升，當然不容懷疑，但是近年來的生態旅遊流行，卻不免令人憂心。由於高知識程度、中高收入遊客的愛好，也就是「分眾化」的遊客之雅好知性、生態旅遊，使得旅行業者結合、植物園、國家公園等保育機關，推出稀有的、高價值的、生態的、教育的旅遊，成為市場的熱門商品[76]，這種生態旅遊的實質，恐怕只是觀光遊憩的另一種包裝而已，我們擔心這不過是進一步的對自然保護區的入侵、剝削。

　　從目前保護區的管理和使用狀況，使我們不得不承認某些立法者與決策者，視（廣義的）保護區為觀光區的想法雖不正確，卻是相當實際的。文化古蹟的狀況亦與保護區有共通之處，自然保護區和文化古蹟的法源相同，都來自「文化資產保存法」，形成自然的和人文的資源系統（參見表19）。

　　至1995年止，台閩地區指定之古蹟有284處，多數古蹟都公告於1985年，最早的則是1983年公告，這些古蹟的類型有城廓、遺址、祠廟、宅第、關塞、燈塔、衙署、陵墓、牌坊、書院、園林、橋樑、古井、碑碣等，其中以祠廟的數目較多[77]，

---

[75] 民生報，82.4.7，第7版。
[76] 工商時報，85.1.29。
[77] 中華民國台灣地區環境資訊（1997）。

這些古蹟在保護的同時,多數亦開放參觀遊覽,成為思古幽情的觀光景點,賦與遊客時光倒流的鄉愁之慰藉,也提供現代人自戀式的歷史感與文化認同之滿足。

　　國家公園、自然保護區、(官定的)文化古蹟等,雖然有其生態、歷史意義和價值,而且和政治、意識型態建構有一定的關聯,也呈現了人們的自我認同、生存意義和文化價值。環境、生態和古蹟並不是為觀光旅遊而產生,但是在1980年代,生態保育和文化古蹟卻是隨同風景遊憩資源的開發而被提出,被視為社會消費─即公共建設、集體消費,試圖用以滿足人民的休閒旅遊需求,以及疏導人民不滿和社會壓力的管道。當局的社會政治現實考量,實遠大於社會的生態、文化理念要求,非預期的結果就是生態旅遊、文化之旅,成為新興的旅遊市場和遊憩方式,換言之,自然生態和文化歷史資源在遊憩政策引導下,成為一種新式的旅遊產品和觀光消費。

表19、生態資源一覽

種類	個(區)數	面積(公頃)
國家公園	6	307623
自然保留區	18	63278.8
野生動物保護區	9	4255.6
文化古蹟	284	--

註:整理自都市及區域發展統計彙編(1997)。

（三）森林遊樂—政策夾縫中的遊憩資源

　　森林保育是國土保安與生態保育的基礎，森林也是國民觀光遊憩的一大資源，因而森林經營處在保育與遊憩的兩難要求下，其政策選擇與制訂至爲艱難。

　　林業政策的困境其由來已久，主要有經濟與保育、事業與行政、生態與觀光之間的矛盾，另外一個更大的困境，則是森林遊樂的政策地位問題，森林遊樂的法律地位與風景特定區相似，但是其政策地位卻極爲邊陲、常受忽視[78]。

　　當然，這些困境可說是陳陳相因，長期累積、交織成林業發展的限制和弊端，70年代以前的林業政策問題，也是爾後森林遊樂的困境，即是偏重經濟和木材生產的政策[79]，換言之，即是以砍伐、招標、外銷木材爲主的森林政策。

　　雖然1970年代開始森林政策已逐漸轉向，但並不代表森林遊樂獲得認同，更不表示森林遊樂的政策地位有所提升，預算編列應是觀察政策重要性的客觀指標，如從政策面來看，大體上森林遊樂政策的發展呈現不甚穩定的狀況，而森林遊樂政策如有較明顯發展，應在1980年代中期後（參見表20）。

---

[78] 林務局，台灣省森林遊樂區第一期發展綱要計畫（1988），頁33。

[79] 參見陳水源，我國發展森林遊憩事業政策之評析（台北：台灣大學森林學研究所森林經營組，1986）；陳氏稱1970年前森林政策爲「初創時期」，1971-80爲「發展時期」，1981-85爲「積極推展時期」。

表20、林務局森林遊樂預算之變動

年度	金額（千元）	指數	年度	金額（千元）	指數
1962	5000	100	1983	292958	5859
63	0	0	84	173661	3473
64	1500	30	85	214050	4281
65	0	0	86	173049	3460
66	847	17	87	190807	3816
67	90609	1812	88		
68	6544	130	89	100000	2000
69	7353	147	90	561693	11233
70	16455	329	91	440330	8806
71	9956	199	92	440770	8815
72	32662	653			
73	20324	406			
74	11479	229			
75	40955	819			
76	161489	3229			
77	93587	1871			
78	50628	1012			
79	354835	7096			
80	81091	1621			
81	27083	541			
82	328114	6562			

註：整理自台灣省林業統計、台灣省森林遊樂區第一期發展綱要計畫；指數以1962年（民國51年）為基期。

1、林業經營的附庸

　　台灣的森林資源極豐富，主要的林地多為林務局所管理，山地約占台灣面積四分之三，森林面積亦達全島面積五分之三，總面積約有220萬餘公頃，其中約62.7%是林務局經營的林班地和保安林，私有地僅約8.3%，其他則分屬各機關經管或所有（見表21）。由於林務局經營管轄者占林地之大宗，因此，一般均以森林遊樂區即為林務局所有，事實上，森林遊樂之發展，是在1985年才受到實質的重視。目前營運中之許多私有或實驗林森林遊樂區，並非林務局所能左右。

表21、台灣林地面積及所有權分類

單位：1000公頃

所有權屬或經營機構	面積
公有林	47.0
私有林	189.2
山地保留地	240.6
未分類地	174.0
合計	650.8
林務局經營計劃下（事業區）	1364.8
林務局租地造林	35.0
保安林	28.6
合計（林務局部份）	1428.4
大雪山公司	59.7
輔導會開發處	90.2
各大學實驗林	48.4

合計（非林務局國有林）	198.3
總計	2227.5

註：1. 整理自國家建設計劃委員會。1970。《如何始能充份有效
　　　利用台灣土地以利設發展之研究》。
　　2. 保安林含海岸防風林5000公頃。

　　在1988年之前，林務局計開發有16處森林遊樂區，其中
11處如田中、竹山、富源等，是小型森林遊樂區，另五處為
大型者，如合歡山、大雪山等，均僅具一般性公共設施，雖
合乎低度開發低度使用的保育原則，但簡陋的設施與服務的
匱乏，主體設施與服務管理均欠缺。小型遊樂區多無景觀特
色，較無經營價值，大型者或受國家公園影響、或因交通與
設施問題、其服務功能與市場潛力不易發揮，往往成為林務
局的財政包袱，而遊客也感受不到森林遊樂的價值與裨益。

　　墾丁、阿里山、太平山是大型森林遊樂區，墾丁接收自
日治時期實驗林，太平山是舊林場設施，阿里山亦開發於日
治初期；大型森林遊樂區都有可觀的自然資源，對遊客極具
吸引力。私營與各事業機關之森林遊樂區，自然資源與景觀
常略遜於森務局所有者，但在市場競爭與大力投資下，租用
國有林地之烏來雲仙樂園、杉林溪遊樂區，其設施與營運皆
較林務局所有者略勝一籌，九族文化村雖屬主題遊樂園，卻
完全開發自私有林地，其設施與營運即相當良好。

2、森林遊樂經營

　　大學實驗林如惠蓀林場、溪頭實驗林，亦夙有口碑；桃
園縣政府管理之巴陵達觀山，輔導會棲蘭苗圃、明池森林遊

樂區、清境農場、福壽山農場，實質上都具森林遊樂性質。
這些未經正名的森林遊樂區，也都積極的增加設施（幾乎全
都設有國民賓館或旅館），拓展國民旅遊業務。

今日我們慣稱的「森林遊樂區」，應係「國有林森林遊
樂區」，即屬於國有林地，以林務局為管理機關，依「森林
遊樂區設置管理辦法」設置的森林遊樂區，其法律地位與風
景特定區相當，在政府的政策中也常將風景特定區與森林遊
樂區相提並論，合稱「風景遊樂區」。森林遊樂雖地位重要，
卻因長期隸屬於省府的事業單位—林務局，致使其政策地位
極為曖昧，行政層級不高固是一大限制，最大問題在政策屬
性與取向不明朗，使森林遊樂幾乎一籌莫展。

主要癥結來自保育與開發、行政與事業的爭議。林務局
長期做為一事業單位，必須賺取利潤繳庫（法定盈餘），而
利潤的不二法門當然是靠山吃山，以伐木為最立即有效手
段，森林遊樂因收益有限，素來不為省府當局重視，只有阿
里山因世界級特色與政府高層渡假，才獲得較大投入。做為
事業單位，森務局必須自負虧損，因而長期無力投資於森林
遊樂的建設。

直到1970年代，林木價格低迷對林務經營形成重大壓力
[80]（事實上高價值林木亦已砍伐殆盡），林務局乃亟思由事
業單位轉型為行政機關，亦即改變歷來砍伐林木促進經濟充
裕國庫的職能，轉而以國土保安自然保育為目標，依林業專

---

[80] 周楨，「台灣林業革新以來之發展」，台灣銀行季刊，第32卷第3期
（1981），頁256-270；依周氏言，當時數量較多的柳杉價賤而無利可
圖，高級林木如檜木等卻「無木可伐」。

家的實際參與心得，森林保育問題是在濫伐林木，造成水土流失，以致危害及水庫安全，破壞國土保安後，才在1975年因「深覺過去之林業政策，確有諸多缺失」，而受到重視，也就是說，林務局的林業政策已造成政府重要投資及人民生命安全的危害時，森林保育被做為對策來提出，這個時候「適用森林遊樂觀念的森林作業方式仍未產生」[81]。後來「森林育樂」在多重背景下被提出，森林遊樂被提昇到重要政策的地位，「台灣省森林遊樂區第一期發展綱要計畫」（「綱要計畫」）做為整體的、轉型性的策略被提出[82]。

　　《綱要計劃》後經行政院修訂為《森林遊樂區五年發展計劃》，不但編列鉅幅預算，更配合《森林遊樂區設置管理辦法》，計劃在54處森林遊樂資源中，有11處已開發者之外，

---

[81] 周楨，前引文，頁256、267-268。游星輝，森林資源經營實務（台北：金銘，1983），頁213。

[82] 在90年代後，隨著生態保育觀念的普遍化，主管官署的政策詮釋亦有改變，承認早期政策的偏重伐木與經濟，在1975年之前的森林遊樂政策是「多目標利用之次要目標」，76年以後是多目標利用之主要目標，在這兩個階段中，前一階段不再開發森林，以國土保安為主要目標，因而衍生出森林遊樂政策；參見陳溪洲，「森林遊樂區發展現況」，全國觀光旅遊行政會議報告（1992），頁75-76。以75年做為政策的轉捩點有其道理，唯依我們觀察，1975年之前雖然有個別的森林遊樂區開發，主要是歷史遺產的非政策後果，即有個別措施、設施，而無理念、政策，75年後有理念與目標，卻仍無政策與制度，真正的森林遊樂政策，一直到1985年「森林法」修法後，才正式、真正提出，換言之，政策與實務間存在著落差、脫節現象。

另加三處與民間合作開發；林務局有四處自行開發，由省府與中央平均分擔開發經費；其餘26處開放民間投資。

　　在1990年代尚在營運中之森林遊樂區，依其經營型態概略區分如下：

A.林務局自營

　(A)收費者：如墾丁、太平山。

　(B)開放不收費者：如合歡山、地理中心、田中等。

B.　其他機關所有或經營

　(A)退輔會：棲蘭、清境、福壽山、明池等。

　(B)實驗林：溪頭、惠蓀、翠峰等。

　(C)桃園縣政府：巴陵達觀山。

C.　公私合作

　(A)業者承租土地經營：杉林溪、雲仙樂園等。

　(B)開放供民間業者投資：如阿里山、知本。

D.民有者

　(A)合法營業者：如南天母森林遊樂區（後已歇業）。

　(B)未合法申請者：如大克山、長青谷森林遊樂區。

E.　人民團體所有

　(A)彰化縣農會：東勢林場。

　　雖然林務局已轉型為行政機關，森林遊樂開發政策也已底定，多數森林遊憩點多採出租方式開發。從整個森林遊樂政策轉型過程中，我們看到定位不清、政策不明—主要是經濟／保育、事業／行政、生態／遊樂的糾葛，以及林務局本身行政地位的曖昧（省府組織精簡後或會有改變），所造成的策效能不彰，即營利目標與社會服務功能皆不佳的窘境。如果森林遊樂政策效率低，使森林資源得以不受干擾破壞，

則未嘗對生態可有某種貢獻，然而，森林遊樂政策的低效率，換來的似乎只有森林遊樂資源的濫用、濫建（當然也有濫墾）、浪費，試看一位遊客對堪稱首善之區的阿里山森林遊樂區的批評[83]：

> 在風景區入口處的停車場中，有著太多的攤販，加上攤販們低級違建與叫賣「燒仙草」、「薑母茶」的擴音機所發出的噪音，及新舊雜陳與不太調和的各類商店，令人不知置身何處？尤其在祝山的觀日台後面，一棟棟的販賣部林立，簡單的平頂屋加上千篇一律的鐵捲門，…阿里山風景區的整個規劃，林務局及森林鐵路的經營，恐怕還停留在過去的方式，其低落的服務品質與缺乏效率的售票方式，不曉得為國家作了多少負面的影響？以台灣在各項方面的成就，小小的問題應當不難解決才是，而種種的規劃不善，對於僅知以提高票價為維持風景區與森林火車營運的當局，難道沒有其它更好的辦法…。

　　遊客看到景觀與服務、設施的問題，感受到森林遊樂區規畫、管理、營運的未上軌道，我們則認為森林遊憩政策與制度恐需更進一步，更全面的深刻檢討，才可能讓我們的森林遊樂事業，在（公有）風景區與（私營）遊樂區的夾縫中，更明確化其方向與屬性。當前森林遊樂政策的主要策略，是全面招租、委託民營，這是市場競爭與經營效率壓力下，不得已的一種選擇。這種安排也有限制與隱憂，即森林是我們

---

[83]77.5.21，工商時報第13版。

最珍貴的自然源資，是人們接近大自然、認識生態環境的最有效管道，卻也是極脆弱、敏感的一種資源，在私人經營的利潤追求，以及遊客滿足心理（美學的）、生理（健康）和其他需求的同時，尚能維持森林的生機和生態的平衡。

（四）地位財貨─遊樂區與大眾旅遊

「地位財貨」（positional goods），泛指環繞著觀光旅遊和休閒渡假的消費和活動，包括實體的、抽象的，空間的、社會的，物品耗費、美學感知等。地位財貨概念來自地位經濟（positional economy），這是F. Hirsch在「成長的極限」（social limits to growth）論題中提出的，指出各種財貨、勞務、工作、地位和其他社會關係，都是稀有而擠迫的[84]。

地位財貨是競爭的零和遊戲，其總量不會增加，個人的滿足必須憑藉秉賦去取得，在競爭中排除他人而獲得個人的消費需要，因而地位財貨是關係性的，是依賴社會地位、消費地位決定的，決非公平、開放、志願的選擇性消費，而是一種強迫消費（coerced consumption）[85]。

強迫消費說明人們的消費選擇受社會關係制約，因而常須擠破頭參與競爭以獲得滿足，占有優勢地位的人也不能豁免，反而承受更大的壓力，「為了站穩就要跑得更快」，優勢階級為維持其既得地位和生活方式，必須付出更多以獲取

---

[84] J. Urry, "The 'Consumption' of Tourism", Sociology 24, 1 (1980), pp. 28-29。

[85] Ibid. 。

需要。優勢階級追求的是「原生的社會稀有財」（"direct social scarcity"），也就是高昂稀有卻是社會地位與品味所不可缺，如華服、藝術品、高爾夫球、極致之旅等，一般人競逐「衍生的社會稀有財」（"incidental social scarcity"），也就是大家共同追求的東西，如汽車、住宅、視聽設備、風景遊樂區、假期等[86]。

　　M. Weber的「社會封閉團體」（social closure）概念亦係地位財概念的淵源，可與「原生的社會稀有財」概念對照，來觀察某些精英化的觀光旅遊，如高爾夫球、會員俱樂部、環球旅行、南極探險等耗時耗費的活動；「大眾消費」、「大眾旅遊」（又稱為觀光旅遊民主化）即暗指「衍生的社會稀有財」，如遊樂區、風景區、（各種）大賣場、區域性的團體旅遊等。

　　本節中，我們將先討論一種最普遍卻也是最複雜的旅遊資源—（民營）遊樂區，其次再來觀察高爾夫球場問題。民營遊樂區—通常稱為遊樂園或主題樂園，與公營風景特定區—通稱為風景區，有些亦稱遊樂區，其社會經濟定位與本質是大不相同的，雖然其外貌有時相當神似。

　　（公營）風景區本質上是一種社會財、公共財，是屬於集體消費、社會再分配、社會服務設施，其經營體制須依各種法規之規定，表現出來的經營風格則是較粗放、較平價、不重視行銷，民營遊樂區少數為獨資，多數為私法人（公司）組織，以營利為取向，通常較人工化、收費較高，有強勢的

---

[86] Ibid.。

宣傳促銷等；公民營遊樂園（區）的各項差異[87]，可參見表22。

1. 風景區 v. 遊樂園

　　此處的「公民營遊樂園（區）」只是一個概括性的區分，實際上的產業範圍、分類標準並無明確的界線和定義，即使主管機關亦無清楚的界定：

> 由於「觀光遊樂服務業」已經歷三次調查，產、官、學對該產業的定義與範圍卻始終未取得共識，亦未對該項議題進行深入研究與討論，造成每進行一次調查計畫，就必須重新定義母體範圍及歸類方式[88]。

　　官方的認知模糊，或亦正凸顯風景遊樂園（區）行業的複雜性和多樣性，但就整體規模而言，公營風景遊樂園（區）的個別規模與整體規模均遠較民營者為大，以個別業者而言，公營的面積約較民營者大三倍以上（參見表23，園區總面積欄），而截至1996年止，都市計畫風景區土地面積為4273.7公頃，非都市土地使分區的風景區面積為46055.9公頃，兩者合計超過五萬公頃，這些土地多為公營的風景特定區所囊括。

---

[87] 八十四年度觀光遊樂服務業—遊樂場（區）業調查報告，前言。

[88] 參見茂眾企管顧問公司，觀光遊樂服務業調查報告（台北：交通　部觀光局，1990）。

表22、公民營風景遊樂園（區）營運概況對照

項目	公營風景遊樂區	民營遊樂圈
交通問題	假日道路擁塞、公共交通工具班次過少、道路狹窄	道路狹窄、公共交班次過少及道路假日擁塞
園區總面積	(46公頃)	(14公頃)
土地權屬	公有88.2%	公有26.79%
經營主題	景緻觀賞、露營野餐、民俗文物	景觀賞、露營野餐、陸域機械
水域 設施項目	戲水區、垂釣區、划船區	游泳池、戲水區、垂釣區
陸域 設施項目	徒步區、觀景區、景觀設施	野餐烤肉區、徒步區、觀景區
餐飲 設施	設置比例低	設置比例高
住宿設 施	設置比例低 旅館、露營區、渡假小屋	設置比例高 會議廳、露營區、渡假小屋、旅館
規劃容納量 實際尖峰值 年遊客數	9000人/天 9150人/天 35萬人/年 寒暑假、十月及春假為旺季	5000人/天 5325人/天 8萬人/年 寒暑假及春假為旺季
收費方式 收費標準－ 全票	一票到底(清潔維護費) 門票低(額度從	一票到底(門票) 門票高(額度從20元至650元,中位數

收費標準－ 小客	20元至250元， 中位數為50元) 每次停車費從 20至50元，中位 數為35元	為180元) 每次停車費從20至 100元，中位數為50 元
營運方式	全部自營、部份 出租、半租半 託、部份委託	全部自營、部份出 租、部份委託
發展方向	以自然景觀為 主，加強公共及 服務設施之設 置與更新	以遊憩活動為主的 休閒渡假基地
經營模式計 畫	維持現有設施 及規模繼續經 營、提高出租或 委託經營比	維持現有設　施及 規模繼續經營、改 變原有園區經營主 題、改變園區原有 經營業別

註：摘錄自茂眾企管顧問公司，八十四年觀光遊樂服務業─遊樂
　　場(區)業調查報告(台北：交通部觀光局，1996)，頁137-140。

　　以服務能量而言，公營風景遊樂園（區）的規畫與實際
遊客人數均遠大於民營者，年服務能量約為35萬與八萬之差
距。反之，公營風景遊樂區的收費標準，則遠低於民營者，
其中位數約為50元與180元之對比。在遊樂服務設施與資源
上，公民營單位亦顯然有所不同。

　　公營者似乎偏重自然與靜態的資源之利用，有45.5％單位強調其景緻觀賞，重視民俗古蹟者，亦有11.9％，反之，民營業者對景緻觀賞與民俗古蹟的重視程度就大為降低（分別為26％及5.8％），民營業者強調的是機械設施，不論陸上或水上機械　設施的比重，都大幅超過公營單位（參見表23），雖然有設施上的差異，如從整體形象與資源（即所謂的「主題」）來看，多數風景遊樂園（區）可歸屬為綜合遊樂類（43％），其次則為自然景觀類（15.6％），其他則有人工景觀、動物園、植物園、花園、農園、海岸遊憩等[89]。

　　從事業主體一也就是經營管理的組織型態來看，遊樂區以公司組織為主，公營風景區則以行政單位主管為主（參見圖9），公營者以行政機關為主，公營事業為輔，民營者則多為公司組織，少數為獨資、財團法人、合夥等。

---

[89] 參見觀光遊樂服務業調查報告，頁3-7。

表23、公民營風景遊樂區（園）資源設施之比較

業態系統	景緻觀賞	農果園農採擷	海水浴場	露營野餐	陸域機械	野外健身場	水上機械設施	騎馬滑草野戰	動物展示	花卉植物	民俗古蹟
合計	28.5%	3.0%	6.5%	15.8%	10.9%	3.7%	5.8%	2.1%	4.0%	5.6%	6.6%
近岸海域遊憩區	16.5%	1.3%	48.1%	17.7%	0.0%	1.3%	5.1%	0.0%	0.0%	2.5%	2.5%
公營風景遊樂區	45.5%	0.0%	4.2%	18.2%	1.4%	2.1%	1.4%	0.7%	2.8%	8.4%	11.9%
民營遊樂園	26.0%	3.9%	1.4%	14.9%	14.7%	4.5%	7.0%	2.7%	4.8%	5.3%	5.8%

註：引自八十四年觀光遊樂服務業—遊樂場（區）業調查報告，
　　表4-4；「近岸海域遊憩區」主要係指海水浴場。

圖9、公民營風景遊樂園（區）之組織型態

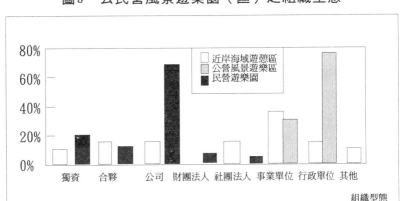

註：引自八十四年觀光遊樂服務業—遊樂場（區）業調查報告
（1996），頁16，圖3-4。

2.風景區的示範效果

　　公民營風景遊樂園（區），成立的風潮在1980年代後（參見圖10），公營者設立的高峰期在70年代中期，民營者則落後十年。總體而言，60年代以前設立者約4.8%，1980年代前、後期設立者之比例分別為25.9%與38.4%，就各類型而言，遊樂園之成立較集中於1980年以後，而以88年為高峰，風景遊樂區的設立則較集中1977年以後，動、植物園、花園、農園亦集中於1980年以後[90]。

---

[90]「發展觀光條例」之重心完全在於觀光飯店的投資獎勵，以湘關的聲色之娛，如夜總會、酒店等，少數的風景區開發計畫都由公部門投資，其成效極為有限。

　　這種時段的分佈與時點的落差有其政治的與社會經濟背景。60年代之前的觀光資源之開發，只是少數景點的維護（如日月潭、陽明山），在外向型的觀光政策下，整個公私部門的投資重心都聚集在國際觀光飯店和來華外國旅客的接待上[91]，耗時費力而效益不甚確定的風景遊樂區開發並未受到應有重視。

　　公部門的大力投入風景區整建，與當時的社會需求和政治正當性有密切關係，而私人投資落後公部門約十年，有兩個主要原因，一是公部門投資的引導、示範效果，如石門水庫的開發，就帶動水庫附近及沿線出現眾多遊樂園、渡假村等，顯示公共投資啟動觀光遊憩系統的成長，以及觀光產業的聚集效益，而諸多遊樂區、文化村的設立，甚多模仿國外的規畫設計者，也有不少則是直接抄襲公營風景遊樂區者[92]。另一個原因是社會需求旺盛，給予民間業者極大的投資誘因，反映出公部門投資不足的問題；雖然政府向來對民間的投資採正面態度，但直到1980年代，民營風景遊樂區極少有受到獎勵的例子。

3. 遊樂設施不足？過剩？

　　風景遊樂設施的不足，是民營遊樂園（區）大量興起的原因，民間投資是市場需求的自然結果。據一位主管官員表

---

[91] 國內業者仿、抄襲的案例頗為常見，如有名的某文化村，風格承襲自夏威夷的波里尼西亞文化中心，設計藍圖則與省府的山地文化園區規劃設計部分雷同。

[92] 陳水源，「開發有主題意識的遊憩區」，76.9.1，民生報第四版。

示:「台灣地區目前對遊憩機會之需求,遠大於遊憩區所能
供給之數量,由1987年國民旅遊全年到達五千二百萬人次之
吸引力,故民營遊憩區競相投資開發,…。」[93]

　　社會輿論對於遊樂設施的不足、不佳亦迭有反應,除了
都市中能夠提供給青少年與市民的休閒設施太少外,觀光旅
遊設施也大有欠缺:

> 各重要旅遊區的休閒設施普遍不足,遊客興匆匆到達
> 旅遊點,往往發現無處住宿。強找到民宿又有服務品
> 質不佳的感覺;加上各旅遊據點同質性過高,未能發
> 展出配合當地歷史、地理或人文景觀的特色,小販如
> 織,都使得遊客在春節倒盡胃口,不能盡興休閒[94]。

　　依照1986年的一項調查,訪問民眾對「旅遊地點觀感」,
在問卷的17個選項中,「人太多、太雜」居第五項,唯如扣
除三個正面印象之選項(如「人工園景美觀」),則「人太
多、太雜」僅次於「土產店、攤販之管理應加強」,以及「遊
樂設施不足」而居14項中的第三位,顯示民眾對遊樂設施擠
迫之強烈感受[95]。

「政府應重視交通與遊樂問題」,85.2.22,台灣時報第一版。

[94] 台灣省政府主計處編,台灣省民眾休閒及旅遊活動概況調查報告(台
北:同編者,1987),頁42,表32。

[95] 77.5.21,工商時報第13版。

圖10、公民營風景遊樂園（區）開業年份別統計

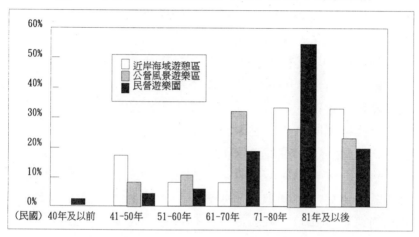

註：引自茂眾企管顧問公司，八十四年觀光遊樂服務業—遊樂場
　　（區）業調查報告（台北：交通部觀光局，1996），頁14，圖
　　3-2。

　　到了1980年代後期，風景遊樂區人山人海的狀況並未舒
解，「政府有關單位開發的腳步緩慢，使得假日各風景區人
滿為患的情形，已到慘不忍睹的地步」[96]，這種擁擠窘迫的
感覺，不但令人不滿，甚至還是一種折磨，因為，人們出去
旅遊最喜歡的就是「觀賞自然景觀」（62.9%），其次才是

---

[96]　此項問卷係複選題；引自故鄉市場調查公司，中華民國八十六年國人
國內旅遊狀況調查報告（台北：交通部觀光局，1998），頁118，表7-6。

遊樂活動、健行等[97]，試問，人擠人的吵雜中，如何接近自然呢？從人與人間的關係來看，人們從事戶外遊憩活動，最喜歡去的地方是「人少清靜的地方」（49.8%），喜歡「人多熱鬧的地方」其實不多（16.1%）[98]，雖然我們的文化並不排斥熱鬧，但現代的遊客似乎並不喜歡湊熱鬧。

　　風景遊樂區的擁擠，顯示的並不盡然是供給的問題。依1980年代中期的調查，當時台灣地區的「觀光旅遊據點」至少達到325處，而依照遊樂資源的實際規模，即以面積為基準的供給量，來對比遊客的需求（即遊客的人次），發現風景遊樂區的供給（即其數量）頗有餘裕，甚至足可應付二十一世紀的需求。風景遊樂資源的充裕（甚至過剩），也表現在一些遊樂區的「人氣消散」、門可羅雀，或者就是「經營不善」、逐漸衰敗[99]。

4. 品質問題？

---

[97] 淡江大學，中華民國八十年度台灣地區國民遊狀況調查報告（台北：交通部觀光局，1991），頁72，表45。

[98] 參見77.9.29，工商時報第14版；黃彩絹，「台灣需要大型遊樂區」，76.11.5，民生報第四版。

[99] 遊樂區的質、量問題，是一個不易掌握和釐清的議題，此中至少涉及幾個因素：1.風景遊樂區的服務能量，不只在於規模大小，更在其資源稟賦與特性，2.各風景遊樂區開發的強度、程度各不相同，3.各遊樂區的　區位與可及性，亦直接影響其使用狀況與遊客選擇。風景特定區有分級制度，建立有評鑑的標準架構，由七大項28因素組合而成，參見「風景特定區管理規則」附表。

　　風景遊樂區的數量和遊客的多寡，反映出來的不只是供需平衡的問題，更有品質與偏好的問題。風景遊樂區的設施、服務品質，以及遊客的選擇、喜好，恐怕才是觀光遊憩供應和消費的癥結所在[100]。

　　要客觀的評量風景遊樂區，並不容易，但是我們透過適當的分類，也可一窺遊樂區的問題與特質。1986年成立的，代表遊樂區業者的組織—「台灣省旅遊育樂事業協會」，就將其成員依設施劃分爲機械、文化、動物、濱海、森林、花園、農牧、綜合、運動與其他等計十組，與一般以自然景觀爲主的觀光遊憩資源分類方式大不相同；事實上，多數遊樂區都具有自然景觀資源，輔之以人造景觀，並以機械遊樂設施做爲遊樂主體設施或增加其吸引力，因此，多數民營遊樂區都可列爲「綜合型」觀光遊憩資源。

　　國內多數遊樂區不論規模大小，也不顧其資源特性，多試圖以多元化的設施與訴求來廣招遊客，可惜因品質與規模的限制，多流於拼湊、大雜燴，反而失去應有的水準與特色，暴露出投資者與規畫者之素質不齊。許多綜合性、非主題遊樂園非但未能拓展資源，反而因爲遊客的失望，而紛紛關門[101]。這樣的現象，反映了國人的休閒品味與消費模式的轉變，促使遊樂區不得不往大型化、主題化方向發展，這樣的趨勢並不會人意外，只是突顯出大眾型遊樂市場與遊樂型態的快速轉型（參見圖11），遊樂區的轉型問題容後討論，我們先來看1970年代中期遊樂區普遍存在著哪些問題。

---

[100] 陳水源，前引文。

[101] 78.9.6，民生報第七版。

圖11、觀光遊憩型態之轉變與發展

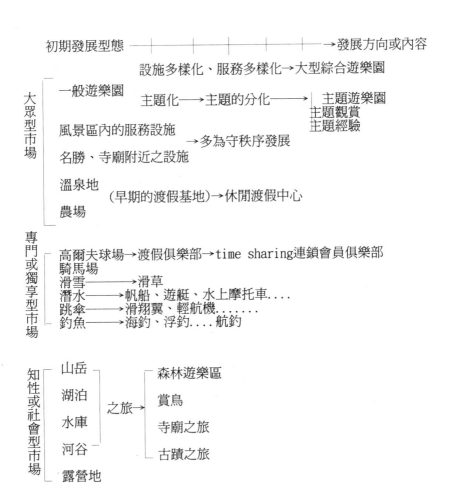

註：引自台灣地區觀光遊樂系統開發計畫（1992），頁404，圖4-26。

5.遊樂園地下化

　　1970年代遊樂業的最大問題，在於整個部門的非正式化發展，而這個問題的關鍵又在於遊樂區的規模。在當時，就連最基本的遊樂區數量都不可考，「台灣究竟有多少遊樂區？這個問題恐怕台灣沒有一個人可以回答，包括主要觀光主管機關的觀光局長或旅遊局長」[102]，在1980年代末，根據媒體報導主管機關所能掌握的（合法）民營遊樂區只有27處，非法的民營遊樂區是合法的四倍，且正飛快成長之中；這個數字與省旅遊局的估計相近，而且都是「保守統計」[103]。

　　遊樂區數量之所以成謎，至少有現實與制度上的明顯原因，現實原因乃在市場因素，因陋就簡暴起暴落，使得遊樂區如雨後春筍增加奇快，從經營與消費關係來看，則是大撈一筆／走馬看花一去不返的惡性循環；據業界經驗，台灣的遊樂產品生命周期約僅兩年，事業的快速轉換和易主，常使得小型遊樂區於開幕短期內大撈一筆，就等著關門、易主，或季性、淡旺季的不定時營業，使得遊樂業充滿高度流動性。

6.地攤式經營？

　　這種遊樂產業的不確定氣氛，雖然和社會環境以及消費習慣有關，但直接的原因更在於制度因素。遊樂業界普遍的「非法化」或「地下化」，即通稱的「地攤式」經營策略，是一種高度普遍、泛濫的現象，新竹縣在88年屬於政府核准營業的遊樂區有四處，違規的有六處，另外還有七處在建設

---

[102] 台灣省交通處旅遊局，風景遊樂區經營管理體制及措之研究，頁29。
[103] 76.7.7，中華日報第五版。

中，同時間台中縣則有19家違法營業遊樂區[104]，台北都會區由於遊客密集，據稱坪林鄉境內的非法遊樂區曾高達7、80家[105]。大量非法營業的背後，透露出制度規範的問題，如非制度規範不切實際，即是執法、行政能力低落無效。

造成行政效能不彰的原因有幾個，一是行政地位權力低下，過去的觀光課並未受重視，台灣21縣市普設觀光課是在民國74年旅遊局成立後，才積極推動各縣市政府成立觀光課掌握轄區內的遊樂區，過去則由建設局撥人支援代管[106]，二是業者貪圖便利，以「金蟬脫殼」蓄意「顛覆」體制，有的以野營社的名登記，有的以農舍，也有以餐廳、藝品店或農場名義達到金蟬脫殼的目的，名目之多，恐怕令人難以想像[107]，各種名目都有，就是不願登記遊樂事業，或者依賴特權，「背景很硬」，視制度法規與主管官署若無物[108]。人民漠視主管機關權威，以及挑戰法律的正當性，有政治文化上背景，也有制度設計上的問題。我們不妨瞭解一下，是什麼樣的制度原因使得遊樂園業者必須逃避體制保護和管理呢？

遊樂區的「不法化」，主要原因是土地在法定風景區或風景特定區之外，也就是說本身不是遊憩用地，卻提供遊憩使用。國內與遊樂區土地有關的法令，主要有兩種，一是區域計畫法，二是都市計畫法。

---

[104] 77.5.10，民生報第七版。77.10.31，工商時報第九版。

[105] 85.8.26，中時晚報第三版。

[106] 施再滿，「為民營遊樂區把脈（五）」，78.9.11，民生報第七版。

[107] 同前註。

[108] 廖鯉，「地下遊樂區定時炸彈」，80.2.26，中時晚報第十版。

　　根據區域計畫下的施行細則，共有九種使用分區編定，其中以山坡地保育區可變更遊憩用地使用，與現行非法民營遊樂區攸關密切，原因是國內現有的遊樂區，不是在山區就在水畔，就只有這兩種地形的景觀變化大，有經營遊樂區的誘因[109]。

　　但是根據台灣省訂定的「非都市土地申請變更編定為遊憩用地開發事業計畫要點」中，明文規定在山坡地範圍內申請使用面積不得少於十公頃，面積未達此標準者，依區域計畫法的非都市土地使用規定，是不得變更的，從而使其開發不可能取得使用執照，也不可能「合法」營業。十公頃的門檻是根據空間、土地使用規範而來，多數業者（較有名者如外埔鄉石頭公園、新竹ㄅㄆㄇ猴園、埔里牛耳石雕公園等）皆因此項規定而陷於「不義」。

　　因地用法規而「不法化」者，就未能申請建物、設施的使用執照，有些業者則連公司執照與營利事業登記都未辦理。此處，我們專就土地、空間規範的部份來探討。為什麼一定要是十公頃的規模，才能取得變更土地使用分區的資格。

　　對土地規模的限制，其立意何在？為何不是設立資金規模的門檻呢？依省旅遊局的說法，是恐怕園區太小者經營不易上軌道，品質無法確保[110]，希望能夠透過規模的管制，來提升遊樂園的設施與服務。

　　事實上，旅遊局也不是地用管理機關，而做為地用管理機關的營建署，為何硬性規定十公頃的標準呢？恐怕還是來

[109] 施再滿，「為民營遊樂區把脈（三）」，78.9.9，民生報第七版。
[110] 77.4.19，民生報第四版。

自日本的影響，因爲台灣的地用制度與政策多師承日本，而日本自70年代起，就推行渡假基地的政策，以一種大型的、整體的、綜合性的開發，以鉅額資金與大面積土地（和山水資源），設置具有旅遊、渡假、不動產投資、老人住宅、社區改造等綜合性功能的新市鎮，以吸收游資、提升人民生活品質和促進偏遠地區的社經發展。

日本的這種兼具國土改造、生活轉型與經濟重構目標的渡假基地，其成敗見仁見智，唯其資本化性格——土地的資本化、休閒的消費化與生活的貨幣化，顯然相當程度的影響到台灣的遊樂政策與產業發展。

7. 遊樂園大型化——或資本化？

小型遊樂園如雨後春筍，其「違規」營業使主管機關束手無策，但是遊客對樂園的合法性似乎全然並不在意，仍然擠進這些小型的、非法的樂園，使得較具規模的業者備感壓力：

> 業者聯誼座談會中指出，由關西羅浮的羅馬公路沿線，就有至少三處小型遊樂區，佔地都只有一、兩公頃，但依然以「遊樂區」的名稱對外開放，由於經營型態與鄰近的大型樂區一樣，採取「一票玩到底」，無形中對合乎法令規定的業者造成不公平的競爭型態[111]。

---

[111] 同前註。

這種似乎是「劣幣驅逐良幣」的次級部門壓迫初級部門的現象，對主管機關的權威當然形成相當挑戰，政府機關如何因應呢？最初始的對策當然是運用公權力直接干預，但因有關的法令雖多，卻是不夠完備或相互抵觸，使得其效力相當有限，甚至形同虛設，再加以行政系統混亂，有責無權[112]，結果就是行政失效甚至失控的結果，表現在社會上的，就是「違規」業者越管越多。

除了毫無效果的「查處」、「取締」外，行政機關還強調「安全」問題，希望遊客不到「不安全」的遊樂區去，而安全與否的標準，是根據「合法」與否而來的，也就對合法者授與標章，令遊客有所區辨、得以選擇。

行政機關的標準策略是極具風險概念的。將合法問題以及行政職能的癱瘓，轉化為安全問題，也就是將行政部門的正當性危機，轉嫁為社會的安全風險，並從有無標章的分類中，要求民眾必須負擔選擇的責任—亦即民眾須自行承擔不良選擇的後果。

事實上，合法與否、有無標章與安全並無必然關係。有些業者即抗議合法標章給予遊客安全的意象是不實際的：

> 業者實力招生意、拚鬥同業之餘，也不忘藉其合法經營或遊樂設備的安全性凸顯特色，而至今仍領不到牌的業者則苦水滿腹，甚至歸咎合法樂園只因開設得早

---

[112] 國立交通大學運輸研究所，風景遊樂區經營管理體制及措施之研究（台中：台灣省交通處旅遊事業管理局，1989），頁129-139。

佔了便宜，不見得絕對安全，攻訐來往之間使向來遊
客不斷的遊樂園區合法問題再起爭議[113]。

發生意外傷害事件的，固然多是「違規」、「無照」營
業者，而「合法」、「優良」的遊樂園，意外事件也不少見，
如有名的大型遊樂園──八仙樂園曾經發生國中學生校外教
學，十多名學生等候「雲霄飛車」受傷事件[114]，西湖渡假村
亦有國中生乘坐「子夜快車」一死一傷意外[115]，而落石、溺
水造成的意外更屢見不鮮。

除了官方一再提醒的「安全」威脅外，民間遊樂園的品
質，確是很難符合民眾的期待，有一個算是老牌的遊樂園，
就頗為民眾垢病：

> 入口處，是和在台灣任何其他風景區沒什麼不同的小
> 賣場。站在其中，不仔細提醒自己，你很可能當自己
> 是在阿里山、或者烏來、或者日月潭；蠟像館、資料
> 館，看似巧妙，認認真真看過才發現內容聊備一格，
> 而且零星參差，沒什麼系統。街道旁的古厝、城牆，
> 凋蔽毀損情形嚴重，大門深鎖，由小窗望進屋內，是
> 一室荒蕪或者滿室零亂，慘不忍睹。怎麼會這樣[116]？

　　各個遊樂園千篇一律毫無色可言，到處是小販盤踞、髒亂、擁擠，自然使得遊客失望、裹足，但不論是園區的設施，或其門票收費，行政主管機關全都無計可施。

　　有鑑於行政管理的成效有限，決策當局研擬的解決之道，還是藉助於市場手段，以獎勵大型遊樂區的興建、投資，一方面應付社會日增的需求，其次也可疏導資本的出路和要求，再者可因大型業者的加入促使市場結構轉型，而政府正當性也可以在人民需求和企業投資兩者間左右逢源。

　　以大型遊樂區來導引市場發展，是1980年代中期的重要決策。遊樂園合法化的瓶頸在於土地使用問題，政府干預市場的籌碼也是土地，這是因為土地這種「地位財」乃是遊樂園的商品價值之所在，唯有占有、取得交通便利、景觀怡人的地點，遊樂園方有其經營利益，可是，在地小人稠、地價高昂的台灣，私人企業欲取得合用的大面積土地，顯然不是容易的事，因而在當局欲推動獎勵大型遊樂區投資時，政府手中握有的公有土地，就成為政府手中的「紅蘿蔔」：

> 鼓勵大面積綜合型渡假園區之開發，遊樂區之大型化，綜合化（綜合遊樂、運動、購物、渡假等設施於一體）為晚近世界潮流。我們目前尚無這類資源，今後除應在觀念上誘導間發案朝此方向努力外。開放公有土地資源以供民間投資應為最積極可發揮示範效果之策略[117]。

---

[117] 交通部觀光局，我國觀光事業當前之挑戰與對策，頁10。

　　在經濟部與交通部的合作下，政府曾提出「鼓勵民間投資興辦觀光遊樂設施辦法」，在政府出地民間投資的誘因下，吸引國內外業者極大的投入（見表24），雖然這些大型投資計畫多數皆胎死腹中，卻也有不少仍在進行中，或已完工者。我們看到各投資案的金額普遍相當龐大，而且外國業者主導或參與的案子不在少數。

　　這些大型投資計畫，除了說明台灣的市場消費力與投資報酬吸引力外，更突出了「地位財」的重要性，眾多的國內外業者聚資競爭遊樂園的基地—即地位財的占有，我們看到的遊樂園的大型化，實即地位財的資本化[118]。

　　從大型的、新興的遊樂區（及其投資計畫），與原有的小型的（未依法立案的）遊樂區的對比，說明了遊樂園的資本化，在資本化的同時也展現了國際化的性格。地位財的經濟作用表現在舊式小型遊樂園，只要擁有一隅之地，就可開門營業，而新式的、大型的遊樂園則是資本密集的事業，其資金與土地的規模的集中，似乎說明地位財的市場結構，並不是一個開放、公平競爭的市場。

　　從簡陋的、小型的遊樂園的自生自滅，到跨國的、大型企業的與政府合作開發，是一個從放任競爭到寡頭壟斷的市場過程，更是一個從擁地自重、占據山頭到資金密集搶購公

---

[118] 除了大型遊樂區，森林遊樂區的發展亦相同；林務局以BOT方式開放投資太平山森林遊樂區，其投資額在10億以上，卻有眾多國內財團有意競標，如長榮集團、櫻花建設、冠德建設、鼎眾開發、德寶營建、龍谷觀光事業、中華工程、長億集團等多家集團及建設公司等，均競相投入；參見87.9.28，中國時報第22版。

地，組織性、計畫性競逐地位經濟的過程，這不但是地位財的資本化與寡占化，也是休閒生活資本化與組織化的發展，現代休閒的支配性和消費性，就構築在此發展上。

表24、1980年代中期的大遊樂區投資計畫

業主	遊樂園區	投資金額	合作單位
龍祥機構	太空公園	--	美國太空基金
((加拿大商)	超時空之宇航	2.6億	Interative Entertainment
(日商)	日靖遊樂	6.8億	日靖
(美商)	迪斯奈樂園	11億美元	捷地爾
台糖	(月眉)未來世界	200億	(招商投資)
耐斯企業	劍湖山	6億	住友、泉陽會社
(美商)	水上及大型設施	數十億元	VSM集團
(日商)	車城休閒中心	(100甲土地)	大和證券
(港資)嘉富華	(芝麻)渡假中心	1.2億	--
淡水鎮	沙崙海水浴場	2億	--
統一	統樂遊樂高爾夫	(300餘公頃)	--
(日商)	--	--	JEMCO商社
佶慶企業	澎湖渡假休閒中心	30億	--
富第	觀光休閒中心	3億	--
三商行	(月眉)迪斯耐	5億美元	美國RCH集
金頓	豐田開發區	100億	--
--	八仙樂園	80億	--

註：作者整理。

8. 主題樂園—精緻化？符碼化？

在提倡大型遊樂區的同時，主題遊樂園的觀念也開始流行，主題遊樂園的發展歷程乃由最早以自然資源為主之「Pleasure Garden」起始，而後加入人工化之設施，成為與機械遊樂設備結合的「Amusement Park」，漸漸發展成為以單一主題為訴求的遊樂園，並結合其他主題之活動與設備，且加入住宿及相關服務功能[119]。

最成功、最具代表性之主題樂園，莫過於迪斯奈了，迪斯奈樂園是以華德迪斯奈卡通為中心主題之家庭式娛樂，它不僅提供廣大之遊憩園地和停車空間，且設施內容旨在使遊客暫時離開喧囂、污染、罪惡之紅塵而進入奇幻、冒險之卡通世界，迪斯奈成功的營造了一個脫離日常生活的「差異地點」，讓遊客可以滿足綺麗幻覺，從「迪斯耐世界可以說是『假』的世界，我們看過的節目中充滿了假的人物和假的禽獸」[120]。

迪斯奈可說是所有遊樂園的典範，透過時間、空間的錯置，在現實世界中營造出另一個真實，讓人們暫時脫離原有的社會秩序與生活方式，具有抵抗現實世界的特質，以高度濃縮的時空環境，容納各式各樣的夢想，來滿足人類追求新鮮刺激的慾望[121]，讓遊客覺得不虛此行。

---

[119] 中華民國區域科學會。台灣地區觀光遊憩系統開發計畫，頁260。

[120] 王元輝，神禹鄉邦（台北：川康渝文物館，1983），頁165。

[121] 李鐵男，「是遊樂園還是文化垃圾場？」，82.3.22，中國時報第29版。

> 最後的收場好戲是花車大遊行，有化裝的米老鼠、唐老鴨、狗熊、高人、矮人，隨著遊行花車表演，不斷的和小朋友握手，製造歡樂氣氛，人人都感覺得興奮愉快。…迪斯奈樂園中，包括有天文、地理、自然、歷史，而且容易吸收，如能帶兒童去玩一趟，等於替他們上了寶貴的一課，真有樂園一日遊，勝讀十年書的感覺[122]。

　　「主題」樂園的題材並不限於單一的訴求，相反的主題樂園的所謂主題是相對於風景遊樂區的自然資源，以及不同於機械遊樂設施而來的，「主題樂園」實質上均是綜合性樂園，如國內的遊樂園多半還同時混雜著水族館、動物園、植物園、運動設施、電視電影製片乃至住宿等方面的功能。只要是以一個主題加以整合，或做為代表，就稱為主題樂園。

　　做為主題樂園典範的迪斯奈樂園（Disney Park）與迪斯奈世界（Disney World）其設施雖然不同，但其主題意識卻是相當清楚的，由於其業績鼎盛遊人如織，引起各國業者競相仿造，或者直接引進，日本的東京迪斯奈就是由不動產業者成功引進的。

　　東京迪士奈樂園可說是美國加州洛杉磯迪士尼樂園翻版，甚至連小吃也照搬如儀─園內沒有日本傳統麵食，只銷售熱狗、薯條等美式食品；雇員也都接受西式訓練。

　　其投資高達七億5000萬美元，當時對投資者東方地產公司來說，確實是一場未知勝負的賭博。但是開業四年後已還

---

[122] 彭登墀，雲煙往事（台北：漢偉，1994），頁66-67。

清了一切債務。至1990年，海年接待的遊客達1400百萬人，比美國「原廠」還要多，遊客中少有西方人，外來遊客以台灣為主。東京迪斯奈以有組織的高科技休閒，與全盤的美國文化，獲得東亞消費者的青徠[123]。

迪斯奈的成功，使得東亞各國都企圖引進，香港、上海、廣州之外，台灣也至少曾有三個開發案以迪斯奈為標榜。迪斯奈的成功之道何在？我們不妨以其做為主題樂園的代表來探討。

對美國歷史意象的組織和提振，以及新式科技的櫥窗，是其迷人之處，再加上逃避現實，有限度的刺激冒險與自我的肯定，提供了愉快的休閒經驗。其內容（參見圖12）大致有二十世紀初美國生活的重建呈現，奇妙的卡通人物與故事世界，對未來的造訪與想像，以及白人男性西部探險征服蠻荒的故事，再加上整齊清潔、明亮有緻的環境與好玩的氣氛，形塑了去政治的、沒有衝突的、幻理想的美國生活與文化[124]。

---

[123] 「搖搖、鈔票滾滾來」，1990.9.2，亞洲週刊，第50頁。

[124] C. DRojek, 'Disney Culture,' Leisure Studies 12 (1993), pp. 121-135。

圖12、連斯奈樂園（Disney Parks）的場景

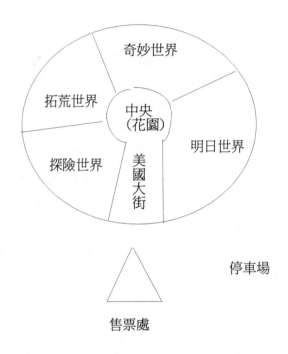

註：C. Rojek, "Disney Culture,' Leisure Studies 12 (1993),
　　p. 127。

　　而迪斯奈的價值與規範（Disney laws and morals），則表現在被稱爲「真實的迪斯奈都市」的明日世界（EPECOT）的規畫理念中：

　　　　那是一個經過管制和規畫的社區，是美國工業、科技、學校、文化、教育機會的展示窗。這裡不允許有

貧民區，這裡也沒有地主和選舉，這裡只有出租而沒有買賣房子。這裡沒有退休的人，因為所有人都依其能力工作。居住在明日世界的人必須幫助它成長[125]。

明日世界無疑的是一個抗拒現實生活的烏托邦世界。「迪斯奈文化代表事物的階層化秩序，時間、空間與社會分化在其中清楚有序（clearly differentiated）」[126]，這個樂園是一個建構的不實在的世界，但其內部井然有序的反映、加強現實生活的界線：

工作時間有別於非工作時間，私領域與公領域劃分，自然與文化區隔，男性角色與女性角色不同，精英文化與大眾文化分離…[127]。

台灣的主題樂園主要成立於1980年代後期，多數為較具規模的遊樂園，其服務、設施雖然與迪斯奈難以「相提並論」，但其精神卻與迪斯奈有一、二分相似。較早成立的主題樂園是1980年的六福村野生動物園，和1983年成立的亞哥花園和小人國；六福村規模不小，以原野樂園的型態起家，後因市場生命周期漸走下坡，又因眾多的主題更鮮明的遊樂園興起，使其於90年代後轉型改變為南太平洋遊樂區的風格。

較早期的主題樂園其主題仍不脫園林景觀性質，其主題特性不甚凸顯，且園區規模較小，又受限於投資與財力，如大坑的亞哥花園，初期是以自然植栽景觀為主的休閒園區，

---

[125] Ibid., p.129。

[126] Ibid., p.132。

[127] Ibid.。

像是個大型植物園般做了各類樹木花草的簡介牌，在附屬設施上卻給人空間錯置的感覺，在此可看見中國式的亭台樓閣，還有日式的庭園石燈、新加坡的魚身獅頭像…等，主要的還是給人一種靜態的植栽景觀的意象。

另如桃園龍潭的小人國，構想是仿自荷蘭或其他國外的小人國，但是針對這種希冀的「登泰山而小天下」的特殊心理，這樣的訴求總是能成功地抓著顧客的心。除了全園的模型外，培育的植栽景觀，算是最耗費心力的，入口服務藉由園林式建築型式，傳達了閒散優游的氣氛，在各種模型的雅趣以及歷史文化氛圍（早期模型多為歷史古蹟）外，主要的賣點（attractions）還是在庭園勝景,90年代後，為了迎合年輕消費族群的品味，又增建冒險刺激的各種大型動態遊樂設施。

80年代中期以後，規模較大，主題鮮明的遊樂園，如九族文化村（九族村）、台灣民俗村（另外還有台灣省政府民政廳的台灣山地文化園區）使遊樂園進入主題化時代，而且是歷史文化為主軸的訴求確立了。台灣民俗村和九族文化村都以傳統建築的重建展示為主體，也都在靜態展示外，配合動態的傳統生活和表演活動，換言之，其主題皆凝聚於「戶外博物館」的意象上。

除了群族文化不同外，在設施上亦有差異，九族村一開始就引進部分高科技和機械遊樂設施（後來則大量設置），以及景觀花園。我們就以九族文化村，做為主題樂園的代表加以討論。

雖然是主題樂園，九族村的基本配置就是多元性的（參見圖13）。遊客一到九族村這個充滿原住民古樸形象的園區，

首先接觸到的，不只是與原住民、也與台灣無甚淵源的偌大歐式花園，有些遊客會質疑其意義何在，卻也多會被其整齊亮麗的大花園所吸引，甚至因此景觀而認為值得一遊、甚至再遊[128]。

圖13、九族文化村場景

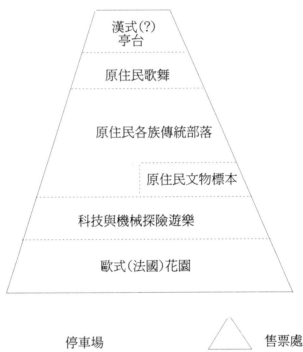

漢式(?)
亭台

原住民歌舞

原住民各族傳統部落

原住民文物標本

科技與機械探險遊樂

歐式(法國)花園

停車場　　　　　　　售票處

---

[128] 參見謝世忠，山胞觀光（台北：自立晚報，1994），頁106。

　　九族村的主體就在山地部落建築，並以各種資料解說強調原住民部落建築的「真實性」與傳統性：

> 「原始」、「專家考證」、「傳統」、及「特色」等文字所表達的觀念，即是一種非要留下「正確的古代樣式」不可的態度。山地文化的價值似乎就在於此[129]。

　　實際上遊客看的「傳統」，不過是專家所建構的現代的複製品而已，雖然如此，遊客仍然在此獲得了奇特的經驗，因為「山地人」的服飾、飲食、居住、歌舞、及物質表現等，均很特殊，滿足了遊客探訪異文化全貌的要求，也合乎他們對原住民的想象及要求，這種要求是永遠的原始、傳統、與特殊。原始、傳統、自然的文化，在觀光客心目中顯然不會與金錢或商業化的藝品放在一起，後者是對前者具有殺傷力的[130]。

　　九族村所建構的原住民歷文化的再現（保存？），正是建基於漢人對原住民的刻板印象，這是一種不平等的文化關係，在旅遊活動中隱藏了漢文化的支配、優勢地位以及心理優越感，也再強化漢人文明的文化自我肯定，即做為征服蠻荒與「番人」的開墾者（征服者）地位的確認，原住民文化（所謂他者、異者）的再現，對照、象徵了漢人的台灣開拓史（所謂移墾社會），也再確認漢人與原住民的主從關係（至少是文化上的）。

---

[129] 同前註，頁57。

[130] 同前註，頁163。

　　旅遊經驗並不總是被動、消極的，文化、歷史性的主題樂園透過想像與體驗，開啓了文化介入的過程，九族村的商業化旅遊消費商品，透過專業、歷史、文化的包裝，已經穿透交換價值和商品消費，成爲自我認同和歷史意識的建構工程了。

第六章 結 論

人的處事方式確實不斷在變化，文明（具體的和抽象的）和人的活動（物質的、精神的和知識的）也隨之變化。誰能預見未來的勞動和休閒將會變成什麼樣子？

——F. Braudel著，顧良、張慧君譯，資本主義論叢（北京：中央編譯，1997），頁168-169。

一、休閒遊憩、生活方式與物質文明

傳統的共同體社會生活中，社會的分化程度較低，人際關係是物物交換、勞動合作、特殊取向的，帶有「實質化」色彩的形態。原住民的部份休閒生活中，我們看到休閒仍堅定的附屬在生產活動中，其生活與想像，相當程度的附著於自然生態與原始的生產模式。

原住民的順應大自然，是與其社會生活方式相呼應的，基本上還是以給定的、既定的生存方式，以機械式的社會聯帶為社會運行的基調。休閒與勞動也未分化，但休閒卻是勞

動的一個誘因。基本經濟需求是自足的，少量的物資交換卻也是一種重要的訊息傳播方式。

傳統漢人小農經濟社會，生產活動也蘊涵著休閒，其基本消費與休閒是不假外求的，休閒活動與經濟生產周期和社區祝祭韻律嚴密搭配，整合於共同體與大自然的運行之中。

台灣農業社群的人際關係是高度的團體化的，不論是休閒、工作或其他活動，形成一個集體性的私密領域，宗教慶典活動幾乎是日常勞動之外，僅有的休閒活動，而且是集體性、社區性、教化性的。個人生活尚未自團體分化，少有隱私、也沒有休閒—除非自己在勞動中創造。農村生活安土重遷，實在是共同體的穩定性使然，偶而來到的商旅，那就是農村難得的娛樂、交換，是鄉村寂靜生活的微小調劑。

傳統社會的街市生活和人口，與鄉村大體上具有高度流通性，但是因為地主、工商和知識階層的聚集，市街的社會分化使其與鄉村的距離越來越遙遠，形成市街階層的特定文化、生活型態與休閒方式。街市一方面依托於鄉村，同時又刺激、推動鄉村生活的變遷，街市因與外界溝通頻繁，成為鄉村對外的窗口與改變的動力。市街的心態仍如農村的規律和節奏為主調，但已有自己的社會實體之建構，只是其力量仍和共同體情操難以抗衡。

二、休閒體制、制度性反思與現代國家

台灣的工業化是相當晚近的事，但是在全面工業化之前，現代國家體制已然形成。日本殖民主義者建構了基礎的、原初的休閒空間。1960年代的觀光旅遊政策雖然不斷提出，

但其本質其實與國民的社會生活並不相干，而是國家在經濟發展下，所推出的一種外向型產業策略而已。

由於台灣的觀光遊憩資源並未適當開發管理，加以相關搭配設施、服務不良，如交通、資訊、景觀規畫等誘因皆不足，乃循第三世界國家的模式，由政府推動色情服務以廣招徠。事實上，1960年代對美軍、70年代對日的觀光促銷亦頗有績效，的確對國家的外匯收入大有貢獻。

政府在允許、甚至推動色情外銷的同時，在經濟誘因下，仍顧慮及政權的道德形象，因此將娼妓、色情的正式（也是形式）管理責任，授權給地方政府，使中央政府不必承擔道德風險，並且訂定嚴格的管理法規，以保護色情行業的安全、秩序和利益，從而確保國家的利益和收入。

從色情行業管理和決策中，我們看到國家極其細膩的決策和行政策略，既可達成社會經濟目的，又可豁免政治風險和社會（道德）責任。1950、60年代的經濟需求，促使國家在盱衡國際市場的情況下，建立初步休閒體制，雖然其目標與功能幾乎全然無關人民需求，但已非預期的為爾後的龐大休閒遊憩體系構築基礎。

1980年代後期的經濟狂熱，同時也引爆了國人的休閒渴望，政府在觀光外匯已不具份量的背景下，將政策目標轉向社會的、內需的定位，以疏導國民的殷切旅遊需求與日常生活危機，，於是首先於1970年代末開放國人出國觀光，接著積極擴展國內觀光設施與制度。80年代是政府權威退潮與社會意識熾烈的時代，政府為了護衛政治正當性，也積極投資風景區及相關建設，包括國家公園、文化古蹟等都全面的確立。

　　國家以資金人力直接營造休閒設施，並以制度與公權力干預空間與私人產業的活動，以規範遊樂園的品質、安全，促成休閒體制的專業化、專家化和資本化，這個過程也是私人生活的重組和整編，亦即私人生活受到體制的全面監控，和觀光旅遊的塑造個人自由安全與消費快感，是與休閒體制共生存在的，雖然它們之間未必有因果效應。

　　在二十世紀下半，我們看到國家對休閒的介入與改造，也看到國人與資本家的休閒狂熱與投入。國家以政治、經濟、社會的優先順序，依歷史條件建構不同的休閒遊憩政策價值與邏輯，來調整國家的角色定位與功能，人民則不斷拓展自己的休閒遊憩空間與資源，卻也逐漸加深對專業體制的依賴和需求，在長期的過程中，人們擺脫了社區共同體和匱乏經濟的束縛，進入資本和國家共同構築的休閒體制中，獲取安全舒適的日常生活，以及自己（和家人）感到滿足的休閒空間，但是，人們對於個人的自主和自由，是否已經滿意了呢？台灣的社會形構與人民日常生活，在全球化、科技普及、高度風險、高度個體化又是高度制度化的高度現代性中，會有哪些機遇、哪些挑戰呢？

參考文獻

Aristotle著、苗力田譯，1990，尼各馬科倫理學。北京：中國社會科學出版社。

Bammel, Gene and Lei Lane Burrus- Bammel著、涂淑芳譯，1996，休閒與人類行為。台北：桂冠。

Berger, Peter, Brigitte Berger and Hansfried Kellner著，曾維宗譯，1978，漂泊的心靈——現代化過程中的意識變遷。台北：巨流。

Berger, Peter and Thomas Luckmann著，鄒理民譯，1991，知識社會學——社會實體的建構。台北：巨流。

Bocock, Robert著，張君玫、黃鵬仁譯，1996，消費。台北：巨流。

Braudel, Ferand.著，顧良、張慧君譯，1997，資本主義論叢。北京：中央編譯出版社。

Drucker, Peter F.著，吳劍雯、胡祖慶譯，1990，新現實。台北：國立編譯館。

Elias, Nobert著，王佩莉譯，1998，文明的進程——文明的社會起源和心理起源的研究，第一卷：西方國家世俗上層行為的變化。北京：三聯。

Fiske, John著，陳正國譯，1993，瞭解庶民文化。台北：久大。

Foucault, Michel著，劉北成、楊遠嬰譯，1992，規訓與懲罰——監獄的誕生。台北：桂冠。

Giddens, Anthony著，胡宗澤、趙力濤譯，1998，民族——國家與暴力。北京：三聯書店。

Heller, Agnes著，衣俊卿譯，1990，日常生活。重慶：重慶出版社。

Huizinga, Johan著，成窮譯，1998，人：遊戲者——對文化中遊戲因素的研究。貴陽：貴州人民。

Lanquar, Robert著，黃發典譯，1993，觀光旅遊社會學。台北：遠流。

Lanquar, Robert著，陳立春譯，1997，旅遊和旅遊社會學。北京：商務。

Lanquar, Robert著，陳淑仁、馬小衛譯，1995，國際旅遊。北京：商務。

Le Goff，Jacques et al.編，姚蒙編譯，1989，新史學。上海：上海譯文出版社。

Lyotard, Jean- Francois著，島子譯，1996，後現代狀況——關於知識的報告。湖南：湖南美術出版社。

Marx, Karl and Friedrich Engels著，中共中央馬克思恩格斯列寧斯大林著作翻譯局譯，1965，馬克思恩格斯全集，第三卷。北京：人民出版社。

Mayo, Edward & Lance Jarvis著，蔡麗伶譯，1990，旅遊心理學。台北：揚智。

Mead, George Hebert著，趙月瑟譯，1992，心靈、自我與社會。上海：上海譯文。

Scheler, Marx著，羅悌倫等譯，1997，資本主義的未來。北京：三聯書店。

Schopenhauer, Arthur著，張尚德譯，1972，人生的智慧。台北：志文。

Sontag, Susan著，黃翰荻譯，1997，論攝影。台北：唐山。

Stokowski, Patricia著，吳英偉、陳慧玲譯，1996，休閒社會學。台北：五南。

Sue, Roger著，姜依群譯，1996，休閒。北京：商務。

Veblen, Thorstein著，蔡受百譯，1997，有閒階級論——關于制度的經濟研究。北京：商務。

Weber, Max著，鄭朴譯，1977，社會經濟史，上、下冊。台北：商務印書館。

Williams, Raymond著，彭淮棟譯，1985，文化與社會———一七八○至一九五○年英國文化觀念之發展。台北：聯經出版公司。

中國青年反共救國團總團部，1981，綠旗飄揚三十年。台北：同作者。

中國青年反共救國團總團部，1992，飛躍青春四十年——中國青年反共救國團成立40周年團慶特刊。台北：同作者。

中華民國戶外遊憩學會，1997a，休閒觀光產業——1997休閒、遊憩、觀光研究成果研討會。台北：田園城市。

中華民國戶外遊憩學會，1997b，休閒遊憩行為——1997休閒、遊憩、觀光研究成果研討會。台北：田園城市。

中華民國戶外遊憩學會編，1990，休閒教育研討會（報告）。
　　　台北：同編者。

中華民國造園學會、台灣大學園藝系主編，1998a，規劃設計
　　　理論與景觀評估——第二屆造園景觀與環境規劃設計
　　　研究成果研討會。台北：田園城市。

中華民國造園學會、台灣大學園藝系主編，1998b，休閒理論
　　　與遊憩行為——第二屆造園景觀與環境規劃設計研究
　　　成果研討會。台北：田園城市。

內政部，1989，如何策訂「台灣地區發展國民休閒生活計劃」。
　　　台北：同編者。

內政部營建署，1990，北部區域計劃非都市土地使用分區檢
　　　討之研究。台北：同作者。

內政部警政署編，1998，警察實用法令。台北：同作者。

文崇一，1988，「觀光遊憩與社會文化分析」，發展國民旅
　　　遊研討會報告。交通部觀光局。

文崇一，1990，台灣居民的休閒生活。台北：東大。

木　魚，1987，「台灣文化生態批判」，南方5：51-60。

王作榮，1990，「誰來轉移社會風氣？——政府官員、知識
　　　份子無可逃避的責任」，「重建社會研討會」論文。
　　　時報文教基金會主辦。

王長平，1990，「合歡山的螃蟹」，台灣林業16(5)：36-42。

王雅各，1995，「旅遊現象中的性別議題」，婦女與休閒研
　　　討會論文。中華民國戶外遊憩學會主辦。

王傳銘，1996，「Recreation與Leisure的含義」，戶外遊憩研
　　　究9(1)：107-114。

尹仲容，1963，我對台灣經濟的看法。台北：美援運用委員
　　會。

加藤俊秀著，彭德中譯，1989，餘暇社會學——探討大眾休
　　閒生活的衍變與趨向。台北：遠流。

史文鴻、吳俊雄編，1993，香港普及文化研究。香港：三聯。

台北市政府研究發展考核委員會，1987，台北市勞工福利之
　　研究。台北：同作者。

台北市政府訴願審議委員會，1997，訴願決定書彙編選輯，
　　第三輯。台北：同作者。

台北市政府訴願審議委員會，1998，訴願決定書彙編選輯，
　　第四輯。台北：同作者。

台灣省交通處旅遊事業管理局，1988，全省觀光旅遊系統之
　　研究。台中：同作者。

台灣省交通處旅遊事業管理局，1989，風景遊樂區經營管理
　　體制及措施之研究。台中：同作者。

台灣省農林廳林務局，1988，台灣省森林遊樂區第一期發展
　　綱要計劃。台北：同作者。

甘家馨，1978，休閒與康樂的社會學研究，珠海學報，7：
　　77-109。

石元康，1998，從中國文化到現代性：典範移轉？。台北：
　　東大圖書公司。

石計生，2003，藝術與社會——閱讀班雅明的美學啟迪。台
　　北：左岸文化。

交通部觀光局，1985，中華民國七五年經濟建設計劃觀光事
　　業發展計劃。台北：同作者。

交通部觀光局，1998，周休二日實施對國人國內旅遊的影響
　　　調查報告。台北：同作者。

交通部觀光事業局，1972，台灣地區觀光事業開發計劃。台
　　　北；同作者。

成鵬飛，1996，與時間共舞———一位退休教官的繽紛追憶。
　　　台北：慧眾文化出版公司。

朱　明等，1976，他們的血汗他們的眼淚。台北；拓荒者出
　　　版社。

朱大鎔，1986，觀光政策——理論與實務。台北：作者出版。

朱元鴻，1997，「娼妓研究的另類問題」，性別的文化建構：
　　　性別、文本、身體政治研討會論文。清華大學兩性與
　　　社會研究室主辦。

朱惠良，1986，中國人的生活。台北：幼獅文化。

行政院主計處，1989，國民休閒生活調查報告。台北：同作
　　　者。

行政院主計處，1992，國民生活型態與倫理調查報告。台北：
　　　同作者。

行政院主計處，1992，國民休閒生活調查報告。台北：同作
　　　者。

行政院主計處，1995，國民休閒生活調查報告。台北；同作
　　　者。

行政院主計處、行政院青年輔導委員會，1997，青少年狀況
　　　調查報告。台北：同作者。

行政院主計處、明德基金會生活素質研究中心，1985，台灣
　　　地區國民生活主觀意向調查報告。台北：同作者。

行政院青年輔導委員會，1987，我國青年休閒活動及其輔導
　　　之研究。台北：同作者。

行政院青年輔導委員會，1990，青少年生活適應與休閒活動
　　　規劃之研究。台北：同作者。

行政院青年輔導委員會，1997，青少年休閒價值觀之研究。
　　　台北：同作者。

行政院青年輔導委員會，1997a，台灣地區青年時間配置之研
　　　究。台北：同作者。

行政院青年輔導委員會，1997b，少年出入不宜進入場所問題
　　　之探討及防範策略。台北：同作者。

行政院勞工委員會，1995，中華民國八十三年台灣地區事業
　　　單位辦理員工休閒活動調查報告。台北：同作者。

行政院經濟建設委員會，1986，觀光事業發展。台北；同作
　　　者。

行政院經濟建設委員會住宅及都市發展處，1976，國民生活
　　　品質——區域與都市發展。台北；同作者。

行政院經濟建設委員會住宅及都市發展處，1978，台灣地區
　　　國民生活結構調查分析報告。台北：同作者。

行政院經濟建設委員會住宅及都市發展處，1990，觀光遊憩
　　　發展對地方社會影響之研究。台北：同作者。

行政院經濟建設委員會都市及住宅發展處，1989，台灣地區
　　　各生活圈居民戶外遊憩活動之研究。台北：同作者。

余陳月瑛，1996，余陳月瑛回憶錄。台北：時報文化公司。

余舜德，1991，「從夜市的消費文化論夜市的存廢問題」，
　　　休閒與大眾文化研討會論文。中華民國戶外遊憩學會
　　　主辦。

吳平城、胡慧玲，1997，草地醫生。台北：玉山社。

吳白弢，1992，「閒暇」，李明堃、黃紹倫主編，社會學新論。香港：商務。

吳新榮，1989，震瀛回憶錄。台北：前衛出版社。

呂紹理，1998，水螺響起：日治時期台灣社會的生活作息。台北：遠流。

宋明順，1988，大眾社會理論──現代社會的結構分析。台北：師大書苑。

宋明順，1990，「休閒與工作──大眾休閒時代的衝擊」，休閒面面觀研討會論文。中華民國戶外遊憩學會主辦。

李力昌，2005，休閒社會學。台北：偉華書局。

李天鐸，1997，台灣電影、社會與歷史。台北：亞太。

李建民，1993，中國古代游藝史──樂舞百戲與社會生活之研究。台北：東大。

李素馨、陳春貴，1988，「風景區管理法規之探討」，戶外遊憩研究1(4)：31-59。

李嘉英，1988，「台灣地區觀光遊憩系統與未來趨勢」，戶外遊憩研究1(4)：5-17。

李織華，1968，「發展觀光事業問題的商榷。，交通建設17(10)：13-18。

辛晚教，1988，「台灣地區觀光遊憩及資源開發政策回顧與展望」，發展國民旅遊研討會報告。交通部觀光局。

辛晚教，1990，「休閒、教育、人生」，休閒教育研討會。中華民國戶外遊憩協會。

周志龍，1997，「全球經濟發展與國土規劃開發體制變遷──台灣與英國為例」，思與言35(3)：139-189。

周添城、吳惠林，1990，「台灣產業結構轉變與產業空洞化」，自由中國之工業74(4)：11-25。

周華山，1990，消費文化：影象、文學、音樂。香港：青文。

東方白，1995，真與美——詩的回憶（一）。台北：前衛出版社。

林東泰，1992，休閒教育與其宣導策略之研究。台北：師大書苑。

林東泰、楊國賜，1989，「國民文化與休閒喜好調查」，民意145：55-106。

林芳玫，1994，解讀瓊瑤愛情王國。台北：時報。

林美容、鄧淑惠、江寶月，1998，宜蘭縣民眾生活史。宜蘭：宜蘭縣政府。

林素麗，1977，「休閒的理論與研究」，思與言15(1)：27-35。

林清山，1990，「休閒活動之必然性與今後因應對策」，休閒教育研討會。中華民國戶外遊憩協會。

油谷遵著，東正德譯，1989，消費主權時代——以生活心理分析重建商品理論體系。台北：遠流。

青夷編，1986，我從眷村來。台北：希代書版公司。

南方朔，1990，「休閒社會的到臨？——談新人類」，「休閒面面觀研討會」論文。中華民國戶外遊憩學會主辦。

南方朔，1991，「休閒與大眾文化的——幾個政治經濟學思考」，休閒與大眾文化研討會論文。中華民國戶外遊憩學會主辦。

姜慧嵐，1990，「體育性休閒活動在健身俱樂部推廣之實例報告——方式、成效及困難」，休閒教育研討會。中華民國戶外遊憩學會。

施國勳，1987，「集體歇斯底里症候群——大家樂、政經結構與人文生態」，南方5：47-50。

施鴻志，1988，「台灣地區觀光遊憩開發建設之探討」，發展國民旅遊研討會報告。交通部觀光局。

施鴻志等　，1986，「台灣地區特定區計劃之檢討」，光復四十年來台灣地區都市計劃之回顧與展望——第十二次會員大會研討論文集。中華民國都市計畫學會。

星野克美編；彭德中譯，1992，新消費文化剖析——大眾富豪社會與現代巴洛可（復古派）。台北：遠流。

洪永泰、吳淑芳，1991，「台灣地區民眾參與文化活動之研究」，民意166：39-67。

紀俊臣、楊正寬、林連聰，1998，觀光行政與法規。台北：國立空中大學。

紀慧文，1998，十二個上班小姐的生涯故事：從娼女性之道德生涯研究。台北：唐山。

范麗卿，1993，天送埤之春——一位台灣婦女的生活史。台北：自立晚報文化出版部。

修慧蘭、陳彰儀，1987，「台北市就業者之休閒狀況分析」，國立政治大學學報14：141-168。

唐　官，1977，昔日人生。三重：作者出版。

夏正鐘、張　璠，1986，「都市計劃機構組織與職掌之檢討」，中華民國都市計劃學會，光復四十年來台灣地區都市計劃之回顧與展望——第十二次會員大會研討論文集。中華民國都市計畫學會。

夏林清、周佳君，1995，「工餘活動與休閒生活——以百貨業女性從業員為例」，婦女與休閒研討會論文。中華民國戶外遊憩學會主辦。

孫治本，2004，個人化與生活風格社群。台北：唐山出版社。

孫長祥，1991，「從人的認識進程論理想的休閒空間」，休閒與大眾文化研討會論文。中華民國戶外遊憩學會主辦。

孫瑋芒，1986，「回首故園——眷村生活素描」，見青夷編，我從眷村來。台北：希代書版公司。

孫樹根，2002，知識經濟時代公私立農業推廣體系之研究：休閒農業輔導推廣體系之研究。台北：行政院農業委員會。

徐　斌，1956，「發展我國觀光事業芻議」，交通建設5(8)：7-9。

徐正光，1980，工人與工作態度——台灣工廠人的實證研究。台北：中央研究院民族學研究所。

秦惠美編，1999，台北縣婦女早期生活史。板橋：台北縣立文化中心。

高田公理著，李永清譯，1990，遊戲化社會——大眾意識趣味化的時代傾向。台北：遠流。

涂淑芳，1995，「從媒體報導看婦女的休閒阻礙因素」，婦女與休閒研討會論文。中華民國戶外遊憩學會主辦。

張孝銘，2004，運動休閒與社會發展。彰化：長隄出版社。

張冠群，1968，「論怎樣發展台灣的觀光事業」，交通建設17(5)：26-38。

張家銘，1987，社會學理論的歷史反思——韋伯、布勞岱與米德。台北：圓神出版社。

張宮熊，2002，休閒事業概論。台北：揚智文化。

張耿介、陳文長，2004，休閒社會學。台北：新文京開發出版公司。

張維安，1994，「生活世界與兩性關係」，婦女與兩性學刊5：109-131。

張維安，1995，「奢華與資本主義：宋巴特（W. Sombart）資本主義理論分析」，歐洲社會理論研討會論文。中央研究院歐美研究所主辦。

張廣智、張廣勇，1990，史學文化中的文化——文化視野中的西方史學。浙江：浙江人民出版社。

張燦文，1989，五十自述。台北：作者出版。

曹銘宗，白冰冰口述，1996，菅芒花的春天——白冰冰的前半生。台北：圓神出版社。

曹嶽維，1974，「我國觀光事業之發展」，交通建設23(9)：1-5。

曹嶽維，1975，「談我國觀光事業今後發展之重點」，交通建設24(9)：6-7。

梁廖清秀，1996，明鏡何處。台南：作者出版。

畢恒達，1995，「婦女休閒與社會控制（草稿）」，婦女與休閒研討會論文。中華民國戶外遊憩學會主辦。

許雅琛，1992，服務業職業婦女休閒活動之研究。國立政治大學企業管理研究所碩士論文。

許嘉猷，1988，「社會結構、生活風格與消費支出」，中國社會學刊12：33-52。

陳午晴，1997，「中國人關係的游戲意涵」，社會學研究2：
　　103-112。

陳水源，1985，我國發展觀光事業政策之評析。交通大學管
　　理學院管理科學研究所碩士論文。

陳以超，1975，「國際觀光事業之發展，，交通建設24(9)：
　　16-25。

陳以超，1988，「文化資產觀光遊憩使用之探討」，發展國
　　民旅遊研討會報告。交通部觀光局。

陳光中，1993，「社會運動發展中政府的角色：中國青年反
　　共救國團的一個詮釋」，（國立政治大學）社會學報
　　26：58-72。

陳志梧，1991，「觀光凝視的政治性——以蘭嶼為例」，休
　　閒與大眾文化研討會論文。中華民國戶外遊憩學會主
　　辦。

陳坤宏，1995，消費文化理論。台北：揚智。

陳秉璋、陳信木，1988，邁向現代化。台北：桂冠。

陳金冰，1991，休閒俱樂部行銷策略之研究。國立政治大學
　　企業管理研究所碩士論文。

陳思倫、宋秉明、林連聰，1995，觀光學概論。台北：國立
　　空中大學。

陳思倫、歐聖榮、林連聰，1997，休閒遊憩概論。台北：國
　　立空中大學。

陳昭明，1988，「觀光遊憩系統之探討」，發展國民旅遊研
　　討會報告。交通部觀光局。

陳紹馨，1979，台灣的人口變遷與社會變遷。台北：聯經。

陳彰儀，1988，「休閒遊憩行為與國民心理關係之探討」，
　　　發展國民旅遊研討會報告。交通部觀光局。

陳彰儀，1989，工作與休閒。台北：淑馨。

彭淑華，1995，「已婚職業婦女的休閒理念與休閒需求」，
　　　婦女與休閒研討會論文。中華民國戶外遊憩學會主辦。

曾郁雯，李天祿口述，1991，戲夢人生——李天祿回憶錄。
　　　台北：遠流出版公司。

黃武東，1988，黃武東回憶錄。台北：前衛出版社。

黃振球，1970，「休閒活動理論與實施」，國立台灣師範大
　　　學教育學報1：545-694。

黃朝陽、吳文鐘，1986，「都市計劃法之演進與實施成效之
　　　檢討」，光復四十年來台灣地區都市計劃之回顧與展
　　　望——第十二次會員大會研討論文集。中華民國都市
　　　計畫學會。

黃瑞祺，1996，批判社會學——批判理論與現代社會學。台
　　　北：三民書局。

黃萬翔，1986，「台灣地區都市計劃實施成效與展望」，光
　　　復四十年來台灣地區都市計劃之回顧與展望——第十
　　　二次會員大會研討論文集。中華民國都市計畫學會。

黃福才、蔡從燕，1995，「論台灣旅遊業的若干作用和發展
　　　特點」，台灣研究4：42-46。

黃躍雯，2001，築夢荒野：台灣國家公園的建制過程。台北：
　　　稻鄉出版社。

楊千鶴，張良澤、林智美譯，1995，人生的三稜鏡。台北：
　　　前衛出版社。

楊正寬，1993，「淺談我國觀光行政組織及其調適方向」，
　　台灣經濟203：61-71。

楊雅慧，1996，阮的心內話──十位女性的生命告白。板橋：
　　台北縣立文化中心。

萬胥亭，1991，「從「生產之鏡」到「遊戲之鏡」，休閒與
　　大眾文化研討會論文。中華民國戶外遊憩學會主辦。

葉石濤，1983，文學回憶錄。台北：遠景出版公司。

葉石濤，1996，府城瑣憶。鳳山：派色文化出版社。

葉光毅，1995，空間政治經濟學。台北：人間。

葉龍彥，1997，台北西門町電影史（1896-1997）。台北：財
　　團法人國家電影資料館。

詹宏志，1996，城市──城市空間的感覺、符號和解釋。台
　　北：麥田。

詹明信，1997，晚期資本主義的文化邏輯。北京：三聯。

寧必功，1992，中國旅遊史。昆明：雲南人民。

熊秉真、江東亮、鄭麗榕，1990，魏火曜先生訪問紀錄。台
　　北：中央研究院近代史研究所。

監察院交通及採購委員會編，2003，國家與風景特定區之規
　　劃執行與管理事權專案調查研究報告。台北：監察院。

監察院編，2005，休閒農業之推廣績效與發展。台北：同編
　　者。

趙建雄，1995，「從都市叢林裡的新新人類談後現代的人地
　　關係」，師大地理研究報告24：171-189。

劉一民，1991，運動哲學研究──遊戲、運動與人生。台北：
　　師大書苑。

劉力夫，1981，民生主義育樂兩篇教育原理之研究。台北：
　　　正中。

劉玉山，1986，「台灣地區都市規劃理念之演進」，光復四
　　　十年來台灣地區都市計劃之回顧與展望——第十二次
　　　會員大會研討論文集。中華民國都市計畫學會。

劉枝萬、石璋如等，1983，台灣省南投縣志稿。台北：成文
　　　出版公司。

劉富善，1996，「台灣休閒農場之設立、輔導及檢討」，農
　　　業金融論叢35：1-33。

劉慶男，1988，「國家公園對國民旅遊之貢獻」，發展國民
　　　旅遊研討會報告。交通部觀光局。

潘家慶等，1989，「音樂電視（MTV）與休閒文化關聯性之
　　　研究」，民意月刊143：2-20，144：2-18。

蔣中正，1982，民生主義育樂兩篇補述。台北：中央文物供
　　　應社。

蔡宏進，2004，休閒社會學。台北：三民書局。

蔡珠兒，1990，「休閒與大眾文化——對台灣休閒現象的幾
　　　點探索」，休閒面面觀研討會論文。中華民國戶外遊
　　　憩學會主辦。

蔡添柏，1975，「日本旅遊記者筆下的台灣觀光。」，交通
　　　建設24(9)：27-29。

蔡源煌，1990，「當前文化問題剖析及文化建設的努力方向」，
　　　重建社會研討會論文。時報文教基金會主辦。

蔡勳雄、郭翡玉，1986，「台灣地區綜合開發計劃實施之檢
　　　討」，光復四十年來台灣地區都市計劃之回顧與展望

　　　　——第十二次會員大會研討論文集。中華民國都市計畫學會。

鄭秋榮，1988，「風景區規劃與管理——以東部海岸風景區為例」，戶外遊憩研究1(4)：61-69。

鄧景衡，1990，「休閒的地理觀——開拓休閒空間的新向度」，休閒面面觀研討會論文。中華民國戶外遊憩學會主辦。

蕭伯雄，1976，「我國觀光事業發展之檢討」，交通建設25(9)：8-10。

蕭家興，1986，「台灣地區實施區域計劃之檢討」，光復四十年來台灣地區都市計劃之回顧與展望——第十二次會員大會研討論文集。中華民國都市計畫學會。

蕭新煌，1990，「對休閒、遊憩、自然觀光的若干社會學觀察」，休閒面面觀研討會。中華民國戶外遊憩學會主辦。

薛明敏，1982，觀光的構成。台北：餐旅雜誌社。

謝世忠，1994，山胞觀光：當代山地文化展現的人類學詮釋。台北：自立晚報。

謝政諭，1990，「休閒政策的意識型態分析——台海兩岸的主義比較研究」，東吳政治社會學報14：231-291。

藍科正、黃茂源，1998，「台灣地區全時受僱者時間運用之實證分析」，台灣銀行季刊49(1)：93-125。

羅惠斌，1990，「城鄉均衡發展的理論與實踐」，中華民國區域科學學會七十九年度年會論文。中華民國區域科學學會主辦。

蘇克福，1978，一戰再戰——廿五歲參選省議員的感受。三重：作者出版。

龔立述，1996，花甲憶舊集。台北：太白書屋。

Agger, Ben. 1992. The Discourse of Domination: From the Frankfurt School to Postmodernism. Evanston: Northwestern University Press.

Alexander, Jeffrey. 1995. Fin de Siecle Social Theory: Relativism, Reduction, and the Problem of Reason. London: Verso.

Alexander, Jeffrey C., Bernhard Giesen, Richard Munch and Neil J. Smelser. 1987. The Micro-Macro Link. Berkeley: The University of California Press.

Arendt, Hanna. 1959. The Human Condition. NY: Doubleday.

Barnett, Lynn A. ed. 1988. Research about Leisure: Past, Present, and Future. Champaign, IL: Sagamore.

Baudrillard, Jean. 1998. The Consumer Society: Myths and Structures. London: Sage.

Bauman, Zygmunt. 1992. Intimations of Postmodernity. London Routledge.

Bean, P. and S. Macpherson, 1983. Approaches to Welfare. London: Routledge and Kegan Paul.

Beck, Ulrich, Anthony Giddens and Scott Lash. 1994. Reflexive Modernization: Politics, Tradition and Aesthetic in the Modern Social Order. Cambridge: Polity.

Benko, Georges and Ulf Strohmayer eds. 1997. Space and Social Theory: Interpreting Modernity and Postmodernity. Oxford: Blackwell.

Bennett, Tony, Colin Mercer and Janey Woollacott eds. 1986. Popular Culture and Social Relations. Milton Keynes: Open University.

Bennington, John and Judy White eds. 1988. The Future of Leisure Services. Harlow: Longman.

Berman, Marshall. 1983. All that Solid Melts into Air: The Experience of Modernity. London: Verso.

Bertens, Hans. The Idea of the Postmedern: Alfistory. London: Routledge.

Best, Steven and Douglas Kellner, 1991. Postmodern Theory: Critical Interrogations. New York: The Guilford Press. （朱元鴻等譯　1994　後現代理論——批判的質疑，台北：巨流。）

Bobbio, Noberto. 1989. Democracy and Dictatorship: The Nature and Limits of State Power. Cambridge: Polity Press.

Bourdieu, Pierre. 1977. Outline of a Theory of Practice. Cambridge: Cambridge University Press.

Bourdieu, Pierre. 1984. Distinction: A Social Critique of the Judgement of Taste, trans. by Richard Nice. Cambridge, MA: Harvard University Press.

Burke, Peter. 1980. Sociology and History. London: George Allen and Unwin.

Burke, Peter. 1990. The French Historical Revolution: The Annales School 1929-1989. Stanford, CA: Stanford University Press.

Calhoun, Craig ed. 1992. Habermas and the Public Sphere. Cambridge, MA: The MIT Press.

Cascardi, Anthony J. 1992. The Subject of Modernity. Cambridge: Cambridge University Press.

Castells, Manuel. 1996. The Information Age: Economy, Society and Culture, volume 1: The Rise of the Network Society. Cambridge: Blackwell.

Castells, Manuel. 1997. The Information Age, volume 2: The Power of Identity. Cambridge: Blackwell.

Chartier, Roger. 1978. The Cultural Uses of Print in Early Modern France, trans. by Lydia G. Cochrane. Princeton: Princeton University Press.

Clarke, John and Chas Critcher. 1985. The Devil Makes Work: Leisure in Capitalist Britain. Urbana: University of Illinois Press.

Crook, Stophen, Jan Pakulski and Malcolm Waters. 1992. Postmodernization: Change in Advanced Society. London: Sage.

Cross, Gary. 1993. Time and Money: The Making of Consumer Culture, London: Routledge.

Darton, R. 1990. The Kiss of Lamourette: Reflections in Cultural History. NY: N. W. Norton & Company.

de Certeau, Michel. 1984. The Practice of Everyday Life, trans. by Steven Rendall. Berkeley: University of California Press.

de Grazia, Sebastian. 1962. Of Time, Work and Leisure. NY: Twentith Century Fund.

Deem, Rosemary and Graeme Salaman eds. 1985. Work, Culture and Society. Milton Keynes: Open University.

Driver, B. L., Perry J. Brown and George L. Peterson eds. 1991. Benefits of Leisure. State College, PA: Venture Publishing.

Dunning, Eric. 1988. The Roots of Football Hooliganism: An Historical and Sociological Study. London: Routledge and Kegan Paul.

Dunning, Eric. 1989. The Figurational Approach to Leisure and Sport, in Chris Rojek ed. Leisure for Leisure, New York: Routledge.

Elias, Nobert and Eric Dunning 1986. Quest for Excitement: Sport and Leisure in the Civilizing Process. Oxford: Blackwell.

Elias, Nobert. 1978. The Civilizing Process, vol. 1: The History of Manners. Oxford: Polity.

Elias, Nobert. 1982. Power and Civility. The Civilizing Process, volume 2, trans. by Edmund Jephcott. NY: Pantheon.

Featherstone, Mike ed. 1991. George Simmel. London: Sage.

Featherstone, Mike, Scott Lash and Roland Robertson eds. 1995. Global Modernities. London: Sage.

Featherstone, Mike. 1991. Consumer Culture and Postmodernism. London: Sage.

Febvre, Lucien. 1977. Life in Renaissance France, ed. and trans. by Marian Rothstein. Cambridge, MA: Harvard University Press.

Fletcher, Jonathan. 1997. Violence and Civilization: An Introduction to the Works of Nobert Elias. Oxford: Pility.

Fornas, John. 1995. Cultural Theory & Late Modernity. London: Sage.

Foucault, Michel. 1977. Discipline and Punish: The Birth of Prison. NY: Pantheon.

Frisby, David and Mike Fearherstone eds. 1997. Simmel on Culture: Selected Writings. London: Sage.

Giddens, Anthony. 1984. The Constitution of Society: Outline of the Theory of Structuration. Oxford: Polity.

Giddens, Anthony. 1990. The Consequences of Modernity. Cambridge: Polity.

Giddens, Anthony. 1992. The Transformation of Intimacy: Sexuality, Love and Eroticism in Modern Societies. Stanford, CA: Stanford University Press.

Glancy, M., 1993. "Achieving Intersubjectivity: The Process of Becoming the Subject in Leisure Research," Leisure Studies 12:45-59.

Habermas, Jurgen. 1973. Legitimation Crisis, trans. by Thomas McCarthy. Boston: Beacon Press.

Habermas, Jurgen. 1987. The Philosophical Discourse of Modernity. Cambridge, MA: The MIT Press.

Habermas, Jurgen. 1989. The Structural Transformation of the Public Sphere: An Inquiry into a Category of Bourgeois Society, trans. by Thomas Burger. Cambridge, MA: The MIT Press.

Haferkamp, Hans & Neil J. Smelser eds. 1992. Social Change and Modernity. Berkeley: University of California Press.

Hall, John A. and I. C. Jarvie. 1992. Transition to Modernity. Essays on Power, Wealth and Belief. Cambridge: Cambridge University Press.

Ham, C. and M. Hill 1984. The Policy Process in the Modern. Capitalist State. Bridghton: Wheatsheaf.

Harloe, Michael and Elizabeth Lebas eds. 1981. City, Class and Capital: New Developments in the Political Economy of Cities and Regions. London: Edward Arnold.

Heelas, Paul, Scott Lash and Paul Morris eds. 1996. Detraditionalization: Critical Reflections on Authority and Identity. Cambridge, MA: Blackwell.

Heller, Agnes. 1984. Everyday Life. London: Routledge and Kegan Paul.

Henry, Ian. 1988. Alternative Futures for the Public Leisure Service, in John Benington and Judy White eds. The Future of Leisure Services, Harlow, Essex: Longman.

Heinrichs, Karl, Claus Offe and Helmut Wiesenthal. 1988. Time, Money, and Welfare-State Capitalism. in John Keane ed. Civil Society and the State: New European Perspectives. London: Verso.

Hobsbaum, Eric J. 1971. 'Fromm Social History to History of Society', Daedalus (winter): 20-43.

Holub, Robert C. 1991. Jurgen Habermas: Critic in the Public Sphere. London: Routledge.

Horkheimer, Max and Theodor W. Adorno. 1972. Dialectic of Enlightment, trans. by John Cumming. New York: Herder and Herder.

Horne, John, David Jary and Alan Tomlinson eds. 1987. Sport, Leisure and Social Relations. London: Routledge and Kegan Paul.

Howe, Cristine Z., 1985. "Possibilities for Using a Qualitative Research Approach in the Sociological Study of Leisure," Journal of Leisure Research 17(3):212-224.

Howe, Christine Z. and Gaylene M. Carpenter. 1985. Programming Leisure Experience. Englewood Cliffs, NJ: Prentice-Hall.

Huizinga, J. 1955. Homo Ludens. Boston: Beacon.

Hutton, P. H. 1993. History as an Art of Memory. Hanover, NH: University Press of New England.

Iggers, G. G. 1997. Historiography in the Twentieth Century: From Scientific Objectivity to the Postmodern Challenge. Hanover, NH: University Press of New England.

Jarvie, Grant and Joseph Maguire. 1994. Sport and Leisure in Social Thought. London: Routledge.

Keane, John. 1988. Democracy and Civil Society: On the Predicaments of European Socialism, the Prospects of Democracy, and the Problem of Controlling Social and Political Power. London: Verso.

Kellner, Douglas. 1989. Critical Theory, Marxism and Modernity. Oxford: Polity Press.

Kelly, John and Geoffrey Godbey. 1992. The Sociology of Leisure. State College, PA: Venture Publishing.

Kelly, John. 1992. Leisure, in Edgar F. Borgatta and Marie L. Borgatta eds. Encyclopedia of Sociology, volume 3. New York: Macmillan.

Lash, Scott and John Urry. 1987. The End of Organized Capitalism. Oxford: Polity.

Le Goff, Jacques. 1980. Time, Work and Culture in the Middle Ages. trans. by Arthur Goldhammer. Chicago: The University of Chicago Press.

Lii, D.-T., 1998. "Social Spheres and Public Life: A Structural Origin," Theory, Culture & Society 15(2):115-135.

Lloyd, C. 1991. 'The Methodologies of Social History: A Critical Survey and Defense of Structuralism', History and Theory 30(2): 180-219.

Lowe, K. 1994. Leisure: Adult Education, in Torstan Husen and T. Neville Postlethwaite eds. The International Encyclopedia of Education, volume 6. New York: Pergamon.

Martin, Luther H., Huck Gutman and Patrick H. Huttan eds. 1988. Technologies of the Self: A Seminar with Michel Foucault. Amherst: The University of Massachusetts Press.

Melling, Joseph and Jonathan Barry. 1992. Culture in History: Production, Consumption and Values in Historical Perspective. Exeter: University of Exeter Press.

Melucci, Alberto. 1989. Nomads of the Present: Social Movements and Individual Needs in Contemporary Society, eds. by John Keane and Paul Maier. London: Hutchinson Radius.

Melucci, Alberto. 1996. Challenging Codes: Collective Actions in the Information Age. Cambridge: Cambridge University Press.

Miller, Toby and Alec McHoul. 1998. Popular Culture and Everyday Life. London: Sage.

Mills, C. W. 1959. The Sociological Imagination. London: Oxford University Press.

Moorhouse, H. F. 1989. Models of Work, Models of Leisure, in Chris Rojek ed. Leisure for Leisure, New York: Routledge.

Mouzelis, Nicos. 1995. Sociological Theory: What went Wrong?. London: Routledge.

O'Connor, James. 1987. The Meaning of Crisis: A Theoretical Introduction. Oxford: Basil Blackwell.

Offe, Claus and Rolf G. Heinze. 1992. Beyond Employment --Time, Work and Informal Economy, trans. by Alan Braley. Cambridge: Polity Press.

Offe, Claus. 1984. Contradictions of the Welfare State, ed. by John Keane. Cambridge, MA: The MIT Press.

Offe, Claus.1985. Disorganized Capitalism: Contemporary Transformations of Work and Politics, ed. by John Keane Cambridge, MA: The MIT Press.

Offe, Claus. 1996. Modernity and the State. East, West. Oxford: Polity.

Perrot, Michelle ed. 1990. A History of Private Life, vol. 4: From the Fires of Revolution to the Great War, trans. by Arthur Goldhammer. Cambridge, MA: The Belknap Press of Harvard University.

Polley, Martin. 1998. Moving the Goalposts: a History of Sport and Society since 1945. London: Routledge.

Postone, Moishe. 1993. Time, Labor, and Social Domination: A Reinterpretation of Marx's Critical Theory. Cambridge: Cambridge University Press.

Prost, Antoine and Gerard Vincent eds. 1991. A History of Private Life, vol. 5: Riddles of Identity in Modern Times, trans. by Arthure Goldhammer. Cambridge, MA: The Belknap Press of Harvard University Press.

Preteceille, Edmond and Jean-Pierre Terrail. 1985.Capitalism, Consumption and Needs. Oxford: Basil Blackwell.

Roberts, Kenneth. 1978. The Working Class. London: Longman.

Rojek, Chris. 1993. "After Popular Culture: Hyper-reality and Leisure," Leisure Studies 12: 277-289.

Rojek, Chris ed. 1989. Leisure for Leisure: Critical Essays. London: Routledge.

Rojek, Chris. 1985. Capitalism and Leisure Theory. London: Tavistock.

Rojek, Chris. 1995. Decentering Leisure: Rethinking Leisure Theory. London: Sage.

Rose, Margaret A. 1991. The Post-modern and the Post-industrial: A Critical Analysis. Cambridge: Cambridge University Press.

Rueschmeyer, Dietrich and Theda Skocpol eds. 1996. States, Social Knowledge, and the Origines of Modern Social Policies.   Princeton, NJ: Princeton University.

Sahlins, Marshall. 1988(1974). Stone Age Economics. London: Routledge.

Scott, Michael. 1988. Law and Leisure Services Management. Harlow: Longman.

Shivers, J. S. 1981. Leisure and Recreation Concepts: A Critical Concepts. Boston: Allyn and Bacon.

Simmel, Georg. 1984. Georg Simmel: On Women, Sexuality, and Love, trans. and ed. by Guy Oakes. New Haven: Yale University.

Smith, David H.and Nancy Theberge. 1987. Why People Recreate: An Overview of Research. Champaign: Life Enhancement Publications.

Stianorich, T. 1976. French Historical Method: The Annales Paradigm. Ithaca: Cornell University Press.

Taylor, M. 1997. 'The Beginnings of Modern British Social History?', History Workshop Journal 43: 155-176.

Turner, Bryan S. ed. 1990. Theories of Modernity and Postmodernity. London: Sage.

Urry, John. 1990. The Tourist Gaze: Leisure and Travel in Contemporary Societies. London: Sage.

Veblen, Thorstein. 1953. The Theory of the Leisure Class. New York: New American Library.

Wagner, Peter. 1994. A Sociology of Modernity. Liberty and Discipline. London: Routledge.

Wearing, Betsy. 1998. Leisure and Feminist Theory. London: Sage.

Weber, Max. 1978. Economy and society: An Outline of Interpretive Sociology, eds. by Guenther Roth and Claus Wittich. Berkley: University of California Press.

Wilson, John. 1988. Politics and Leisure. Boston: Unwin Hyman.

Winnicott, D. W. 1971. Playing and Reality. London: Tavistock.

Wolch, Jennifer and Michael Dear eds. 1989. The Power of Geography: How Territory Shapes Social Life. Boston: Unwin Hyman.

後 記

　　每一本書都是一種集體創作，這本小書也不例外，耗用了無數前人（不管他們願不願意）的集體智慧，也承載眾多師長友朋（不管他們知不知道）的學識愛心。

　　雖說書本自有其生命，這本小書的身世還是得簡單交代。本書包含一些舊稿殘卷，最早的淵源是1990年國策中心時期的專題報告稿（主要為第5章部分），

　　感謝張茂桂、蕭全政教授的悉心指導。全書的主要內容可說是東海社研所「社會生活史」課程的副產品，曾在1999年以論文稿的形式集結，感謝高承恕老師和一起上課的各位老師、學長的慷慨分享。

　　這幾年來，各章節陸續以講義的形式，作為淡大社會分析核心課程的上課資料，感謝上課同學們的耐心閱讀。本書的誕生，雪琴的打字排版和化元的安排出版，是不可欠缺的身心勞動，必須深深的致意，也要感謝家人們的犧牲配合。

　　如果沒有讀者，這本書的存在就沒有意義，因此，必須請讀者包涵，書內的資料大體只到二十世紀90年代中期，一時間難以補充、更新，時間落差造成的不便、錯誤，以及因為時日過久，部分註釋、參考文獻難以查考訂正所造成的誤差，請讀者務必審慎因應。

　　上個世紀末，大肚山冬夜裡的風，舊東亞社會經濟研究中心的布罩暗黃吊燈，是這本書的精神泉源，正好在此懷念。筆者學殖淺薄，書內錯誤、膚淺難免，敬請批評、指正。當然，這本書的所有責任仍由筆者完全承擔。

張人傑於淡水

2006年4月

國家圖書館出版品預行編目資料

台灣社會生活史：休閒遊憩、日常生活與現代性
／張人傑著. -- 初版. -- 臺北縣板橋市：稻鄉,
民 95
面；公分
參考書目：面
ISBN 986-7862-94-5　（平裝）
1.社會－臺灣－歷史 2.臺灣－社會生活與
風俗
540.9232　　　　　　　　　　　95008744

台灣社會生活史—
　　休閒遊憩、日常生活與現代性

著　　者：張人傑
出　　版：稻鄉出版社
　　　　　台北縣板橋市漢生東路 53 巷 28 號
　　　　　電話：(02) 22566844、22514894
　　　　　傳真：(02) 22564690
　　　　　郵撥帳號：1204048-1
　　　　　http://dawshiang.myweb.hinet.net
　　　　　登記號：局版台業字第四一四九號
印　　刷：美原印刷有限公司
定　　價：新台幣 350 元
初　　版：中華民國 95 年 5 月
二　　刷：中華民國 96 年 3 月
I S B N：986-7862-94-5